Historische Kriminalitätsforschung

Historische Einführungen

Herausgegeben von Frank Bösch, Angelika Epple, Andreas Gestrich, Inge Marszolek, Barbara Potthast, Susanne Rau, Hedwig Röckelein, Gerd Schwerhoff und Beate Wagner-Hasel

Band 9

Die Historischen Einführungen wenden sich an Studierende aller Semester sowie Examenskandidaten und Doktoranden. Die Bände geben Überblicke über historische Arbeits- und Themenfelder, die in jüngerer Zeit in das Blickfeld der Forschung gerückt sind und die im Studium als Seminarthemen angeboten werden. Der Schwerpunkt liegt dabei auf sozial- und kulturgeschichtlichen Themen und Fragestellungen.

Unter www.historische-einfuehrungen.de finden sich zu jedem Band nützliche Ergänzungen für Studium und Lehre, unter anderem eine umfassende, jährlich aktualisierte Bibliographie sowie zusätzliche schriftliche, Bild- und Audioquellen mit Kommentar. Auf sie verweist dieses Symbol:

Gerd Schwerhoff ist Professor für Geschichte der Frühen Neuzeit an der Technischen Universität Dresden.

Gerd Schwerhoff

Historische Kriminalitätsforschung

Campus Verlag
Frankfurt/New York

Besuchen Sie unsere Seite zur Reihe:
www.historische-einfuehrungen.de

Bibliografische Information der Deutschen Nationalbibliothek:
Die Deutsche Nationalbibliothek verzeichnet diese Publikation in der Deutschen Nationalbibliografie. Detaillierte bibliografische Daten sind im Internet unter http://dnb.d-nb.de abrufbar.
ISBN 978-3-593-39309-4

Umschlaggestaltung: Guido Klütsch, Köln
Umschlagmotiv nach: J. Damkouder, Praxis rerum criminalium, Antwerpen 1562
Fotosatz: Fotosatz L. Huhn, Linsengericht
Druck und Bindung: CPI buchbücher, Birkach
Gedruckt auf Papier aus zertifizierten Rohstoffen (FSC/PEFC).
Printed in Germany

Besuchen Sie uns im Internet: www.campus.de

Inhalt

1. Einleitung: Gegenstand und Begriffe

Kriminalität ist ein Teil unseres gegenwärtigen Alltags. Geht es um das eigene Lebensumfeld, denken wir uns dabei zunächst einmal als Opfer von Einbrüchen, Autodiebstählen oder Überfällen oder aber als Zeugen von kriminellen Handlungen. Wenn wir ehrlich sind, kommen die meisten von uns aber auch als potentielle Gesetzesbrecher in Frage: Wer mag sich davon frei sprechen, schon einmal als Ladendieb, als Versicherungsbetrüger, als Steuerhinterzieher oder auch lediglich als Verkehrssünder tätig oder gar auffällig gewesen zu sein? Häufiger beschäftigt uns Kriminalität jedoch in fiktionaler Form: In den Urlaub begleitet uns der unvermeidliche Kriminalroman, während wir jeden Tag in zahlreichen Fernsehserien Polizisten oder Privatdetektiven bei ihren Ermittlungen zusehen können. Als Brücke zwischen erlebter Realität und Fiktion fungieren die Massenmedien. Gerade hier nimmt die Kriminalität einen zentralen Platz ein. Berichte über besonders grausame Verbrechen, über außergewöhnliche kriminelle »Karrieren« oder über die Macht der organisierten Kriminalität bringen die unterschiedlichsten Seiten bei den Rezipienten zum Klingen: Sie können Unterhaltungsbedürfnisse befriedigen, Bedrohungs- und Ohnmachtsgefühle wachrufen, aber auch – auf dem Umweg über vermeintliche Ausnahmefälle – Einblicke in politische und ökonomische Strukturen der heutigen Gesellschaft vermitteln. Einfühlsamen Gerichtsreportern kann es gelingen, aus dem Schicksal von Angeklagten, Klägern und Opfern ein beredtes Porträt unserer Zeit zu destillieren. Über den Einzelfall hinaus werden in ihren Berichten Schattenseiten und Konfliktlinien unserer Gesellschaft deutlich.

Kriminalität und abweichendes Verhalten, so wird hier sichtbar, sind ein wichtiges Abbild gesellschaftlicher Zustände. Polizeistatistiken – auch über sie wird regelmäßig berichtet – erscheinen geradezu als Fieberkurve sozialer Krankheitszustände. Am eindrücklichsten gilt das für die Großstadtkriminalität. Seit etlichen Jahren ist Frankfurt am Main Träger der roten Laterne der höchsten Kriminalitätsbelastung und gilt als »gefährlichste Großstadt Deutschlands«, obwohl Experten die Aussagekraft der Daten in Frage stellen und zum Beispiel auf die »importierte« Kriminalität auf dem Rhein-Main-Flughafen verweisen (*spiegel online* 12.4.2007). Eng verwoben mit den Diagnosen sind die kriminalpolitischen Therapievorschläge. Weil sich hier wie kaum irgendwo anders ordnungspolitische Vorstellungen kristallisieren, wird mit dem Thema Kriminalität regelmäßig Politik gemacht. Wie stark die Bewertungen divergieren können, zeigt die Tatsache, dass wechselweise zum Beispiel Gewalt gegen Ausländer und Gewalt durch Ausländer zum Thema gemacht wird. So verwundert es nicht, dass die Rezepte zur Kriminalitätsbekämpfung ebenfalls diametral entgegengesetzt ausfallen: Wo die einen nach der »starken Hand« von Polizei, Justiz und Strafvollzug rufen loben, verweisen die anderen auf soziale Deprivation als Kriminalitätsursache und sehen die Abhilfe eher in Prävention und Resozialisierung. Dabei ist die allgemeine Wahrnehmung der Bevölkerung von der statistisch »gemessenen« Kriminalität weitestgehend abgekoppelt und wird durch sensationalistische Medienberichte geprägt: Während zwischen 1993/5 und 2003/5 in Deutschland insgesamt ein zum Teil erheblicher Rückgang der Straftaten zu verzeichnen war, zeigen Stichprobenbefragungen, dass allgemein ein starker Anstieg der Zahlen unterstellt wird (Windzio 2007: 20).

Kriminalität als doppeltes Konstrukt

Kriminalität (von lat. *crimen* = Beschuldigung, Anklage, Verbrechen), das zeigen schon die einleitenden Bemerkungen, ist keine soziale Wirklichkeit *sui generis*, sondern kulturell und gesellschaftlich konstruiert. Zum einen, so eine Bestimmung aus der gegenwartsbezogenen Kriminologie, bezeichnet der Begriff »Kriminalität« diejenigen Tatbestände, die »das jeweilige Kontrollsystem – bestehend aus Verbrechensopfer und Anzeigenerstatter bis hin zu Polizei und Strafrechtspflege – besonders missbilligt und bestraft sehen will« (G. Kaiser, Art. »Kriminalität«, in: KKW). Diese Definition bezieht sich offensichtlich vor allem auf eine konkrete Zurechnung: Verdient ein individuelles Verhalten, etwa eine Gewalttat, das Etikett »kriminell«? Oder handelt es sich um einen Akt der Notwehr oder gar um einen Unfall? Dieser Zurechnung vorausgehen muss jedoch zum anderen eine gesellschaftliche Verständigung darüber, was das jeweilige Kontrollsystem als Kriminalität sanktionieren, unter welchen Umständen also zum Beispiel Gewalt als abweichendes Verhalten gelten soll und wann nicht (wie etwa im Krieg). Dieser Verständigungsprozess ist ein komplexer gesellschaftlicher Diskurs, den die unterschiedlichsten Akteure aus Politik, Wissenschaft und Rechtspraxis in verschiedenen Medien vorantreiben (vgl. Kap. 6) und der sich dann in rechtlichen Normen kristallisiert. Genauer besehen handelt es sich bei Kriminalität also um eine (mindestens) doppelte soziokulturelle Konstruktion. Diese Feststellung macht zugleich deutlich, dass Kriminalität historisch variabel ist. Denn jenseits der Geltungsbehauptung überzeitlicher, gleichsam anthropologischer Normen (»Du sollst nicht töten!«, »Du sollst nicht stehlen!«) lassen sich kaum universeller gültige Regeln dafür aufstellen, ob ein bestimmtes Verhalten als kriminell gelten soll. So wird etwa die Betrachtung der Gewaltsamkeit zeigen, dass sich die Grenze zwischen legitimer Rache oder Selbsthilfe und verabscheuenswertem Mord vom Mittelalter zur Neuzeit deutlich verschiebt (vgl. Kap. 5.1). Unser heutiges Verständnis von Kriminalität ist das Ergebnis komplexer geschichtlicher Entwicklungen und lässt sich nur sehr bedingt auf die Antike (vgl. Riggsby 1999) oder das Mittelalter (vgl. Kap. 4) übertragen. Im engeren Sinn entwickelte sich das Konzept *der* Kriminalität erst seit der ersten Hälfte des 19. Jahrhunderts (Ludi 1999).

Das System sozialer Kontrolle

Den herkömmlichen Maßstab von Kriminalität in der Gegenwart bilden das Strafrecht und der darin enthaltene Sanktionsanspruch, denn sie wird definiert als »die Summe der strafrechtlich missbilligten Handlungen« (G. Kaiser, Art. »Kriminalität«, in: KKW). Das engt zum einen das Spektrum der betrachteten Handlungen stark ein, denn leichtere Vergehen gegen die Rechtsordnung werden von vornherein beiseite gelassen. Vor allem aber ist dieser Maßstab für die historische Arbeit problematisch, weil ein öffentliches Strafrecht nicht in jeder historischen Epoche existierte, sondern sich in Europa im späten Mittelalter und in der Frühen Neuzeit erst allmählich und regional höchst phasenverschoben entwickelte. Dieser Prozess selbst ist für die Rechts- und Kriminalitätsgeschichte von hoher Relevanz (Willoweit 1999). Um eine übergeordnete analytische Perspektive zu finden, empfiehlt es sich deshalb, den exklusiven Bezug auf ein schriftlich fixiertes Strafrecht zu vermeiden. Einige Autoren verwenden daher den Begriff »Delinquenz« (Straffälligkeit) (Burghartz 1990: 9 f.). An einem soziologischen statt einem rechtlichen Bezugsrahmen orientieren sich Studien, die von Devianz (abweichendem Verhalten) sprechen. Auch dieses abweichende Verhalten kann nur in Relation zu bestimmten Normen näher bestimmt werden, jedoch müssen diese Normen keine rechtliche Qualität, also Gesetzeskraft, besitzen, sondern können ebenso gut informeller Natur sein. Auch die ungeschriebenen Gesetze der *Peer Group* besitzen soziale Bindekraft. »Soziale Normen und kulturelle Übereinkünfte bestimmen nicht nur abweichendes Verhalten, sondern auch die angemessenen Reaktionen darauf. Die sozialen und gesellschaftlichen Mechanismen und Prozesse, die abweichendes Verhalten verhindern und einschränken, fallen unter die Rubrik der sozialen Kontrolle« (Bohle 1984: 1). Das enge Koordinatensystem »Kriminalität – Strafrecht – Strafe« kann so erweitert werden zu dem Beziehungsdreieck »Devianz – rechtliche und soziale Normen – Sanktionen« innerhalb eines umfassenden Konzeptes der sozialen Kontrolle (Peters 1995: 129 ff.). In ihrer allgemeinsten Form wird soziale Kontrolle definiert als »alle Arten, in denen Personen abweichendes Verhalten definieren und darauf [...] durch eine Maßnahme reagieren« (Dinges 1994: 169). Das mögliche Spektrum von Sanktionen erschöpft sich dementsprechend nicht nur in formalisierten Strafen; ebenso umfasst es zum Beispiel die negative Stigmatisierung und den Versuch des sozialen Ausschlusses durch Beleidigungen oder durch den Klatsch der Nachbarn.[1]

1 Zu den verschiedenen Konzepten der »sozialen Kontrolle«, zur Abgrenzung von der »Sozialdisziplinierung« und zur historischen Kontextualisierung vgl. neben Dinges (1994, 2000) die Bände von Schilling 1999 und Roodenburg/Spierenburg (2004).

Indem die historische Kriminalitätsforschung das Konzept der sozialen Kontrolle als Bezugsrahmen wählt, vermeidet sie eine juristische Engführung. Dabei sind die Unterschiede zwischen der rechtlichen und der sozialen Ebene stets zu beachten, ebenso freilich ihr enger Zusammenhang. So lässt sich als Kriminalisierung das Aufstellen einer (Straf-)Rechtsnorm bezeichnen, nach der ein bestimmter Tatbestand als kriminelles Verhalten definiert und damit etabliert wird; entsprechend wird unter Entkriminalisierung eine Milderung oder gar ein Wegfall der normativ festgelegten Strafbestimmungen verstanden. Demgegenüber bezeichnen die Begriffe der Diffamierung bzw. Stigmatisierung die negative Thematisierung bzw. Kennzeichnung eines abweichenden Verhaltens vor dem Hintergrund sozialer Normen (vgl. Würgler 1999: 320). Es soll mithin nicht, wie bisweilen unterstellt, der völligen Einebnung des Unterschiedes zwischen rechtlichen und sozialen Normen bzw. Sanktionen (und damit zwischen Herrschenden und Beherrschten) das Wort geredet werden. Als ein System besonders institutionalisierter Sozialkontrolle, dessen verschriftlichte Normen allgemeine Gültigkeit beanspruchen und das zur Sanktionierung auf ein formalisiertes Verfahren ebenso wie auf einen herrschaftlichen Machtapparat zurückgreifen kann, hat das Strafrecht in vielen Fällen eine höhere Durchsetzungschance als informelle Normen (Neumann/Schroth 1980: 94f.). Zudem ist die Kriminalitätsgeschichte angewiesen auf Quellenbestände, vor allem auf Gerichtsakten, die ihre Existenz dem rechtlichen Kontroll- und Sanktionierungssystem verdanken. Aber der Informationsgehalt dieser Quellen ist mit der gerichtlichen Ebene sehr oft nicht ausgeschöpft; im besten Fall erlauben sie Durchblicke auf das Zusammenspiel zwischen dem formell-rechtlichen und dem informell-gesellschaftlichen Kontrollsystem (Schmidt 1996: 332) und können so das Gericht und das Recht als Teil der Gesellschaft plastisch hervortreten lassen.

»Die historische Kriminalitätsforschung als ein Teilbereich der allgemeinen Sozialgeschichte untersucht abweichendes Verhalten in der Vergangenheit im Spannungsfeld von Normen, Instanzen und Medien sozialer Kontrolle einerseits, von gesellschaftlichen Handlungsdeterminanten andererseits. Umgekehrt wird Kriminalität auch als zentraler Indikator für die Erforschung von gesamtgesellschaftlichen Zuständen und historischem Wandel eingesetzt.« (Schwerhoff 1992: 387).

Die vorstehende, inzwischen bereits fast 20 Jahre alte Definition behält weiterhin Gültigkeit. Dabei ist allerdings zu beachten, dass es bei dem hier postulierten disziplinären Bezug um eine Sozialgeschichte in kulturhistorischer Erweiterung gehen muss (Eibach 1996, Lévy/Srebnick 2005). Weiterhin gehört zur Untersuchung des abweichenden Verhaltens im Spannungsfeld von Normen, Instanzen und Medien eben auch und an hervorragender Stelle die diskursive Konstruktion krimineller Tatbestände.

Selektion von Kriminalität

Die informelle Sozialkontrolle kann als ein gesellschaftlicher Filter- und Regelungsmechanismus betrachtet werden, der die Weichen dafür stellt, was überhaupt vom Justizapparat bearbeitet werden kann (Lamnek 1996: 323). Aus einer unüberschaubaren Vielzahl sozialer Interaktionen werden nur bestimmte Handlungen von den Akteuren als Normbruch wahrgenommen und mit dem Etikett »kriminell« bzw. »abweichend« versehen (vgl. Kap. 2.3). Nicht zwangsläufig führt diese Etikettierung zu einer Anzeige bei Polizei und Justiz. Ebenso gut kann ein »privater« Täter-Opfer-Ausgleich stattfinden, etwa in Form von Kompensationszahlungen, Wiedergutmachungen oder auch Racheaktionen. Liegt eine Anzeige vor, dann wird sie vielfach gar nicht gerichtlich weiterverfolgt, weil der Täter geflohen ist oder das Beweismaterial nicht ausreicht. Längst nicht jeder Strafprozess schließlich führt zu einer gerichtlichen Verurteilung, sondern er kann auch in Freisprüchen oder in einer Niederschlagung des Verfahrens münden. Vom Endpunkt der gerichtlichen Sanktion her gesehen, stellt sich dieser Selektionsprozess somit als ein sich ständig verjüngender Trichter dar: Nur ein Bruchteil der ursprünglich als kriminell wahrgenommenen Handlungen führt zu einer Verurteilung. Dabei gibt es viele historische Variablen, die die konkrete Wirksamkeit dieses idealtypischen Modells modifizieren können; die jeweils gültigen Rechtsnormen sind hier ebenso zu nennen wie die Stärke des verfügbaren (polizeilichen) Stabes, um Straftäter zu verfolgen (vgl. weiter Kap. 4).

Das Dreieck von Normen, abweichendem Verhalten und Sanktionen bildet zwar das Kraftzentrum in einer imaginären wissenschaftlichen Karte der historischen Kriminalitätsforschung, aber die Vielfalt der dort verzeichneten Landschaften ist mittlerweile weitaus reichhaltiger. Gerichtsakten werden zunehmend auch zur Analyse historischer Phänomene benutzt, die nur sehr vermittelt mit Kriminalität und Devianz zu tun haben. Verhaltensspielräume von Frauen und die Beziehungen zwischen den Geschlechtern können im Spiegel dieser Quellen ebenso studiert werden wie Kommunikationsstrukturen in Dorf oder Stadt; die Historiker der materiellen Kultur werden hier ebenso fündig wie Sprachwissenschaftler. Jede Forschungsrichtung, die Quellen aus der Gerichtspraxis befragt, hat sich mit dem Entstehungskontext dieser Überlieferung zu befassen, der mögliche Interpretationen beeinflusst und begrenzt. Bedeutung und Repräsentativität bestimmter Aussagen oder Verhaltensweisen lassen sich ohne Reflexion dieses Kontextes nicht klären. Was zunächst als Ausdruck des »außergewöhnlich Normalen« erscheint, als Hinweis auf alltagskulturelle Tatbestände, kann sich schnell als strategische Argumentation vor Gericht und damit als höchst situationsgebunden entpuppen. Reichen also die möglichen Interessen an der gerichtlichen Quellenüberlieferung deutlich über den Horizont der historischen Kriminalitätsforschung hinaus, so stellt deren Fragezusammenhang für alle, die sich mit Quellen aus der Rechtspraxis befassen, einen unvermeidlichen Ausgangspunkt dar.

Anlage des Buches

Ebenso wie die historischen Erscheinungsformen der Kriminalität ist die Geschichte ihrer Erforschung stark von den Eigenheiten der jeweiligen Rechtskultur abhängig (Rudolph 2004; Rudolph/Schnabel-Schüle 2003). Eine angemessene Darstellung auch nur der europäischen Kriminalitätsgeschichte erweist sich schon aufgrund der Vielfalt von Normen, Institutionen und sozialhistorischen Figurationen als unmöglich. Die folgende Darstellung konzentriert sich vornehmlich auf die deutsche bzw. deutschsprachige Forschungslandschaft.[2] Weil ihr Akzent stark auf den methodischen Zugängen und Problemen liegt, sind viele Aussagen jedoch durchaus tendenziell übertragbar. Überdies wird punktuell dort auf die internationale Forschung Bezug genommen, wo sie konzeptuell anregend wirkt bzw. wo ein Vergleich nahe liegt. Dabei baut der vorliegende Band in manchen Passagen auf dem ersten Versuch einer einführenden Darstellung auf, die vor mehr als einem Jahrzehnt erschien (Schwerhoff 1999). Seither hat die Forschung rasante Fortschritte gemacht und viele neue Akzente gesetzt, sodass eine grundlegende Neufassung geboten schien.

2 Vgl. die historiographischen Bestandsaufnahmen zur Kriminalitätsforschung in verschiedenen europäischen Ländern in Blauert/Schwerhoff 2000; ferner Emsley/Knafla 1996.

2. Forschungsfelder und Forschungskonzepte

2.1 Themen, Disziplinen und Epochen

Forschungsgeschichte

Die deutschsprachige Kriminalitätsgeschichte hat sich in den letzten beiden Jahrzehnten als eine – auch im internationalen Vergleich – erfolgreiche Subdisziplin etabliert. Dabei ist die Beschäftigung mit Kriminalität in der Vergangenheit keine Erfindung der modernen Geschichtswissenschaft. Bereits 1773 sinnierte der bekannte Osnabrücker Aufklärer und Publizist Justus Möser über die Strafhäufigkeit in alten Kriminalregistern und interpretierte sie als Spiegel menschlicher Leidenschaften (Graf 2000, 245, vgl. Quelle Nr. 13 unter *www.historische-einfuehrungen.de*). Allerdings folgte die Hauptrichtung der Geschichtsschreibung nicht dem von Möser gewiesenen Pfad. Vielmehr sollte es bis zur Entwicklung einer historischen Kriminalitätsforschung rund zweihundert Jahre dauern. Ihr gewundener Entwicklungsprozess soll hier nicht ein weiteres Mal nachgezeichnet werden (Schwerhoff 1999: 15 ff.).[1] Zu den disziplinären »Ahnen« gehört zweifellos die von Juristen betriebene Rechtsgeschichte[2], deren normative Fixierung die historische Kriminalitätsforschung kritisiert, die aber dennoch ein wichtiger Bezugspunkt bleibt. Bedeutsam war auch die rechtliche Volkskunde (Kramer 1974) bzw. die europäische Ethnologie

1 Vgl. die Forschungsberichte Ulbrich 1995; Eibach 1996, 2001; Schwerhoff in Blauert/ders. 2000; Härter 2002; Habermas 2003; Krischer 2006; Reinke 2009.

2 Den zentralen bibliographischen wie sachlichen Zugang zum Forschungsfeld liefert das HRG. Bester systematischer Überblick immer noch bei Kroeschell u. a. 2008. Zentrale normative Quellen zur deutschen Strafrechtsgeschichte bei Sellert/Rüping (1989/94).

(Krug-Richter/Mohrmann 2004). Während sich in anderen europäischen Forschungskontexten bereits seit den 1960ern »Kriminalität« zu einem zentralen Forschungsthema entwickelte, so z. B. in der französischen Mediävistik oder in der englischen Frühneuzeitforschung (Sharpe 1998; Garnot 2009), ließen die ersten Pionierstudien in Deutschland länger auf sich warten. Zu nennen sind insbesondere die Arbeiten von Dirk Blasius (1976, 1978), deren zeitlicher Fokus auf dem 19. Jahrhundert lag und die dezidiert sozialgeschichtlich ausgerichtet waren. Bereits an der Schwelle zu einer neuen Phase der Forschung stand die Fallstudie von Regina Schulte (1989) über Kriminalität und Konflikte in oberbayrischen Dörfern Ende des 19. Jahrhunderts. Einerseits forscht auch sie wie ihre Vorgänger in der späteren Neuzeit (vgl. auch Reif 1984; Evans 1988). Andererseits signalisiert die Studie eine Ausweitung der Interessen über die Grenzen einer Sozialgeschichte hinaus. Ihre mikrohistorischen Erkundungen etwa über die Motive von Kindsmörderinnen speisen sich aus einem geschlechtergeschichtlichen und historisch-anthropologischen Interesse, das den Weg der Kriminalitätsgeschichte in die 90er Jahre prägen sollte. Obwohl der rote Faden sozialgeschichtlicher Fragen keineswegs abriss, gewannen kulturhistorische Themen nun – wie in der Geschichtswissenschaft überhaupt – deutlich an Gewicht (Eibach 1996; Kalifa 2005). In den letzten beiden Jahrzehnten hat die kriminalhistorische Forschung in Deutschland schließlich eine beispiellose Verdichtung erfahren, ablesbar an zahlreichen akademischen Qualifikationsarbeiten ebenso wie an vielen Tagungen, daraus entstehenden Sammelbänden[3] und einer ersten Einführung (Schwerhoff 1999). Eine zentrale Plattform wissenschaftlichen Austauschs wurde der Arbeitskreis für Kriminalitätsgeschichte, der von Dieter R. Bauer, Andreas Blauert und Gerd Schwerhoff 1991 in Stuttgart-Hohenheim gegründet worden war und bis 2010 kontinuierlich ins-

3 Querschnitte zu Arbeitsfeldern der historischen Kriminalitätsforschung bieten zahlreiche themen- und epocheübergreifende Sammelbände der letzten zwei Jahrzehnte: Dülmen 1990; Blauert/Schwerhoff 1993; Berding u. a. 1999; Blauert/Schwerhoff 2000; Griesebner 2002; Krug-Richter/Reinke 2004; Scheutz/Winkelbauer 2005; Schmitt/Matheus 2005; Opitz 2006; Kesper-Biermann/Klippel 2007; Habermas/Schwerhoff 2009; Härter 2010.

gesamt 20 Jahrestreffen veranstaltete. Ursprünglich konzentrierte sich der Arbeitskreis auf die Vormoderne, das heißt in der Praxis auf die lange Frühe Neuzeit vom 14. bis zum Beginn des 19. Jahrhunderts. Damit trug er der Tatsache Rechnung, dass die erste Welle der kriminalhistorischen Forschungskonjunktur deutlich in dieser Epoche angesiedelt war. Unter anderem hatte das damit zu tun, dass der seit Mitte der 1980er Jahre blühenden Hexenforschung die Rolle eines Wegbereiters für die Erforschung der Kriminalität zugefallen war.[4] Seit 2005 entfiel diese Einschränkung auf die Vormoderne, weil sich der zeitliche Schwerpunkt der Forschung deutlich in die spätere Neuzeit verlagert hatte.

Epochen

Alte Geschichte

Im Ensemble der Geschichtswissenschaften führt das griechische und römische Altertum oftmals eine gewisse Sonderexistenz, wofür methodische, vor allem aber wissenschaftsgeschichtliche Ursachen geltend gemacht werden können. Diese generelle Beobachtung gilt in vielfacher Hinsicht auch für das Forschungsfeld der Kriminalitätsgeschichte. Dabei prägte das Römische Recht das abendländische Rechtsdenken nachhaltig und stellte viele Kategorien bereit, die bis in die Neuzeit hinein von enormer Wirksamkeit waren, etwa das *crimen laesae maiestatis* (vgl. Kap. 5.4). Obwohl dabei meist das Privat- bzw. Zivilrecht im Zentrum des Interesses stand, besitzt speziell auch die Erforschung des Strafrechts seit den klassischen Studien Theodor Mommsens eine lange Tradition (Bauman 1996; Kunkel/Schermaier 2005: 41 ff., 81 ff.). Neuere Arbeiten konnten hier anknüpfen, gehen aber seit längerem deutlich über rechtshistorische Fragestellungen hinaus, wenden sich gegen alte teleologische Entwicklungsmodelle und plädieren für eine politische, soziale und ökonomische Kontextualisierung des Rechts (Foxhall/Lewis 1996; Harris/Rubin-

4 Obwohl Zauberei bzw. Hexerei eine wichtige Form von Kriminalität im frühneuzeitlichen Europa darstellten, bleiben diese Delikte aus pragmatischen Gründen in der vorliegenden Darstellung ausgeklammert; vgl. die eigenständige Einführung von Dillinger (2007).

stein 2004). Zu nennen sind hier z. B. Studien zur Gesetzgebung (Hölkeskamp 1999; Schmitz 2001), zum Gerichtswesen (Manthe/von Ungern-Sternberg 1997; Riggsby 1999; Burckhardt 2000), zum gerichtlichen Beweisverfahren (Thür 1977 über die – private und außergerichtliche! – peinliche Befragung von Sklaven in Athen) und über das antike System von Sanktionen (Debrunner Hall in: Foxhall/Lewis 1996, 73–89). Mehr oder weniger deutlich spielen bei den althistorischen Diskussionen neben ethnologisch-kulturvergleichenden Ansätzen und dem Theorieimport aus den Sozialwissenschaften auch interepochale Vergleiche mit dem Mittelalter und der Frühen Neuzeit eine Rolle.

Viele Eigenheiten der antiken Welt, die unscharfen Grenzen zwischen Blutrache, privater Anklage und öffentlichem Strafrecht ebenso wie die begrenzte Durchsetzungsfähigkeit staatlicher Herrschaft, erweisen sich bei näherem Hinsehen als eine besondere Ausprägung des übergreifenden Normalfalls »vormoderne Gesellschaft«. Vor diesem Hintergrund lassen althistorische Debatten über Recht und Gewalt, über soziale Kontrolle und öffentliche Ordnung enge Verbindungslinien zu anderen Epochen der Kriminalitätsgeschichte erkennen (Cohen 1995; Nippel 1995; Brélaz/Ducrey 2008; zur Gewalt Zimmermann 2006 mit weiteren Literaturangaben). Explizit in das Spannungsfeld von Norm und Devianz stellt Schmitz (2004: 17) seine Arbeit über Nachbarschaft und Dorfgemeinschaft im archaischen und klassischen Griechenland. Ein Herzstück dieser Studie ist ein großangelegtes Kapitel über Rügebräuche und Schandstrafen (ebd. 259–410), das überraschende Parallelen zwischen antiken und frühneuzeitlichen Praktiken ritueller Sanktionierung (etwa von nächtlichen Spottprozessionen und Charivaris) aufzeigt und die Kodifikationen des 7. und 6. Jahrhunderts als rechtliche Fixierung vormals informeller Bräuche erweist.

Ganz ausdrücklich schon im Titel schließt die Arbeit von Riess (2001) über das römische Räuberwesen an Fragestellungen der frühneuzeitlichen Kriminalitätsgeschichte an. Auch hier ergeben sich zum Teil überraschende Ähnlichkeiten zwischen den Vorgehensweisen und der Struktur antiker und neuzeitlicher Räuberbanden. Dabei erweitert Riess seine Materialbasis angesichts der notorischen Quellenarmut der Antike durch die Heranziehung einer literarischen Quelle in Gestalt von Lucius Apuleius *Metamorphosen* (ebd. 247 ff.). Insgesamt liegen in der Methode des Kulturvergleichs große Erkenntnispotentiale für die historische Kriminalitätsforschung, auch wenn nicht immer die Gefahr zu vermeiden ist, aufgrund der angesprochenen Quellenarmut allzuschnell Parallelen zu konstruieren, und auch wenn das Operieren jenseits der eigenen Epoche empirische und konzeptuelle Fußangeln bereithält (aus frühneuzeitlicher Sicht teilweise problematisch etwa Riess 2002). Die erkennbare Bereitschaft der althistorischen Forschung zum Brückenschlag über die Epochengrenzen hinweg verdient jedenfalls mehr Aufmerksamkeit durch die mediävistische und neuzeitliche Kriminalitätsgeschichte als ihr bislang zuteil geworden ist.

Mittelalter/ Frühneuzeit

In der ersten Hochphase der Kriminalitätsforschung dominierten vor allem Studien zum späteren Mittelalter (Schubert 2007) und zur Frühen Neuzeit. Arbeiten zum Früh- und Hochmittelalter haben bis heute eher eine rechtshistorische Perspektive behalten, was natürlich innovative Forschungen nicht ausschließt. Beispielhaft sei hier die Studie von Kéry (2006) genannt, die zeigte, wie sehr die kirchliche Gerichtsbarkeit im frühen und hohen Mittelalter sich auch mit *crimina* wie Totschlag oder Ehebruch beschäftigen und dass kanonische Strafen weit über bloße geistliche Bußen hinausgehen konnten. Für die Zeit ab dem 14. Jahrhundert überwogen zunächst Studien über die städtische Justiz.[5] Aber auch Arbeiten zur territorialen Strafjustiz sind entstanden.[6] Härters Arbeit (2005) zum Erzstift Mainz verkörpert in ihrem Längsschnittcharakter und ihrem Materialreichtum geradezu den *state of the art*. Natürlich ist es naheliegend, die Analyse auf Teile einer Herrschaftseinheit, auf ein Gericht oder ein Amt, zu begrenzen.[7] Das muss nicht nur arbeitsökonomische Gründe haben, sondern gibt auch die Möglichkeit, näher an die einzelnen

5 Burghartz 1990, Schwerhoff 1991, Schuster 2000, Eibach 2003, Behrisch 2005, Thomsen 2005.

6 Behringer 1990, Wegert 1994, Schnabel-Schüle 1997, Rublack 1998, Rudolph 2001.

7 Vgl. etwa Gleixner 1994; Heidegger 1999; Thauer 2001; Griesebner 2000; Scheutz 2001; Brachtendorf 2003.

Akteure heranzukommen und ihre Handlungsoptionen auszuloten. Zentrale Mikrostudien in diesem Sinn verkörpern das Buch von Frank (1995) über das Dorf Heiden in der Grafschaft Lippe oder die Studie von Schmidt (1995) über die beiden Kirchspiele Vechingen und Stettlen bei Bern; zu ihren Vorzügen gehört es, dass sie aufgrund der Kombination von Gerichtsakten mit anderen Quellen das soziale Profil der Delinquenten genauer bestimmen können. Das klassische Format all dieser kriminalhistorischen Arbeiten stellt jedenfalls die Fallstudie dar, die in raumzeitlicher Begrenzung einen Querschnitt des Kriminalitätsaufkommens zu analysieren sucht.

Die paradigmatische Fallstudie von Eibach (2003) über »städtische Lebenswelten und Kriminalität« in Frankfurt am Main im 18. Jahrhundert beruht auf der Quellenbasis der Kriminalakten *(Criminalia)*, von denen aus reichsstädtischer Zeit insgesamt fast 11.000 erhalten sind (30). Vor Gericht gelangten zwei Drittel der Fälle aufgrund von Anzeigen der Geschädigten, nur jeder zehnte Fall dagegen aufgrund direkten Einschreitens des Sicherheitspersonals (74 f.). Die systematische Analyse der Delinquenz beginnt mit einem Blick auf die Entwicklung der Fälle im gesamten Untersuchungszeitraum von 1717 bis 1803 – sie war insgesamt stark rückläufig, während die Bevölkerung konstant anwuchs, am Ende auf gut 40.000 Einwohner (95). Basiert diese Beobachtung auf einer breiteren Aufstellung zu allen erhaltenen Kriminalakten, so gründet die weitere Erforschung im Wesentlichen auf der Auswertung von fünf Stichprobenzeiträumen von jeweils fünf Jahren zwischen 1721 und 1805. In seinen drei hauptsächlichen Deliktkategorien umfasst das Sample insgesamt gut 1.700 Fälle (432 f.). In der langfristigen Entwicklung auffällig ist dabei insbesondere das Verhältnis von Eigentums- zur Gewaltdelinquenz: Im gesamten 18. Jahrhundert hatten Eigentumsvergehen den größten Anteil an der Gesamtkriminalität und bewegten sich insgesamt auf einem relativ gleichmäßigen Niveau. Die an zweiter Stelle der Kriminalstatistik stehenden Gewaltdelikte dagegen steigen Mitte des 18. Jahrhunderts steil an, um dann in den letzten Dekaden des Ancien Régime markant zurückzugehen (103). Eibach zeichnet ein dichtes Portrait der drei hauptsächlichen Deliktgruppen, bevor er zuletzt »Urteilen und Strafen im Zeitalter der Aufklärung« behandelt. Seine Befunde etwa zum politisch-sozialen Protest (vgl. Kap. 5.4) oder zur Zivilisierung der Gewaltsamkeit (vgl. Kap. 5.1) schließen an wichtige Debatten der Kriminalitätsforschung an.

Kirchenzucht und Policey/Polizei

Zwei benachbarte Forschungsrichtungen sind als Dialogpartner der Kriminalitätsgeschichte in der Frühen Neuzeit bisher besonders wichtig gewesen. Da ist zum einen die Kirchenzuchtforschung: Verstöße gegen Sitte, Moral und gutnachbarliches Verhalten wurden nicht nur von weltlichen Richtern abgeurteilt, sondern sie gerieten in der Frühen Neuzeit häufig in das Fadenkreuz der kirchlichen Gerichtsbarkeit. Gerade unter sozial- und kulturgeschichtlichen Aspekten sind die Formen des abweichenden Verhaltens, die im Schnittfeld von weltlicher und geistlicher Justiz verhandelt wurden, oft von größerer Bedeutung als die klassischen Formen schwerer Delinquenz. Sowohl die empirischen Ergebnisse (Schmidt 1995; Holzem 2000) als auch die konzeptuellen Debatten (Schmidt 1997; Schilling 1997) besitzen höchste Relevanz für die Kriminalitätsgeschichte. Das gilt vielleicht in noch höherem Maße für die Polizeiforschung, die epochal allerdings wiederum in zwei weitgehend getrennte Arbeitsgebiete zerfällt.[8] Zwischen dem 15. und 18. Jahrhundert bildete der Begriff der »Policey« einen sehr weit gefassten Kristallisationspunkt für alle Debatten um die gute Ordnung des Gemeinwesens; eine zentrale Verkörperung dieser guten Ordnung bzw. der Versuche, eine solche herzustellen, waren die zahlreichen lokalen, städtischen und territorialstaatlichen Normen (Iseli 2009). Die äußerst fruchtbaren Studien der letzten Jahre (exemplarisch Holenstein 2003) zu den frühneuzeitlichen Polizeiordnungen gehen aber deutlich über traditionelle rechtshistorische Zugänge hinaus. Sie stellen die Normen in ihren institutionellen und gesellschaftlichen Kontext und untersuchen ihre Genese, ihre Implementation (Landwehr) und mediale Vermittlungsmodi. Damit wird die »gute Policey« nicht nur zu einem zentralen Transmissionsriemen der frühmodernen Staatsbildung, sondern es ergeben sich zahlreiche Schnitt-

8 Das macht sich auch institutionell in Gestalt zweier Arbeitskreise fest: Der AK »Policey/Polizei im vormodernen Europa« (derzeit koordiniert von Josef Pauser und Eva Wiebel) tagt seit 1998 in Anlehnung an den Arbeitskreis für Kriminalitätsgeschichte in Stuttgart; unter wechselnder Ägide finden seit 1990 die – ursprünglich von Alf Lüdtke initiierten – Kolloquien zur Polizeigeschichte mit einem epochalen Schwerpunkt in der Moderne statt (vgl. Lüdtke 1992).

felder mit der Kriminalitätsforschung, und zwar empirisch (exemplarisch Härter 2005) wie auch systematisch in Hinblick auf die Überwindung einer unfruchtbaren Dichotomie zwischen Theorie und Praxis (vgl. weiter Kap. 4).

Was das 19. und 20. Jahrhundert angeht, so verengt sich der Bedeutungsgehalt des Begriffs Polizei immer mehr auf jenen heute gängigen Bedeutungsgehalt im Sinne derjenigen staatlichen Organe, die zur Aufrechterhaltung von Sicherheit und Ordnung dienen. Damit ergibt sich eine präzisierende Verengung des Bedeutungsgehaltes, die das Thema aber noch enger an die Kriminalitätsgeschichte ankoppelt, insofern der Polizei sowohl für die konkrete Fahndung und Überführung als auch allgemein für die Produktion von Kriminalitätsbildern eine Schlüsselbedeutung zukommt (Jessen 1991). Die Polizeigeschichte darf jedenfalls bis heute als das größte Areal innerhalb der zeithistorischen Kriminalitätsgeschichte angesprochen werden (Reinke 2009: 123). Dabei liegt in der Fokussierung auf das Ordnungspersonal durchaus die Chance, die Zeit vor der Entstehung der modernen Polizei und damit die zerklüftete Welt des alteuropäischen »Exekutivpersonals« (Bendlage 2002; Holenstein u. a. 2002) mit den einschlägigen Studien zur unmittelbaren Zeitgeschichte (Fürmetz u. a. 2001; Weinhauer 2003) zu verkoppeln. Als ein Leitmotiv kann hier die Frage nach Kontinuität und Wandel kriminalpolizeilicher Strukturen und Konzepte von der Weimarer Republik über den Nationalsozialismus bis hin zur frühen Bundesrepublik bzw. DDR betrachtet werden (Wagner 1996, 2002; vgl. Reinke 2009: 125 ff.).

Spätere Neuzeit

Ohne dass die Kriminalitätsgeschichte zum Spätmittelalter und der Frühen Neuzeit nach 2000 erlahmte, ist das Erstarken der Forschungen zur späteren Neuzeit das eigentliche Signum des letzten Jahrzehnts. Dabei ist die Zeit um 1800 zwar eine deutliche Wasserscheide; aber neben Untersuchungen, die ins 18. Jahrhundert zurückgreifen (Schauz 2008), gab es schon früh Versuche, das Transformationsjahrhundert der »Sattelzeit« (Koselleck) besonders in den Blick zu nehmen. So hat die Pionierstudie von Ludi (1999) nachgezeichnet, wie sich das optimistische Strafparadigma der Aufklärung, das eine Abschaffung des Verbrechens verhieß, zur modernen Kriminalpolitik wandelte, in deren Optik *die* Kriminalität als eine vielköpfige, kaum zu besiegende Hydra erschien (vgl. jetzt auch einige Beiträge in Habermas/Schwerhoff 2009). Aufs Ganze gesehen aber verschoben sich mit den zeitlichen auch die analytischen Schwerpunkte. Operierte die erste Forschergeneration noch stark aus dem Bestreben heraus, vormoderne Devianzprofile zu erstellen und – im Unterschied zur traditionellen normzentrierten Perspektive – die gerichtliche Praxis und den Umgang der Menschen mit den Rechtsinstitutionen zu untersuchen, rückten nun die Kriminalitätsdiskurse in den Mittelpunkt (Schauz/Freitag 2007: 10 f.; Habermas/Schwerhoff 2009: 11). Neben quellenpragmatischen Aspekten und neben der möglichen Vorbildfunktion der internationalen Forschung (modellhaft etwa Walkowitz 1992; Kalifa 1995) mögen auch verschiedene theoretische Leitsterne für diese Differenz verantwortlich sein.

Während die Frühneuzeitforschung im Banne von Modernisierungstheoremen wie »Sozialdisziplinierung« (vgl. Kap. 4.4) oder Zivilisierung (vgl. Kap. 5.1) stand, drückte Michel Foucault den Arbeiten zur nachfolgenden Epoche zwar verspätet, aber doch deutlich seinen Stempel auf. Dabei liegt seine Originalität vielleicht weniger in seinem generellen Anliegen, die Entfaltung der neuzeitlichen Disziplinargesellschaft nachzuzeichnen, als in seiner konkreten Analyse jener »gebieterischen Praktiken und Diskurse [...], die das System der Strafjustiz ausmachen« (zit. n. Bretschneider 2003, 32). Nicht nur der methodische Fokus wirkte inspirierend, sondern auch das Thema. Die Geschichte des Gefängnisses, die chronologisch überdies eine Überbrückung der Sattelzeit verspricht (Ammerer u. a. 2003), wurde zu einem der wichtigsten Fluchtpunkte der neuzeitlichen Kriminalitätsgeschichte, wobei komplementär dazu auch zur Entwicklung der Todesstrafe wichtige Studien erschienen (Evans 2001; Martschukat 2000; Overath 2001). Die Debatten über Strafvollzug und Straffälligenhilfe (Nutz 2001; Henze 2003; Riemer 2005; Schautz 2008) lassen sich allerdings kaum trennscharf von anderen Kriminalitätsdiskursen unterscheiden, etwa vom Komplex der *Criminalpsychologie* und der Psychiatrie (Lorenz 1999; Germann 2004; Greve 2004; C. Müller 2004). Gesonderte Aufmerksamkeit fand die Frage, wie das »verbrecherische Weib« diskursiv konstruiert wurde (Uhl 2003), mehr noch das Problem der Jugenddelinquenz bzw. Jugendkriminalpolitik (Kebbedies 2000; Oberwittler 2000; Briesen/Weinhauer 2007).

Aus verschiedenen Wissenschaftsdisziplinen, aus Beiträgen von Theoretikern ebenso wie von Praktikern, speiste sich der facettenreiche Diskurs jener Kriminologie, der vor allem von Wetzell (2000), Becker (2002) und Galassi (2004) beschrieben worden ist (vgl. international vergleichend Becker/Wetzell 2005; im Längsschnitt für die Moderne Baumann 2006). Natürlich war dieser kriminologische Diskurs eng mit den Debatten der Strafrechtsreform verknüpft (Kesper-Biermann 2009). Ein wichtiger Aspekt des kriminologischen Diskurses war weiterhin die Kriminalistik, die Entwicklung der Fahndungs-, Beweis- und Überführungsverfahren (Becker 2002, 2005). Hier liegen erst ansatzweise genutzte Potentiale zum Vergleich mit den Fahndungs- und Identifizierungsmethoden in der Vormoderne (Blauert/Wiebel 2001), zugleich Schnittstellen mit dem Arbeitsfeld der Polizeigeschichte (z.B. Jäger 2006). Überdies ist die Geschichte der Kriminalistik eng nicht nur an die Wissenschaftsgeschichte, sondern auch an eine Geschichte der Medien geknüpft, wie etwa die Entfaltung der Polizeiphotographie zeigt (Regener 1999). Nicht nur die Bedeutung der Bilder bei der Fahndung nach und der Darstellung von Verbrechern zeigt schließlich, wie eng der Kriminalitätsdiskurs in der Moderne mit der öffentlichen Sphäre verknüpft war. Von den Berichten über spektakuläre Verbrechen, über die Fahndung nach den Tätern bis hin zu den Berichten aus dem Gerichtssaal, partizipierte die Bevölkerung schon vor über 100 Jahren intensiv an den Kriminalitätsdebatten (Hett 2004; P. Müller 2005; Siemens 2007).

Gegenüber den Kriminalitätsdiskursen fanden die tatsächlichen Erscheinungsformen von Kriminalität weniger Aufmerksamkeit; entsprechende Studien sind rar und oft in ihrem analytisch-methodischen Zugriff weniger befriedigend (Formella 1985; Dietrich 1995; Moses 2006), was auch Quellengründe haben mag. Eher eine Ausnahme bilden die Arbeiten von Hommen (1999) über Sittlichkeitsverbrechen im Kaiserreich und von Töngi (2004) über die Delinquenz im schweizerischen Kanton Uri, die konzeptionell in vielen Aspekten an die Fallstudien zur Vormoderne anknüpfen kann. So bleibt der gegenwärtige Stand der Kriminalitätsgeschichte für die Moderne zwiespältig: Auf der einen Seite stehen die Erträge einer von diskursanalytischen Zugriffen geprägten Forschung, die souverän jenseits enger Disziplingeschichten argumentiert und international vergleichend angelegt ist (vgl. Schauz/Freitag 2007: 9 ff.). Auf der anderen Seite steht nach der Beobachtung von Bretschneider (2007: 11) eine »schwerwiegende Leerstelle«: Für die Wahrnehmungen, Erfahrungen und Handlungen der als »kriminell« etikettierten Menschen bleibe zu selten Raum. »Das Rechtssystem des 19. Jahrhunderts erscheint so oft als ein vor allem von diskursiven Machtwirkungen strukturiertes Feld der Disziplinierung von Untertanen, denen oft nicht viel mehr übrig bleibt, als sich in die ihnen vorgegebenen Rollen zu fügen.« Bretschneider plädiert dafür, auch für spätere Epochen die frühneuzeitlich geprägte Perspektive vom Recht »als ein durch »Aushandlung« geprägtes und dynamisches soziales Handlungsfeld« fruchtbar zu machen (ebd. 13). Seine eigene Arbeit (Bretschneider 2008) ebenso wie diejenige von Habermas (2008) bilden wichtige Etappen auf dem Weg zur Einlösung dieser Forderungen; sie markieren eine gewisse »praxeologische Wende« der Kriminalitätsforschung in der Moderne. Mit seiner Geschichte der Einsperrung in Sachsen im 18. und 19. Jahrhundert untersucht Bretschneider die soziale Praxis der Disziplinierung am konkreten Beispiel und rückt damit die Institution und den Alltag stärker in den Fokus der Untersuchung als bisher geschehen. Habermas führt am Beispiel Oberhessen die Entstehung der modernen Rechtsordnung als interaktives Zusammenspiel sehr verschiedener Akteure – Täter, Opfer und Zeugen, Ermittler, Verteidiger und Richter, Politiker und Journalisten – vor und spannt in ihrer Darstellung den Bogen von den kriminellen Taten und ihren sozialen Kontexten über die Beweisproduktion bis hin zum Geschehen im Gerichtssaal.

Zeitgeschichte

Trotz der Blüte kriminalhistorischer Arbeiten zur Neueren Zeit scheint die Historische Kriminalitätsforschung in der deutschen Zeitgeschichte noch nicht wirklich angekommen zu sein. Ein Hauptgrund dafür könnte in der Tatsache begründet liegen, dass ab 1933 eine beispiellose Ideologisierung und Politisierung der

Justiz zu beobachten ist, die vielfach zu einer Verkehrung von Recht und Unrecht führte (Kebbedies 2000: 13). Institutionen (etwa die Gestapo), Verfahren (etwa die Sondergerichtsbarkeit) und Delikte (vom politischen Widerstand bis hin zu »Äußerungsdelikten«), die in besonderer Weise mit dem Terrorsystem des NS verknüpft waren, erfuhren deshalb besondere Bedeutung. Auch in der Erforschung der Geschichte der DDR dominierte begreiflicherweise die Analyse der politischen Justiz (Werkentin 1997; Raschka 2001). Ansatzpunkte für Analysen, die auch kriminalitätshistorische Fragen im engeren Sinn mit einbeziehen, bietet die durchaus sehr ausdifferenzierte Forschung zur NS-Strafjustiz, insbesondere, wenn sie sich – wie jüngst die Fallstudie von Anders (2008, dort 5 ff. auch ein Forschungsüberblick) – nicht nur auf institutionelle Aspekte beschränkt, sondern vergleichend über verschiedene Deliktfelder hinweg auch die Sanktionspraxis einbezieht. Die nationalsozialistische Zeit bildet den Fluchtpunkt insbesondere von Studien zur Jugendkriminalität (Kebbedies 2000) und zur Entwicklung der Kriminologie (Wetzell 2000). Schließlich sind in diesem Zusammenhang Arbeiten zur Gefängnisgeschichte zu nennen, etwa die Arbeit von Wachsmann (2004) über die Funktion des Strafvollzugs im NS-System oder die Arbeit von Heidenreich (2009) über das »Gelbe Elend« in Bautzen im Wendeherbst 1989. Kein Feld hat jedoch vergleichbar dichte Befunde vorzuweisen wie die Polizeigeschichte (s. u.).

Die Analyse von Kebbedies (2000) über den Umgang mit Jugendkriminalität in Deutschland schlägt den Bogen zurück bis in die 1890er Jahre, wo der Autor die Wurzeln einer modernen Jugendkriminalpolitik im engeren Sinn aufspürt. Der in den zeitgenössischen Statistiken sich niederschlagende starke Anstieg der Jugendkriminalität in der Boomperiode der zweiten Industrialisierung (um zwei Drittel von 1885 auf 1910) (31) führte zu einem Modernisierungsschub: Dieser verband stärkeren Jugendschutz und entschlossenere Jugendfürsorgemaßnahmen wie die Zwangserziehung »verwahrloster« Kinder auch gegen den Willen der Eltern mit einer Reform des Jugendstrafrechts, die eine stärkere Berücksichtigung der Persönlichkeit des Täters implizierte. Als dann in der Notzeit des Ersten Weltkrieges der Anteil der Jugendlichen unter den Kriminellen scheinbar dramatisch anstieg, entstand ein politischer Handlungsdruck, der 1923 in ein Jugendgerichtsgesetz mündete. Damit wurde vor allem das Prinzip des »Erziehungsvorrangs« begründet, das im Rahmen eines besonderen Strafrechts den bloß »gestrauchelten« und nicht »an sich« verbrecherischen jungen Menschen eine zweite Chance eröffnen wollte (71). Die nationalsozialistische Jugendkriminalpolitik konnte hier anknüpfen. Die »Legitimation durch Erziehung« durchzog das nach langen Debatten und Entwürfen schließlich 1943/4 neugefasste Reichsjugendgerichtsgesetz noch stärker als sein Vorgänger von 1923 (101), auch wenn die völkische Semantik und rassistisch-biologische Deutungen unübersehbar neue Elemente darstellten. Dieses RJGG wurde nach dem Krieg durch die Alliierten keineswegs rundweg abgeschafft; lediglich eine oberflächliche »Dekontamination« wurde vorgenommen durch die Entfernung einiger Nazi-Begriffe und extremer Bestimmungen (z. B. Jugendkonzentrationslager, Verurteilung von Kindern im Alter von 12 oder 13 Jahren etc.). Damit verkörpert die deutsche Jugendkriminalpolitik eine »reaktionäre Modernität«, die über die Umbrüche der politischen Systeme hinweg eine große Kontinuität aufwies.

Delikte und Delinquenten

Ein anderer »klassischer« Typus kriminalhistorischer Arbeiten stellt ein bestimmtes Delikt in den Mittelpunkt. Das eröffnet die Möglichkeit, stärker in die Diskussion von systematischen Problemzusammenhängen einzutreten (vgl. Kap. 5). Dabei müssen es nicht nur die großen, spektakulären Verbrechen sein, die das Interesse der Forschung erregen. Gerade die *petty crimes* haben das Potential, als Schlüssel für eine Alltagsgeschichte von Konfliktfeldern zu dienen (z. B. Shoemaker 1991; Garnot 1998; Henselmeyer 2002). Zu nennen sind hier insbesondere jene Ordnungsdelikte, die den Versuch der Obrigkeiten markierten, das Verhalten ihrer Untertanen zu regulieren bzw. zu disziplinieren, etwa Aufwands-, Spiel- oder Trinkverbote, die meist im Kontext der Policeyforschung thematisiert werden.

Geschlecht

Den typischen Kriminellen gibt es in der Vergangenheit so wenig wie in der Gegenwart. Sozialgeschichtliche Dimensionen von Kriminalität wie Geschlecht, Alter und sozialer Status werden in der Regel kaum generell, sondern im Kontext einzelner Problem- und Konfliktkonstellationen diskutiert. An dieser Stelle müssen einige grobe Pinselstriche zur Charakterisierung der Forschungssituation genügen (vgl. aber Text Nr. 1 unter *www.historische-einfuehrungen.de*). Intensiv ist in neuerer Zeit die *gender*-Dimension von Kriminalität diskutiert worden; fruchtbar war hier das Aufeinandertreffen der historischen Kriminalitätsforschung mit einer dynamischen Geschlechtergeschichte (Ulbricht 1995: 4). Tatsächlich verbindet beide Forschungsrichtungen ihr Bemühen, essentialistische Zuschreibungen zu dekonstruieren. So diskutiert die historische Forschung schon lange nicht mehr die vermeintlich über Zeit und Raum hinweg invariant niedrige Frauenkriminalität und deren mögliche Ursachen, etwa weibliche Schwäche oder eine größere Normkonformität der Frau (Jütte 1991a). Stattdessen werden Praktiken der Kriminalisierung von Frauen und die Genese von Kriminalitätsdiskursen, die typische weibliche Eigenschaften postulieren, selbst zum Gegenstand historischer Analysen (Becker 2002; Uhl 2003). Außerdem wird kritisch hinterfragt, inwieweit Kriminalitätsstatistiken weibliches Verhalten überhaupt erfassen. Vielmehr müssten diese Statistiken als Ergebnis eines vielfältigen sozialen und rechtlichen Selektionsprozesses gelesen werden (Wunder und Ulbrich in Ulbricht 1995; Griesebner/Mommertz 2000). In diesem Sinn hat Eibach (2010) abwägend die Frage diskutiert, ob von einer tendenziellen Gleichheit der Geschlechter vor Gericht auszugehen sei (vgl. auch die Beiträge in Gerhard 1997). Obwohl die Justiz personell fast völlig männlich dominiert war, besaßen Frauen, anders als in der Zivilgerichtsbarkeit, zum Feld der Strafgerichtsbarkeit als Klägerinnen oder Zeuginnen formal weitgehend den gleichen Zugang wie Männer. Sie partizipierten so aktiv an den Aushandlungsprozessen vor Gericht. Dabei konnten, je nach verhandeltem Tatbestand, geschlechtsspezifische Rollenzuschreibungen positiv oder negativ ins Feld geführt werden. So ist bei häuslichen Konflikten das obrigkeitliche Gericht als Verbündeter der Frauen betrachtet worden (Schmidt 1998); zugleich aber wurden Frauen bei dem zentralen Deliktfeld der Unzuchtdelikte systematisch benachteiligt, indem sie deutlich stärker bestraft wurden als Männer (vgl. Kap. 5.3).

Alter

Das Lebensalter der Akteure gehört in der Moderne zu den typischen „harten" sozialstatistischen Kategorien, während es in der

Vormoderne nur in einer kleinen Minderheit der Fälle zu bestimmen ist. Delinquenz im Alter wurde bisher noch kaum systematisch erörtert, wobei das Etikett »alt« selbst zu den historischen Variablen gehört – die »Alte« Lisel, Kopf einer kriminellen Überlebensgemeinschaft im Bodenseeraum, war zum Zeitpunkt ihrer Verhaftung 1732 gerade einmal 40 Jahre alt (Blauert 1993). Die Masse der vormodernen Kriminellen war nach unseren Maßstäben jung, und tatsächlich erlauben es die Kriminalquellen bisweilen, detailliert die kriminellen Karrieren von Kindern und Jugendlichen nachzuzeichnen (Harrington 2009: 177 ff.). Die Karriere der »Jugendkriminalität« (P. Wettmann-Jungblut, Art. »Jugendkriminalität«, EdN 6, 2007: 172–4) als eines eigenständigen Feldes von Wahrnehmungen und Aktivitäten begann erst im späten 18. Jahrhundert. Mit der Geburt der Jugendphase am Ende des 18. Jahrhunderts (John R. Gillis) war einerseits ein verstärktes pädagogisches Bemühen um die junge Generation verbunden, andererseits verbreitete die Wahrnehmung eines steilen Anstiegs jugendlicher Delinquenz unter den Eliten verschiedener europäischer Länder Angst und Schrecken. In Reaktion darauf entwickelte sich ein besonderes Jugendstrafrecht, begleitet von pädagogischen und fürsorglichen Initiativen zur Erziehung der »sittlich verwahrlosten« Kinder und Jugendlichen. In langfristiger Perspektive und grob vereinfachend kann man sagen, dass die Reformen in der Jugendkriminalpolitik weg vom »Paradigma der Strafe« und hin zum »Paradigma der Erziehung« (Oberwittler 2000: 332, 19) führten, mithin zu einer »Verfeinerung der Methoden [...] soziale(r) Kontrolle«. Unterhalb dieses groben Trends allerdings lassen sich vielfältige Kombinationen und überraschende Kontinuitäten selbst über den vermeintlichen Bruch der NS-Zeit hinaus beobachten (Kebbedies 2000). Insgesamt kommt der Jugenddelinquenz in der Moderne als exemplarischem Experimentierfeld kriminalpolitischer Betätigung eine zentrale Bedeutung zu (Bornhorst 2010).

Sozialer Status

Sozialstrukturanalysen bilden das Rückgrat vieler Fallstudien zur Kriminalität. Auch in dieser Hinsicht ist ein deutliches Ungleichgewicht zu beobachten. Die *white collar crimes* der Reichen und Mächtigen sind bislang in der historischen Forschung eher stiefväterlich behandelt worden (vgl. aber Schuster in: Blauert/Schwerhoff 2000; Häberlein 1998b; Hoffmann 2002). Was den anderen Pol der sozialen Hierarchie betrifft, so wurde die Bedeutung der Armen wesentlich breiter erörtert. Nicht nur die naheliegende Frage nach dem Stellenwert von sozialer Not als kriminogenem Faktor ist dafür verantwortlich, sondern auch die Tatsache, dass bestimmte Formen von Armut, vor allem das sog. Vagantentum, selbst in der Neuzeit kriminalisiert worden sind (Ammerer 2003; Härter 2005: 1003 ff.; vgl. weiter Kap. 5.2). Von Stigmatisierung und Kriminalisierung betroffen waren auch bestimmte ethnisch-religiöse Gruppen. So fungierten die »Zigeuner« seit der Frühen Neuzeit bis in die Zeit des Nationalsozialismus (und darüber hinaus) als Prototypen der kriminellen Vaganten, denen allein aufgrund ihrer Existenz und ohne, dass ein spezielles Delikt nachgewiesen sein musste, harte Strafen drohten (K. Härter, Art. »Zigeuner«, HRG 5, 1998, 1699–1707). Zu den Juden als der wichtigsten ethnischen und religiösen Minderheit in der mitteleuropäischen Geschichte liegen zahlreiche Studien vor, jedoch sind wirkliche kriminalhistorische Untersuchungen in der Minderzahl. Eine frühe Ausnahme stellt die Arbeit von Susanna Burghartz (1990: 183 ff.) über den Konfliktaustrag von Christen und Juden bzw. zwischen Mitgliedern der jüdischen Gemeinde vor dem Zürcher Ratsgericht am Ende des 14. Jahrhunderts dar. Inzwischen liegen weitere Studien über Juden und Christen vor Gericht (Gotzmann/Wendehorst 2007) bzw. über jüdische Delinquenten als »doppelt Marginalisierte« (Kühn 2008: 87) vor. Ebenso naheliegend wie problematisch ist die Frage nach einer speziellen »jüdischen« Kriminalität, etwa im Bereich der Räuberbanden oder der Hehlerei (Danker 2001; Härter 2007: 373). Ganz reale Auswirkungen hatten imaginäre Verbrechen, die den Juden zugeschrieben wurden, wie etwa der bis in die Moderne hinein erhobene Vorwurf des Ritualmordes (Treue 1996; Nonn 2002; Walser-Smith 2002).

2.2 Konzepte und Theorien

Ein Charakteristikum der Kriminalitätsgeschichte ist neben ihrem methodischen Pluralismus die Vielfalt möglicher Konzepte und Theorien. Nur ein kleiner Ausschnitt kann hier präsentiert werden; in den Folgekapiteln werden weitere Ansätze zur Sprache kommen.

Materialistische Zugänge

Zu den Arbeiten, die der kriminalitätsgeschichtlichen Forschung besondere Impulse gegeben haben, gehört jene ökonomisch-materialistische Interpretation des Strafrechts, die Georg Rusche und Otto Kirchheimer 1939 vorlegten. Ihr im Kontext des Instituts für Sozialforschung entstandenes Buch verfolgt die Idee eines engen Zusammenhanges zwischen dem Strafvollzugssystem und der Produktionsweise bzw. den Anforderungen des Arbeitsmarktes. Im grausamen Strafrecht des Ancien Régime sahen die Autoren ein Instrument des Klassenkampfes gegen das aufbegehrende Proletariat besonders der größeren Städte, ja sogar ein Mittel der Ausrottung gesellschaftlich unerwünschter Elemente durch die herrschenden Klassen vor dem Hintergrund von Bevölkerungs- und Arbeitskräfteüberschuss. Erst an der Wende zum 17. Jahrhundert sei die Möglichkeit entdeckt worden, die Arbeitskraft von gefangenen Verbrechern auszubeuten; allmählich löste deshalb das Zuchthaus die peinlichen Strafen ab (Rusche/Kirchheimer 1974, 23 ff.). Obwohl der Arbeit zweifellos das Verdienst zukommt, grundsätzlich auf die sozioökonomische Bedingtheit des Strafvollzuges hingewiesen zu haben, gilt sie inzwischen als weitgehend überholt (Steinert 1978).

Michel Foucault

Wesentlich einflussreicher, aber ebenso kontrovers diskutiert wie Rusche und Kirchheimer war das Buch *Überwachen und Strafen* des französischen Philosophen Michel Foucault (1977). In zweierlei Hinsicht verfolgt er ähnliche Interessen wie die Frankfurter: Auch er stellt den Typenwandel strafrechtlicher Sanktion weg vom alten System peinlicher Strafen hin zum neuen Zuchthaus- und Gefängniswesen in den Mittelpunkt der Darstellung. Strikt wendet er sich ebenfalls gegen die gängige Deutung dieses Wandels als Humanisierung des Strafvollzuges und damit als Fortschritt. Vielmehr habe sich lediglich ein Paradigmenwechsel der Macht- und Herrschaftstechniken vollzogen: Mit der »Geburt des Gefängnisses« traten an die Stelle der Körperstrafen subtilere Überwachungstechniken, die auf eine Disziplinierung der Seele zielten. Foucaults Ansatz ist immer wieder kritisiert worden, aufgrund empirisch-chronologischer Schwächen ebenso wie aufgrund seiner überhaupt als unhistorisch wahrgenommenen Methode (Evans 2001: 36 ff.). Mittlerweise ist die Rezeption der deutschen Forschung jedoch deutlich jenseits von *Überwachen und Strafen* angekommen. In Deutschland versuchte zunächst Martin Dinges (in Blauert/Schwerhoff 1993, 145 f.) Foucaults *Mikrophysik der Macht,* in der Macht als ubiquitäre gesellschaftliche Produktivkraft begriffen wird, für eine historische Analyse der Justiznutzung von unten fruchtbar zu machen; Foucaults Konzept wurde aufgegriffen und programmatisch erweitert (Martschukat 2002), aber auch kritisiert (Taeger 1999). *Geschichte schreiben mit Foucault* ist auf dem Feld der Kriminalitätsgeschichte fast normal geworden, explizit in Forschungen zur Strafökonomie (Bretschneider 2008), eher implizit in Studien zum Kriminalitätsdiskurs.

Rechtsethnologie

Zu den bisher wenig in Anspruch genommenen Referenzdisziplinen einer historischen Kriminalitätsforschung gehören die Rechtssoziologie und besonders die Rechtsethnologie bzw. -anthropologie (Roberts 1981; Pospíšil 1982). Gerade der verfremdende Blick durch die Brille anderer Kulturen hilft beim Verständnis der Vergangenheit und bei der Vermeidung von anachronistischen Fehlurteilen. So hat die Anthropologie die Existenz einer Vielzahl von Rechtssystemen innerhalb einer Gesellschaft betont (Pospíšil 1982, 139 ff.); erst von daher wird zum Beispiel die Untersuchung von Normkonflikten möglich. Ebenso lassen sich die verschiedensten Optionen zum Austrag von Konflikten (»between fighting and talking«) in europäischen Gesellschaften besser verstehen, wenn man das gesamte Spektrum der Regelungsmechanismen von bilateralen Abmachungen über neutrale Richter bis hin zum Richter als Entscheidungsinstanz ins Kalkül zieht (Roberts 1983, 8, 11). »Alternativen zum Recht« und Prozesse der »Verrechtlichung« bzw. »Entrechtlichung« spielen auch in der rechtssoziologischen Diskussion eine Rolle (Blankenburg 1980); vor diesem Hintergrund rücken mittelalterliche Erscheinungen wie die Sühnung von Konflikten und Verbrechen in unmittelbare systematische Nähe moderner Diskussionen über den »Täter-Opfer-Ausgleich«. Im Übrigen wurde die Relevanz von Fragestellungen aus der Rechtssoziologie, einer Disziplin, die allerdings selbst einen Krisendiskurs pflegt (Wrase 2006), für die historische Forschung bislang kaum ausgelotet.

Kriminologie

Als zentraler Referenzpunkt einer historischen Kriminalitätsforschung unter den gegenwartsbezogenen Sozialwissenschaften ist die moderne Kriminologie zu nennen. Diese repräsentiert allerdings ihrerseits lediglich die Schnittmenge der mit dem Phänomen »Kriminalität« befassten Bezugswissenschaften (wie Rechtswissenschaft, Soziologie, Psychologie etc.) und besitzt keinerlei genuine Theorien und Methoden (H.-J. Albrecht, Art. »Kriminologie« in: KKW). Sie ist in der historischen Forschung als Produkt einer »gebrochenen Verwissenschaftlichung« (Galassi 2004) charakterisiert worden. So boten die Traditionen dieses Faches, das seinerseits in den letzten Jahren zum Objekt intensiver kriminalhistorischer Forschung geworden ist (Baumann 2006, vgl. Kap. 6), der historischen Forschung lange Zeit kaum Bezugspunkte. Als Karl S. Bader 1956 in einem Überblicksessay nach Anknüpfungsmöglichkeiten für eine »historische Kriminologie« suchte, stand wie selbstverständlich die Kriminalbiologie an erster Stelle. Ihre Fragestellungen seien der »modernen Wissenschaft so ausschließlich verpflichtet«, dass die historischen Quellen hier kaum etwas hergäben: Wenn etwa »die Erbbiologie mit Stammbäumen von Verbrecherfamilien« arbeite, könne sie wenig mehr eruieren als dürre Daten und Namen; naturwissenschaftlich-exakte Ergebnisse seien so nicht zu gewinnen (Bader 1956: 21 f.). Erst in den 1960er Jahren kam es innerhalb der Kriminologie zu einem fruchtbaren Paradigmenwechsel. Einerseits begannen die ideologischen Prämissen hinter dem Postulat vom »geborenen Verbrecher« obsolet zu werden; andererseits wurden die Ergebnisse der amerikanischen Kriminalsoziologie rezipiert. Es kam zur Entwicklung einer »kritischen Kriminologie«, in deren Fahrwasser der *labeling-approach* den zuvor dominierenden täterorientierten Theorien den Rang abzulaufen begann (vgl. Fritz Sack, Art. »Kritische Kriminologie« in: KKW). Die heute gängigen kriminologischen Theorieangebote sind jedenfalls meist soziologischer Natur, wobei dort allerdings die historische Dimension weitgehend ausgeblendet blieb (Sack 1987).

Kriminalsoziologie

Auch die Kriminalsoziologie kann nicht beanspruchen, eine separierte Spezialdisziplin zu sein: »Aus soziologischer Sicht erfordert die Analyse kriminellen Verhaltens prinzipiell keine anderen theoretischen und methodologischen Voraussetzungen als die Analyse normgetreuen Verhaltens. Kriminalitätstheorien sind deshalb nicht eigene und separate Theorien, sondern sie stellen nur eine Anwendung allgemeiner Prinzipien und Aussagen auf einen Teilausschnitt sozialer Wirklichkeit dar« (F. Sack, Art. »Kriminalitätstheorien, soziologische«, in: KKW). Die Attraktivität des Konzeptes der sozialen Kontrolle (vgl. Kap. 1) speist sich gerade aus der Tatsache, dass sie Phänomene der Kriminalität in den allgemeinen gesellschaftlichen Kontext des abweichenden Verhaltens stellt. Jenseits größerer Modelle zur umfangreichen Beschreibung jener »Sinnprovinz namens Kriminalität«, wie sie die Kriminologen Hess und Scheerer entwickelt haben (1997, Zit. 88) gibt es spezifische Theorieangebote, die herkömmlicherweise im Zentrum einer Soziologie des »abweichenden Verhaltens« stehen.

Die einschlägigen Handbücher[9] unterscheiden in der Regel zwischen zwei Hauptströmungen: Auf der einen Seite stehen die verschiedenen Ausprägungen des sog. »ätiologischen« Paradigmas; hier wird das abweichende Verhalten als gegebene Tatsache vorausgesetzt und nach den sozialen Bedingungen für sein Auftreten gefragt. Auf der anderen Seite steht das sog. Kontrollparadigma in der Kriminalsoziologie, das weniger auf das Verhalten der Delinquenten als auf das ihrer Umwelt abstellt. Der französische Soziologie Emile Durkheim wird gewöhnlich als Gründervater des ätiologischen Theoriestranges gesehen. Einerseits betonte er den Charakter des Verbrechens als einer gesellschaftlich normalen und unvermeidlichen Erscheinung, die durchaus auch positive Funktionen haben könne. Zudem plädierte er für eine konsequente Analyse von Kriminalität als einem sozialen Tatbestand, der nur durch soziale Tatsachen erklärbar sei; damit leistete er einen zentralen Beitrag zur Emanzipation einer eigenen Kriminalsoziologie, die Kriminalität nicht länger

9 Neben den einschlägigen Artikeln im KKW vgl. als Einführungsbände Neumann/Schroth 1980, Kerscher 1988, Peters 1995, Lamnek 1996 bzw. die Anthologien von Sack/König 1968 und Lüderssen/Sack 1974–77.

als pathologische Erscheinung auffasste (Lamnek 1996, 108 ff.). Andererseits blieb er einer Sichtweise verhaftet, wonach die Tat des Kriminellen bzw. allgemeiner formuliert: die soziale Tatsache des »abweichenden Verhaltens«, das zentrale Explanandum bleibe. Sowohl die Normen und ihre Genese als auch die Instanzen sozialer Kontrolle, die Reaktion der sozialen Umwelt auf das abweichende Verhalten, blieben ausgeklammert. In der Nachfolge Durkheims und des amerikanischen Soziologen Robert K. Merton sind verschiedene Spielarten der sog. »Anomietheorie« entwickelt worden, die nach den Motiven und Lernprozessen fragen, die zu abweichendem Verhalten führen. Besonders relevant für die kriminalhistorische Forschung sind dabei aufgrund einer originellen Verschiebung der Problemperspektive die Subkulturtheorien verschiedener Färbung: Sie fragen nicht mehr nach der Nichtübereinstimmung mit den offiziellen Normen, die sozialstrukturell als Mittelschichtnormen identifizierbar sind, sondern nach Genese und Ausprägung eines alternativen Normenkanons, mit dem die Mitglieder einer Subkultur ihr Verhalten in Übereinstimmung zu bringen suchen. Dabei ist durchaus umstritten, inwieweit die Existenz einer solchen Subkultur lediglich den Reflex des Nichterreichens der offiziellen Normen darstellt (so tendenziell eher Albert K. Cohen), oder ob es sich dabei um eine eigenständige (etwa Unterschicht-)Kultur mit längerer Tradition handelt (so Walter B. Miller). Vor allem für die historischen Subkulturen der Räuber und Gauner könnten diese Ansätze fruchtbar gemacht werden (vgl. 5.2).

Labeling-approach

Mit der Etikettierungstheorie (*labeling-approach*) wurden einige grundlegende Prämissen der bisherigen Kriminalsoziologie in Frage gestellt. Lassen wir einen der Gründerväter, Howard S. Becker, zu Wort kommen:

> »Abweichendes Verhalten wird von der Gesellschaft geschaffen. Ich meine dies nicht in der Weise, wie es gewöhnlich verstanden wird, dass nämlich die Gründe abweichenden Verhaltens in der sozialen Situation des in seinem Verhalten abweichenden Menschen oder in den »Sozialfaktoren« liegen, die seine Handlungen auslösen. Ich meine vielmehr, dass

gesellschaftliche Gruppen abweichendes Verhalten dadurch schaffen, dass sie Regeln aufstellen, deren Verletzung abweichendes Verhalten konstituiert, und dass sie diese Regeln auf bestimmte Menschen anwenden, die sie zu Außenseitern abstempeln. Von diesem Standpunkt aus ist abweichendes Verhalten keine Qualität der Handlung, die eine Person begeht, sondern vielmehr eine Konsequenz der Anwendung von Regeln durch andere und der Sanktionen gegenüber einem »Missetäter«. Der Mensch mit abweichendem Verhalten ist ein Mensch, auf den diese Bezeichnung erfolgreich angewandt worden ist; abweichendes Verhalten ist Verhalten, das Menschen so bezeichnen.« (Becker 1981: 8)

Kriminalität kann demzufolge soziologisch nur als Interaktions- und Zuschreibungsprozess zwischen Akteuren und Instanzen verstanden werden, der in der Vergabe des Etiketts »kriminell« an bestimmte Menschen mündet. Wichtiger noch als eine ursprüngliche Handlung, die dann als kriminell aufgefasst wird (primäre Devianz), erscheinem in der *labeling*-Perspektive die Folgen des Etikettierungs- und Stigmatisierungsvorgangs (sekundäre Devianz), die zu einer dauerhaften Veränderung der Verhaltensdisposition eines Akteurs, zur Umdefinition seiner eigenen Identität führen können. Im Extrem kann die Übernahme fremder Typisierungen als Selbstbild in eine »kriminelle Karriere« (vgl. den Art. von H.-J. Albrecht in KKW) münden.

Zweifellos bildet der *labeling-approach* die wichtigste theoretische Errungenschaft der neueren Kriminalsoziologie zur Analyse sozialer Kontrollmechanismen. Wie keine andere kriminalsoziologische Theorie besitzt der interaktions- oder etikettierungstheoretische Ansatz eine Attraktivität für die historische Forschung; falls einschlägige Studien überhaupt auf kriminologische Überlegungen zurückgreifen, nennen sie explizit den Etikettierungsansatz als Bezugspunkt (z. B. Blasius 1976: 10; Wettmann-Jungblut 1990: 135 f.; Plaum 1990: 3 f.). Gründe dafür sind leicht zu nennen. Die interaktionistische Perspektive überwindet die alleinige Konzentration auf den Täter bzw. die Ursachen seiner Tat, indem sie die Beachtung von Normen und die Sanktionierung als genuine Größen in die Analyse einbezieht. Sie geht von einer weitaus »flüssigeren« gesellschaftlichen Wirklichkeit aus als die positivistisch beeinflussten Gegenentwürfe; diese Wirklichkeit wird durch Wahrnehmungen und Handlungen der verschiedenen Akteure ständig neu geschaffen. Auch die Normen selbst unterliegen der Neuschöpfung und Reinterpretation. Für die an fremden Wirklichkeiten und an historischen Wandlungsprozessen interessierten Historiker ist ein solches Modell höchst anziehend. Auch das Problem der Quellenarmut stellt die eigene Arbeit nicht so radikal in Frage, wie es früher erschien. Klagte Bader (1956: 28 f.) noch darüber, dass das lose geknüpfte Netz der Strafrechtspflege im späten Mittelalter die »tatsächliche« Kriminalität nur unzureichend eingefangen und somit auch schriftlich erfasst habe, so wäre die Aufgabe einer historischen Kriminalitätsforschung in interaktionistischer Perspektive gerade, das eigentümliche Profil der spätmittelalterlichen Strafjustiz, ihre Bedeutung und ihre soziale Logik, herauszuarbeiten; nicht umsonst konzentriert sich die neuere Forschung stark auf das System der Gnadenjustiz (vgl. 4.2). Die Rede von der Dunkelziffer verliert an Dramatik: Nimmt man einen radikalen interaktionistischen Standpunkt ein, dann entfällt sogar die Kluft zwischen der tatsächlich vorgefallenen und der entdeckten Kriminalität, weil eine Handlung erst dann mit dem Etikett »kriminell« versehen wird, wenn sie im Fadenkreuz der Justiz steht.

Historische Beispiele

Konkretere Ansatzpunkte für eine historische Anwendung der Etikettierungstheorie bieten die Geschichte der sog. »Raubritter« an der Wende vom Mittelalter zur Neuzeit (vgl. Schwerhoff 1999: 79 f.) oder die Geschichte der Jugendkriminalität im 19. Jahrhundert, wie die Studie von Leuenberger über Jugendkriminalität in Basel in der zweiten Hälfte des 19. Jahrhunderts zeigt. Das sowohl quantitativ als auch qualitativ (durch die Betrachtung typischer Fallbeispiele) gewonnene Bild dieser Jugendkriminalität stellt sich insgesamt eher undramatisch dar: Die Zahl der Angeklagten sinkt tendenziell im Verlauf des Untersuchungszeitraums (1873–1893), bezieht man das Bevölkerungswachstum mit ein. Bei den Delikten handelt es sich in der Mehrzahl (über 70 Prozent) um kleinere Diebstähle, daneben um Ordnungsdelikte, Raufereien und Sachbeschädigung (Leuenberger 1989: 102). Dabei ist die Zahl der »Wiederholungstäter« gering; ebenso wenig lässt sich eine Subkultur jugendlicher »Banden« empirisch fassen (ebd. 129). Im Bewusstsein der delinquenten Jugendlichen, so der Autor, sei das eigene Verhalten als durchaus »normal« bewertet worden. Die Kleindiebstähle der zumeist der Unterschicht entstammenden Täter seien nach den Maßstäben ihrer Lebenswelt zwar nicht als normkonform, aber eben auch nicht als »kriminell« angesehen worden, schon gar nicht als Ausdruck eines sozialen Protestes – eine »reflexive Normendistanz« lasse sich nicht nachweisen. Vor dem Hintergrund der lebensweltlichen »Normalität« von Normbrüchen trete die stigmatisierende Kraft des Strafrechts und seiner Instanzen bei der Konstituierung des Phänomens »Jugendkriminalität« besonders deutlich hervor. Dieses Strafrecht wird damit zum Instrument der herrschenden bürgerlichen Schichten zur Durchsetzung der eigenen »Spielregeln« gegen die abweichenden Normen, die in den Proletariervierteln Basels vorherrschten (ebd. 348 ff.).

Kritik und Perspektiven

Trotz weitreichender Akzeptanz der *labeling*-Perspektive in der Kriminologie fehlte es nie an (Selbst-)Kritik. Die kritische Kriminologie, insbesondere deren Meinungsführer Fritz Sack, bemängelte deren ausschließliche Favorisierung menschlicher Interaktionen und eine Vernachlässigung des Herrschaftssystems sowie der Strukturen sozialer Ungleichheit, in die diese Interaktionen naturgemäß eingebettet seien. Von der Gegenseite wurde der Absolutheitsanspruch einer Theorie kritisiert, in deren Gebäude individuelle Handlungsmotivationen von Delinquenten keinen Platz mehr beanspruchen konnten: »Räuber überfallen nicht andere Leute, weil sie irgendjemand als Räuber bezeichnet hat«, räumte Howard Becker 1974 selbstironisch ein (Kerscher 1988: 69). Im Extrem führe das dazu, den abweichend handelnden Akteur zu einem passiven Objekt, zu einem »Reaktionsdeppen« (Trutz von Trotha) zu machen. Gegenüber derartigen Kontroversen hat sich seit längerem eine andere Betrachtungsperspektive in den Vordergrund geschoben, die stärker den Kriminalitätsdiskurs selbst unter die Lupe nimmt. Wie, so lautet die Frage, wird in einer Gesellschaft über Kriminalität geredet, und wie wird diese Rede von moralischen Unternehmern (vgl. Becker 1981:133 ff.) innerhalb und außerhalb der Institutionen benutzt, um repressive oder vermeintlich reformerische Projekte durchzusetzen (ebd. 94 ff.)? Dabei zeigt sich schnell, dass der Kriminalitätsdiskurs nicht lediglich als eine Funktion herrschender Interessen beschrieben werden kann, sondern dass er im konfliktbeladenen Alltag zur Bearbeitung der »Ärgernisse und Lebenskatastrophen« adaptiert und verändert werden kann (Hanak 1989; vgl. weiter Kap. 6).

3. Quellen und Methoden

3.1 Quellen der Kriminalitätsgeschichte

Gerichtsakten

Die erste Welle der kriminalitätshistorischen Forschungskonjunktur der 1990er Jahre war sicher nicht nur von theoretisch-methodischen Impulsen gespeist, sondern lebte auch von der Faszination einer Quellengattung, die von Archivaren und Historikern lange Zeit eher gering geschätzt worden war: den Gerichtsakten (Scheutz 2004). Erst sie ermöglichten der historischen Forschung systematischer einen – freilich vielfach gebrochenen – Blick auf die Erscheinungsformen der Kriminalität und auf die Praxis des Strafens. Zudem gehen die Nutzungsmöglichkeiten von Gerichtsquellen über die Thematisierung von Kriminalität und Konflikt im engeren Sinn weit hinaus: Sie können als Zeugnisse von Arbeitsverhältnissen, Migrationsbewegungen oder Familienbeziehungen gelesen und ausgewertet werden (Simon-Muscheid/Simon 1996, 27 ff.) oder sie geben Aufschluss über die Geschichte der materiellen Kultur, der Bekleidung, des Körpers oder der Dialekte (vgl. die Quellen Nr. 8 und Nr. 12 zum Buch unter *www.historische-einfuehrungen.de*). Bezeichnend ist der Stellenwert, der den Gerichtsakten im Kontext der wissenschaftlichen Debatte über die »Ego-Dokumente« zukam. Die Legitimation für diesen Neologismus fand Winfried Schulze vor allem in der Tatsache, dass damit – über den traditionellen Bereich der Selbstzeugnisse und Autobiographien hinaus – auch die »unfreiwilligen« Selbstzeugnisse aus dem administrativ-rechtlichen Bereich erfasst werden, unter denen die Verhörprotokolle und Zeugenaussagen vor Gericht herausragen (Schulze 1996; Fuchs/Schulze 2002).

Hintergründe

Die Entstehung von Gerichtsakten ist eng mit der Geburt des Inquisitionsprozesses ab dem 13. Jahrhundert verbunden. In Deutschland existierten bis weit ins Spätmittelalter hinein kaum schriftliche Zeugnisse aus der Gerichtspraxis. Im Streit der Parteien vor Gericht mit Hilfe vorwiegend formaler Beweismittel – etwa des Reinigungseides – dominierten die Prozessmaximen der »Mündlichkeit« und der »Öffentlichkeit«(G. Wesener, Art. »Prozeßmaximen«, in: HRG 4, 55–62). Erst der Inquisitionsprozess, der auf eine obrigkeitliche Verfolgung von Verbrechern (Offizialmaxime) und auf eine materielle Ermittlung der Wahrheit (Instruktionsmaxime) zielte, brachte hier eine Änderung. Entscheidend wurde nun immer mehr ein Ermittlungsverfahren im Verborgenen durch spezialisierte Richter und Amtleute, in dessen Kontext Verhöre und Zeugenbefragungen, zum Teil auch unter Einsatz der Folter, stattfanden. In der Logik einer solchen Entwicklung lag eine zunehmende Verschriftlichung der Gerichtsbarkeit. Das Spätmittelalter kann deshalb als Entstehungsepoche der Gerichts- und Kriminalakten gelten.

Als Träger der neuen Gerichtsbarkeit waren in Europa unterschiedliche Kräfte am Werk. Neben der kirchlichen Gerichtsbarkeit und dem kanonischen Recht, die der weltlichen Justiz wichtige Impulse vermittelten, wirkte in vielen westeuropäischen Ländern die monarchische Zentralgewalt als Schrittmacher. In Deutschland und Italien verdanken wir die frühesten Niederschriften von Kriminalquellen dagegen den städtischen Gerichten und Räten (vgl. Schubert 2007). Zum einen führte die Verdichtung sozialer Funktionen in diesen Räumen engen Zusammenlebens zu vielen Konflikten und einer erhöhten Kriminalität. Zum anderen setzten die Städte neue Maßstäbe für eine effektive Friedenssicherung und eine aktive Kriminalitätsbekämpfung.

Entstehung im Mittelalter

Die Entfaltung des Quellentyps Gerichtsakten kann hier nur kurz skizziert werden (ausführlicher Schwerhoff 1999: 27 ff.). Seit dem Ausgang des 13. Jahrhunderts gingen Städte wie Stralsund im Norden (vgl. hierzu Quelle Nr. 1 unter *www.historische-einfuehrungen.de*) oder Nürnberg im Süden dazu über, Verdächtige, die einer mehrmaligen Ladung vor Gericht nicht Folge leisteten, in Achtbücher und Proskriptionslisten einzutragen. Ein ebenso la-

konischer wie typischer Eintrag ins Nürnberger Achtbuch lautete etwa: »Mercklein Odenberger ist in der acht darumb, dass er hat Conrad den Kalckreuter bracht von dem leben zu dem tod. Anno 1319« (Schultheiss 1960: 67). Richtete sich diese Maßnahme somit gegen flüchtige Straftäter, so wurden andere – sei es nach einem Gerichtsurteil, sei es um einem härteren Urteil zuvorzukommen oder lediglich als obrigkeitliche Präventivmaßnahme des Stadtrates – aus dem Gemeinwesen verbannt, wobei der Stadtverweis zeitlich befristet oder »auf ewig« ausgesprochen werden konnte. So wurde am 8. Mai 1335 eine Frau namens Elsbeth für ewige Zeit aus einer Fünfmeilenzone um die Stadt Nürnberg verbannt, weil sie wissentlich Diebesgut – Polster, Laken und andere Textilien – gekauft hatte (ebd. 48). Fast gleichzeitig begegnet in den Achtbüchern dieser Zeit ein dritter Typus von Eintrag, die Hafturfehde. Männer wie der Nürnberger Patrizier Hanse Steiner mussten damit beschwören, auf Rache wegen erlittener Haft zu verzichten (das der Haft zugrunde liegende Delikt konnte, musste aber nicht angegeben sein) und sich, in diesem Fall, darüber hinaus zur Einhaltung eines sehr differenzierten Verhaltenskodexes verpflichten wie dem Verzicht auf Waffen oder auf den Besuch von Wirtshäusern (ebd. 32).

Die ersten Kriminalquellen erwachsen somit nicht aus dem Bedürfnis nach umfassender Dokumentation der angefallenen Verbrechen und Sanktionen, sondern aus ganz spezifischen Erfordernissen heraus: Die Namen der Geächteten oder der Verbannten sollten festgehalten werden, um bei einer Verhaftung des Geflohenen oder einer Rückkehr des Ausgestoßenen ein gerichtliches Beweismittel in der Hand zu haben. Umgekehrt wurde der entsprechende Eintrag bei einer Aufhebung der Acht oder einer Rücknahme der Verweisung gestrichen oder gelöscht. Ihr Informationsgehalt ist meist begrenzt; neben dem Namen enthalten die älteren Einträge lediglich das Vergehen und ggf. nähere Erläuterungen zur Sanktion. Mit der Zeit werden die Angaben detaillierter; das Nürnberger Achtbuch listet schon im Fall der Hehlerin Elsbeth die gestohlenen Waren und deren Wert im Einzelnen auf. Und während Proskriptionslisten und Achtbücher gegen Ende des 15. Jahrhunderts langsam verschwinden, bleiben Urfehden,

Racheverzichtserklärung von Delinquenten, in Form von Einzelurkunden (Urfehdebriefen) oder Urfehdebüchern bis zum Ende des Ancien Régime wichtige kriminalhistorische Quellen, wenn sich deren Funktion im Strafrechtssystem auch langsam wandelt (Blauert 2000).

Schon im Spätmittelalter erweitert sich das Spektrum einschlägiger Kriminalquellen. Rechnungsbücher geben Aufschluss über einkommende Bußen und die Ausgaben, zum Beispiel für den Scharfrichter und die Instrumente der »peinlichen« (das heißt Pein verursachenden), Leib und Leben schädigenden Strafjustiz. In manchen Städten wie zum Beispiel in Regensburg verzeichnen eigene Register die Bußzahlungen von Totschlägern, Schlägern und Hausfriedensbrechern und geben so einen Einblick in die spätmittelalterliche Alltagsgewalt (Kolmer 1997). Andere Städte beginnen, in Urgicht- und Malefizbüchern die Vergehen der mit peinlichen Strafen belegten Personen aufzulisten. Das Bamberger *Echtbuch* enthält im 15. Jahrhundert bereits nicht nur Ächtungen (Proskriptionen) und Verbannungen, sondern auch Nachrichten über Ehren- und Leibesstrafen sowie Aussagen von Gerichteten über ihre Komplizen und deren Beschreibungen (vgl. Quelle Nr. 12 unter *www.historische-einfuehrungen.de*).

Die Entwicklung mündete in manchen Städten in umfassenderen Dokumentationen über gerichtliche Tätigkeiten. Dabei sind die institutionellen Kontexte von Ort zu Ort verschieden. In der Reichsstadt Köln zum Beispiel lag die eigentliche Hochgerichtsbarkeit noch in der Hand des auf den Erzbischof vereideten Schöffengerichts, während der Stadtrat lediglich das Recht zur Verhaftung, Voruntersuchung und gerichtlichen Entscheidung über kleinere Delikte beanspruchen konnte. Gerade aus dieser Beschränkung heraus aber erwuchs eine der wertvollsten Serien von Kriminalakten, die sog. Turmbücher; sie dokumentierten die Verhöre, Zeugenaussagen und Entscheidungen des Kölner Rates zu jedem Untersuchungshäftling auf den Stadttürmen, während die eigentlichen Hochgerichtsentscheidungen zu schlecht überliefert sind (Schwerhoff 1991: 471 ff.; vgl. Quellen Nr. 10 und 11 unter *www.historische-einfuehrungen.de*). Köln ist kein Einzelfall. Auch in anderen Städten des Spätmittelalters und der beginnen-

den Frühneuzeit sind Gerichtsakten überliefert, die den heutigen Beobachter näher an das Geschehen heranführen und tiefe Einblicke in den Alltag von Normalität und Abweichung erlauben (z. B. Hoffmann 1995).

Entfaltung in der Neuzeit

Mit dem Beginn der Frühen Neuzeit entfalten sich die Gerichtsakten und Kriminalquellen weiter. Haben die entstehenden Territorien und Landesherrschaften im Mittelalter nur in Ausnahmefällen Zeugnisse aus der Gerichtspraxis hinterlassen, so ändert sich nun das Bild, wobei die Überlieferung hier bereits deutlich über Gerichtsakten im engeren Sinn hinauszugehen beginnt. Ein moderner frühneuzeitlicher Territorialstaat wie Bayern besaß schon sehr früh eine zentralisierte Kriminaljustiz. Die zu vier sog. Viztums-Bezirken zusammengefassten Landgerichte waren bei ihrer strafrechtlichen Tätigkeit den vier »Regierungen« in Burghausen, Landshut, Straubing und München weisungsgebunden, wobei die Regierung in München mit dem Hofrat des Herzogs identisch war. Seit 1557 sind Hofratsprotokolle überliefert, die die wesentlichen Stationen aller Malefizprozesse für die historische Forschung nachvollziehbar machen. Sie eignen sich nicht nur zur statistischen Auswertung, sondern geben auch über die internen Diskussionen der Hofräte Auskunft, die etwa im Fall des Hexereideliktes sehr kontrovers ausfielen (Behringer 1990). 1532 hatte das zentrale Gesetzeswerk zur frühneuzeitlichen Strafrechtspflege, die Peinliche Gerichtsordnung Kaiser Karls V. (Carolina), festgelegt, dass die lokalen Gerichte in Zweifelsfällen bei ihren traditionellen Appellationsinstanzen oder aber bei nahegelegenen Juristenfakultäten Rechtsgutachten (Konsilien) in Auftrag geben sollten. Daraus entwickelte sich vielerorts eine regelmäßige Anfragepraxis; die Empfehlungen der Konsulenten wurden ebenso regelmäßig vom Gericht übernommen, sodass die Juristenkollegien so mancher Universität zu den eigentlichen Urteilern wurden. Neben Informationen über die Fälle an sich geben derartige Gutachten wertvolle Hinweise auf die zeitgenössischen Bewertungen von Delikten und prozessualen Zwangsmitteln wie der Folter (Zagolla 2007). Ähnliches gilt für jene Masse an Kriminalrelationen, wie sie für Kurmainz im 18. Jahrhundert erhalten sind (Härter 2005: 469 ff.). In einer solchen Relation stellte ein

Mitglied aus dem Kreis der Hofräte den Fall seinen Kollegen nach Aktenlage vor, wobei sich an die Schilderung des Sachverhalts und die Argumente der Parteien das Votum des Konsulenten anschloss. Gerichtsmedizinische Fallsammlungen des 18. Jahrhunderts dokumentieren, dass neben den Juristen allmählich auch andere Experten am Verfahren beteiligt waren und verwertbare Quellen hinterlassen haben (Lorenz 1999).

Die Kriminalakten des 17. und 18. Jahrhunderts sind häufig sehr viel voluminöser als diejenigen aus früherer Zeit (vgl. als regionalen Überblick Fritz 2004: 43 ff.). Das Untersuchungsverfahren gegen den legendären »Räuberhauptmann« Johann Georg Grasel in Wien zog sich zwischen November 1815 und April 1817 ca. anderthalb Jahre hin. Auf 2.272 Protokollseiten wurden die über 150 Sitzungen des Wiener Kriminalgerichts bzw. des Militärgerichts dokumentiert (Platzgummer 2009). Der Fall ist außergewöhnlich, die Tendenz ist es nicht. Zu noch bedrohlicherer Höhe konnten die Aktenberge anwachsen, wenn das Reichskammergericht eingeschaltet wurde, was – entgegen seiner ursprünglichen Aufgabe als Appellationsinstanz lediglich für den Adel oder für die Stände – durchaus auch Bürgern und Bauern möglich war (Baumann u. a. 2001; Westphal u. a. 2004; exemplarische Edition Oestmann 2009). Die Bedingungen für die historische Forschung verbessern sich in der Frühen Neuzeit nicht nur deshalb, weil die einzelnen Aktenbestände ausführlicher werden, sondern weil die Chance wächst, mehrere, sich ergänzende Quellenbestände nebeneinander vorzufinden. Wichtig sind auch Niedergerichtsakten. So konnte Michael Frank für das späte 17. und 18. Jahrhundert auf eine fast geschlossene Serie der Akten des sog. Gogerichts im lippischen Dorf Heiden zurückgreifen (Frank 1995: 176 ff.). Flankierendes sozialgeschichtliches Quellenmaterial zu Bevölkerungsentwicklung, ökonomischer Situation und gesellschaftlichen Strukturen ließen dort ein plastisches Sozialprofil der vor Gericht agierenden Personen entstehen.

Fahndung und Strafvollzug

Dass Kriminalakten gerade im 18. und beginnenden 19. Jahrhundert auch gedruckt werden, verdankt sich meist dem Eifer von besonderen Ermittlern, die ihre Erfolge im Kampf gegen die Räuberbanden und ihre berüchtigten, mythisch überhöhten

Hauptleute publik machen wollten. Der sächsisch-coburgische »Cammer-Consulent« Paul Nicol Einert, Haupttriebkraft im Inquisitionsverfahren gegen eine Bande von jüdischen Einbrechern in den 1730er Jahren, veröffentlichte dazu mehrere *acten-mäßige Darstellungen*, die sowohl zur Mehrung seiner Verdienste bei der Verbrechensbekämpfung als auch zu konkreten Fahndungszwecken diente (Danker 1988, 49 ff.). Viele aus den Quellen gearbeitete Darstellungen zum Räuber- und Diebeswesen des 18. und beginnenden 19. Jahrhundert bis hin etwa zur *Actenmäßigen Geschichte* der Odenwaldbande aus der Feder des Heidelberger Stadtdirektors Ludwig Pfister 1812 (Boehncke/Sarcowicz 1991, Bd. 3: 127 ff.) speisten sich aus ähnlichen Motiven.

Noch ein anderer neuer Quellentypus hat hier seinen Ursprung, die Gauner- und Diebslisten. Derartige Steckbriefsammlungen hatten Vorläufer seit dem Spätmittelalter (Groebner 2004); als umfangreiche und gedruckte Listen stellten sie aber eine neue Erscheinung der Zeit ab ca. 1700 dar. Allein für den südwestdeutschen, in die Schweiz und Vorderösterreich hineinreichenden Raum haben Blauert und Wiebel (2001) nicht weniger als 122 solcher Listen aus den Jahren 1692 bis 1812 mit ca. 13.000 Personenbeschreibungen zusammengetragen. Meist entstanden sie nach dem Abschluss eines größeren Inquisitionsprozesses auf der Grundlage der Aussagen der verurteilten Delinquenten. Für die moderne Historiographie stellen die Listen ein wertvolles Hilfsmittel bei der Erforschung des Milieus der Vaganten, Bettler und Räuber dar. Wo sonst finden sich derart farbige Angaben zu körperlichen Gebrechen, Kleidungsverhalten (Seidenspinner 1998: 151 ff.) oder Spitznamen – auf der Gaunerliste aus Bregenz von 1749 taucht zum Beispiel ein Beutelschneider Ferdis

Hannes »vulgo der großnasigte Churfürst« auf (vgl. Quelle Nr. 12 unter *www.historische-einfuehrungen.de*). Vor allem aber lassen sich die Fahndungsquellen als zentrale Beiträge zur Konstruktion des Kriminellen lesen. In diesem Sinne hat die kriminalhistorische Forschung für das 19. Jahrhundert aus den Diensthandbüchern der Polizei jene »Verbrecherbilder« zu rekonstruieren versucht, die den Hütern der Ordnung in der Praxis die Identifizierung und Ergreifung von Gaunern, Dieben und Prostituierten erleichtern sollten (Becker 2002).

Neben der Strafverfolgung produzierte auch der Strafvollzug wertvolle Quellen. Neben den Auflistungen von Strafen in amtlichen Registern und Gerichtsbüchern, aber auch in halbamtlichen Aufzeichnungen wie städtischen Malefizbüchern oder den Aufzeichnungen eines Scharfrichters wie Meister Franz in Nürnberg ist hier vor allem an Insassenlisten und Verwaltungsakten der im 18. Jahrhundert entstehenden Zucht- und Arbeitshäuser zu denken. Sie lassen sich auf Einweisungsfrequenzen, auf die Herkunft der Züchtlinge und auf die Struktur der Delikte, die ihrer Verurteilung zugrunde lag, hin befragen, und versprechen so wichtige Aufschlüsse über Deliktkonjunkturen (etwa in Teurungskrisen wie den 1770er Jahren) oder die Sozialstruktur der Delinquenten (Bretschneider 2008: 31 ff.).

Quellenumbruch im 19. Jahrhundert

Als der immer lauter werdende Ruf nach liberalen Reformen und Rechtsstaatlichkeit Mitte des 19. Jahrhunderts dem Inquisitionsprozeß den Todesstoß versetzte, wurde damit auch die Schriftlichkeit des Verfahrens obsolet. »Öffentlichkeit« und »Mündlichkeit«, bereits im Mittelalter die leitenden Prozessmaximen, kehrten in gewandelter Form zurück (W. Sellert: Art. »Strafprozeß II (gemeiner, reformierter)«, in: HRG 4: 2035–39). Eine durchgängige schriftliche Dokumentation des Prozessgeschehens entfiel. Natürlich versiegen auch nach Mitte des Jahrhunderts gerichtliche Quellen nicht, soweit sie nicht durch übereifrige Archivare »kassiert«, das heißt vernichtet wurden. In Hessen konnte Habermas (2008: 391 ff.) zum Beispiel auf Repertorien des »Criminalgerichts« zurückgreifen, die ab 1849, also nach der Zäsur der Strafprozessreform, begonnen wurden. Bedeutung dürfte überdies den Anklageschriften der Staatsanwaltschaft und richterlichen Urteilsbegründungen zukommen. Aussagen von Zeugen und Angeklagten finden sich zwar nicht in Unterlagen zur Hauptverhandlung, aber doch in den Protokollen der Voruntersuchung, wie sie zum Beispiel für bayrische Landgerichte am Ende des 19. Jahrhunderts erhalten sind (Schulte 1989; Hommen 1999). Auch bei den Gerichtsakten der schweizerischen Stadt Basel gegen Ende des 19. Jahrhunderts machen die polizeiliche bzw. die richterliche Voruntersuchung den größten Teil des Aktendossiers aus, während die Protokolle des Strafgerichts als Kurzfassungen der Gerichtsverhandlung zwar alle relevanten Angaben und Aussagen enthalten, jedoch meist stark gekürzt und formalisiert (Leuenberger 1989). Das Beispiel der Strafakten des Königlichen Landgerichts Ulm aus der Zeit des Ersten Weltkrieges und der Strafprozesslisten, auf denen die Arbeit von Bornhorst (2010) vor allem beruht, macht deutlich, dass auch in Deutschland für die jüngere Vergangenheit verwertbare Gerichtsquellen vorliegen.

Kriminalstatistiken

Gerichtsakten sind zwar zweifellos ein Gravitationszentrum der Kriminalitätsgeschichte, aber das Spektrum möglicher Quellen für die historische Kriminalitätsforschung ist deutlich weiter gespannt. So korrespondiert mit ihrem Bedeutungsverlust am Ende der »Sattelzeit« des ausgehenden 18. und beginnenden 19. Jahrhunderts zugleich ein Gewinn, denn diese Epoche markiert zugleich die Grenze des vorstatistischen Zeitalters. Während die historische Kriminalitätsforschung in der Vormoderne fast ausschließlich darauf verwiesen ist, auf der Grundlage von sehr fragmentierten Quellen *ex post* eigene Kriminalstatistiken zu produzieren, können wir für die neuere Zeit auf zeitgenössische Statistiken zurückgreifen, die von Anfang an von kritischen Reflexionen begleitet waren (Reinke 1990; Graff 1975: 25 ff.). Als Geburtsland der Kriminalstatistik gilt Frankreich, wo 1827 der erste der fortlaufenden Bände der *Compte de l'Administration de la Justice Criminelle* für das Jahr 1825 erschien. Das Bemühen um eine statistische Erfassung reicht dabei bis ins späte 17. Jahrhundert zurück; bereits in dieser Zeit wurde das Bedürfnis nach einer Quantifizierung der »Moral des Volkes« formuliert. Um die wissenschaftliche Fundierung einer solchen »Moralstatistik« bemühten sich parallel zum Erscheinen der ersten Dokumentationen der Leiter der statistischen Abteilung im französischen Justizministerium, Michel-André Guerry, und vor allem der belgische Astronom und Naturwissenschaftler Adolphe Quételet (1796–1874). Quételet, der allgemein als einer der Väter der modernen Kriminologie gilt, glaubte aufgrund der frappierenden Gleichförmigkeit und Konstanz der statistischen Reihen des *Compte*, »dass sich aus den Zahlen über die Aktivitäten der Strafrechtspflege eine »andere« Wirklichkeit, nämlich die der Kriminalität, erschließen lasse« (Reinke 1990: 175, vgl. Quelle Nr. 15 unter *www.historische-einfuehrungen.de*).

In Deutschland wurde das französische Vorbild zunächst im Großherzogtum Baden rezipiert, wo seit 1829 die Tätigkeit der Gerichte ebenso wie die Zahl von Verbrechern und Verbrechen regelmäßig erhoben wurden (Wettmann-Jungblut 2008: 151). Auch in anderen deutschen Ländern finden sich in den folgenden Jahrzehnten Ansätze einer Kriminalstatistik (Graff 1975: 31 ff.). Für die Mitte des 19. Jahrhunderts legten bereits Zeitgenossen wie Georg von Mayr (*Statistik der Gerichtlichen Polizei im Königreiche Bayern*, 1867) oder Wilhelm Starke (*Verbrechen und Verbrecher in Preußen 1854–1878*) wertvolle wissenschaftliche Untersuchungen vor, deren Befunde bis heute Bezugspunkte der kriminalhistorischen Forschung geblieben sind (Johnson 1995: 117 f.). Nach eingehenden Vorüberlegungen schließlich wurde 1881 eine *Kriminalstatistik des deutschen Reiches* begründet, die in ihrer reichen Differenziertheit regionale Vergleiche ebenso erlaubt wie die Untersuchung alters- oder geschlechtsspezifischer Delinquenz (ebd. 120). Ihr Hauptmanko besteht allerdings in ihrem Charakter als »gerichtliche« und nicht »polizeiliche« Kriminalstatistik, die folglich nur Verurteilungen und nicht Anzeigen erfasst. Letztere wurde in größerem Stil und dauerhaft erst nach 1945 eingerichtet (Graff 1975: 205 ff.).

Normen

Ein Gründungsimpuls der historischen Kriminalitätsforschung war es, der (Devianz- und Sanktions-) Praxis gegenüber den Normen mehr Geltung zu verschaffen. Da diese Praxen aber ohne die kategorisierenden und Legitimation stiftenden Normen nicht zu verstehen sind, bleiben Rechtstexte, Strafgesetze und Prozessordnungen, Polizeimandate oder juristische Abhandlungen grundlegende Quellen der Kriminalitätsgeschichte (rechtshistorische Quellensammlung bei Sellert/Rüping 1989/94). Dabei haben viele Arbeiten der jüngeren Zeit unser Verständnis von Normativität und Normengenese grundlegend verändert und erweitert. So hat Teuscher (2007) das in den sog. Weistümern fixierte, angeblich seit jeher mündlich tradierte gute alte Recht zu einem guten Stück als eine Fiktion entlarvt, die konkreten administrativen und herrschaftlichen Interessen des 15. Jahrhunderts entsprang. Das Beispiel zeigt: Auch wenn sich gesetzliche Innovationen noch bis weit in die Frühe Neuzeit als Wiederherstellung eines besseren alten Rechtszustandes (*reformatio*) ausgeben mussten, so ist der Ausdifferenzierungs- und Verschriftlichungsprozess von Normen in jener Epoche beachtlich; der riesige Quellenkorpus der Polizeiordnungen ist in den letzten Jahren intensiv verzeichnet und von der Forschung bearbeitet worden (vgl. Kap. 4.1). Seit der zweiten Hälfte des 17. Jahrhunderts brach sich schließlich die Auffassung Bahn, »Recht beruhe auf einem hoheitlichen Befehlsakt. [...] Damit war staatlich gesetztes Recht ein wandelbares historisches Produkt« (Stolleis 1999: 344). Ein Ergebnis dieser Historisierung waren intensive Debatten über mögliche Reformen des Strafrechts und um die richtige Kriminalpolitik. Zu erinnern ist in diesem Zusammenhang an die Diskussionen um ein angemessenes Verfahrensrecht, insbesondere um den Einsatz der Folter, oder um den Sinn und die Ausprägung der Todesstrafe (Evans 2001). Im Zeitalter der Aufklärung und im 19. Jahrhundert wurden dann die Strafrechtsreformen (Kesper-Biermann 2009) immer mehr zu einem Diskursfeld, an dem neben den Juristen die verschiedensten Wissenschaftsfelder und zunehmend auch die politische Öffentlichkeit teilhatten (vgl. weiter Kap. 6).

Literatur

Eine Schlüsselfunktion für die Erforschung des Kriminalitätsdiskurses kommt der »schönen Literatur« zu. Die vorliegenden Ergebnisse von literaturwissenschaftlichen Arbeitsgruppen (Schönert 1991; Böker/Houswitschka 1996; Lindner/Ort 1999) und monographischen Untersuchungen (Holzmann 2001) lassen erkennen, wie vielfältig die Überlieferungskontexte und -medien für die erzählte Kriminalität sind. Fallgeschichten aus Jurisprudenz und Gerichtspraxis fanden ihr Echo in Romanen und Erzählungen ebenso wie in der Publizistik. Sachverhaltsschilderungen vor Gericht, »aktenmäßige« Darstellungen eines Kriminalfalls, Pitavalgeschichten, Verbrecherbiographien, Gerichtsreportagen und schließlich die Kriminalgeschichten der schönen Literatur erscheinen als voneinander abgrenzbare, aber doch eng verwandte »narrative Grundmuster«. Bei ihrer vergleichenden Analyse erweist sich schnell, »dass die verschiedenen Organisationsformen des öffentlichen Erzählens über Kriminalität nicht nach dem Schema »Authentizität und Erfindung«, »*facts* und *fiction*« geordnet werden können. Fiktive und dokumentarische Verschriftlichung eines Kriminalfalls unterscheiden sich in der Konstruktion ihrer Geschichten nicht *eo ipso*. Auch juristische Texte enthalten im routinemäßigen Akt der Sachverhaltserfassung Konstrukte, die sie mit nicht fachlichen Darstellungen teilen; sie sind von alltagsweltlichen und literarischen Deutungsformen beeinflusst und überzogen« (Schönert 1991, 16f.). Gleichwohl kam es im Zuge der Ausdifferenzierung von »Recht» und »Literatur« zu einem schärferen Auseinandertreten juristischer Falldarstellungen und der literarischer Kriminalgeschichten. Am Angelpunkt dieser Entwicklung steht ein solch gigantisches Unternehmen wie der *Neue Pitaval*, der nach dem berühmten französischen Vorbild der *Causes célèbres* (1734–1743) des französischen Juristen F. Gayot de Pitaval denkwürdige Kriminalgeschichten sammelte und zwischen 1842 und 1890 auf 60 Bände anwuchs (Linder in Schönert 1991). Im Vergleich der Darstellung einzelner Fälle in den Prozessakten einerseits und in der publizistischen und literarischen Bearbeitung andererseits werden die jeweiligen Unterschiede in Schilderung, Gewichtung und Deutung der »Fakten« deutlich. Methodisch tritt die unproduktive Forderung nach einer möglichst »objektiven« Rekonstruktion des Sachverhaltes hinter einer Analyse der jeweils dominanten Argumentationsmuster und Werthaltungen zurück.

Wissenschaft/ Medien/ Bilder

Am Diskurs der Experten partizipierten viele wissenschaftliche Disziplinen, von der Jurisprudenz über die Medizin, Biologie und Psychiatrie bis hin zur sich konstituierenden Kriminologie; Praktiker der Polizei und des Strafvollzugs waren ebenso beteiligt wie Stubengelehrte. Als eine Sonderform des Expertendiskurses mag man autobiographische Geschichten von Kriminellen selbst einstufen, wie ihn zum Beispiel der Erlebnisbericht des Fälschers Wilhelm Aschenbrenner von 1804 oder das »Tagebuch einer Verlorenen«, das 1905 von der Schriftstellerin Margarethe Böhme veröffentlicht wurde, verkörpert (Evans 1997: 26ff., 240ff.) Eine Gefangenen-Autobiographie wie die jüngst von Talkenberger (2010) edierte des Betrügers Luer Meyer aus der Mitte des 19. Jahrhunderts, die auf Anregung des Direktors der Strafanstalt Vechta entstand, zeigt die Unschärfe der Grenze zwischen Fiktion und realen Erlebnissen. Auf das Engste war dabei das Selbstbild des Verbrechers mit dem bürgerlichen Fremdbild verknüpft, sodass in derartigen, vermeintlich authentischen Darstellungen mindestens ebenso sehr über den Normalitätsstandard der bürgerlichen Gesellschaft wie über den konkreten abweichenden Lebensweg gehandelt wurde.

Neben den Zeugnissen der Experten besitzen auch die verschiedensten Nachrichtenmedien kriminalhistorischen Quellenwert – und das nicht erst in der Moderne, denn Nachrichten über spektakuläre Verbrechen finden sich schon in der frühneuzeitlichen Flugblattliteratur. Eine regelrechte Gerichtsberichterstattung entwickelte sich freilich erst seit Mitte des 19. Jahrhunderts (Siemens 2007). Sowohl die Expertendiskurse wie auch die öffentliche Repräsentation von Kriminalität erschöpfen sich schließlich nicht in Texten. Hat die Geschichte der Bilder im Zug des *iconic turn* der letzten Jahre ohnehin Konjunktur, so gilt das für die Kriminalitätsgeschichte erst recht. Schon seit längerem wird, vor allem bezogen auf das Mittelalter, eine Ikonographie von Recht und Gerechtigkeit betrieben (Schild 1985; Pleister/Schild 1988). In der Frühen Neuzeit beanspruchen vor allem die »Criminalbildergeschichten« der illustrierten Einblattdrucke die Aufmerksamkeit der Forschung (Wiltenburg 2005; Härter 2010). In ihren komplexen Kombinationen von suggestiven, zum Teil an moderne Comic-Strips erinnernden Stichen und erläuternden Texten entziehen sie sich eindimensionalen Deutungen, prägen aber zugleich Darstellungsweisen etwa des Massenmörders, die bis in die Gegenwart hineinwirken. In der Moderne treten dann weitere visuelle Medien hinzu, zunächst die Photographie, die etwa für die polizeiliche Fahndung und die Identifizierung benutzt wird (Regener 1999), und sodann der Film, dem in Gestalt etwa des »courtroom drama« (Kuzina 2000) oder des Fernsehkrimis[1] für die moderne Prägung vom Bild des Kriminellen eine eminente

Bedeutung zukommt (vgl. weiter Kap. 6 sowie Quelle Nr. 17 unter *www.historische-einfuehrungen.de*). Dabei treten bei der Interpretation bildlicher Quellen ganz eigene Probleme auf bzw. es gelten dafür besondere methodische Regeln (vgl. Jäger 2009).

1 Vgl. Brück u. a. 2003 sowie weitere Texte und Informationen auf der Webside des Projektes »50 Jahre Deutscher Fernsehkrimi« in Halle a. d. S. http://server4.medienkomm.uni-halle.de/krimi.

Warhafftiger
Bericht von dem jåm-
merlichen vnd erbärmlichen Mordt / so
zu Sprendenlingen in der Dreyeych an zweyen
Kindern im Pfarhof am 26. tag deß Jenners in diesem jetz-
lauffenden M.D.LXX. jar begangen / vnd wie nachmals
der Thäter allhie zu Franckfurt am Meyn / den
24. Hornungs ist gericht worden.

M. D. L X X.

Abb. 1: [Johann Schwanefelder], Wahrhaftiger Bericht [...] 1620, nach: Paul Hohenemser (Bearb.), Flugschriftensammlung Gustav Freytag, Frankfurt a. M. Nr. 437, S. 32
Titelbild einer Flugschrift, in der Pfarrer J. Schwanefelder über die Ermordung seiner Tochter und seines Enkelkindes durch die Hand eines Studenten in deren Haus berichtet. Die Mordtat steht in Bild und Text im Mittelpunkt, im Hintergrund ist sehr viel kleiner die Bestrafung des Täters zu sehen.

3.2 Methoden der Quellenauswertung

Als methodische Operationen der Forschung zur Gewinnung historischer Erkenntnisse aus den Quellen unterscheidet die Geschichtswissenschaft grob zwischen hermeneutischen und analytischen Verfahren: Erstere fragen nach den handlungsleitenden Intentionen, dem Sinn des sozialen Handelns und den Deutungsmustern der Zeitgenossen und stellen damit das »forschende Verstehen« (Droysen) vergangener Tatbestände in den Mittelpunkt. Analytische Strategien untersuchen dagegen die sich gleichsam hinter dem Rücken der Akteure manifestierenden abstrakten geschichtlichen Strukturen und Prozesse. Wollte man konkreter typische Vorgehensweisen für beide Verfahrensweisen benennen, so könnte man idealtypisch die sorgsame Kritik und Interpretation einer ausgewählten (Schrift-)Quelle der statistischen Reihenuntersuchung auf der Grundlage einer großen Menge von Quellenstücken gegenüberstellen.

Quantifizierung

Kriminalität galt und gilt vielen Forschern vornehmlich als ein hervorragend zählbares Phänomen, das sich in Tabellen und Kurvendiagrammen darstellen lässt. In einer Art Zwischenbilanz zu Beginn der neunziger Jahre konnte Eric Johnson befriedigt feststellen, dass *criminal justice history* und *quantitative history*, bis vor kurzem lediglich halbwüchsige Kinder unter dem Dach der professionellen Historiographie, inzwischen gemeinsam flügge geworden seien. Dabei bedauerte er jedoch, dass es kaum Arbeiten gebe, die sich elaborierterer statistischer Verfahren bedienten (Johnson 1990: 6). Ähnlich kritisierte ein Soziologe wenig später: »Die am häufigsten vorfindbare Form der Datenpräsentation ist die tabellarische oder graphische Darstellung von Zeitreihen mit Kriminalitätsraten. Das meist angewandte Analyseinstrument ist der Augenschein [...]« (Thome 1992: 223). Demgegenüber forderte er avanciertere Verfahren wie etwa multivariate Zeitreihenanalysen ein.

Kritik und kulturalistische Wende

Die Entwicklung sollte dann aber in eine ganz andere Richtung gehen. Bereits 1981 hatte Dirk Blasius mit Blick auf die angloamerikanische kriminalhistorische Forschung zur neueren Geschichte kritisch bilanziert, hier hätte bis heute »der in vielem blutleere

Computerianismus [...] eine seiner Heimstätten«. Die zum Teil mit einem hohen Quantifizierungsaufwand erforschten abstrakten Zusammenhänge zwischen Kriminalität und industriegesellschaftlicher Entwicklung, die »auf den ersten Blick so evidenten Verflechtungen von rapide ansteigender Kriminalität, Bevölkerungsentwicklung, Verstädterung und Konjunkturschüben«, würden zunehmend in Zweifel gezogen; Fragen nach der Alltagswirklichkeit der Rechtsverletzungen, nach Erfahrungen und kognitiven Orientierungen der Akteure rückten immer mehr ins Zentrum des Interesses (Blasius 1981: 616). Der kulturgeschichtlichen Wende in der allgemeinen Geschichtswissenschaft folgend, gewannen derartige Orientierungen deutlich an Gewicht. Nur selten werden statistisch-quantifizierende Methoden heute noch als Königsweg der Forschung empfohlen.[2] Wenn Eibach (1996) die historische Kriminalitätsforschung als ein Arbeitsgebiet anspricht, auf dem eine Synthese zwischen Sozial- und Kulturgeschichte möglich sei, so ist in methodischer Hinsicht damit gerade die Verknüpfung von hermeneutischem und analytischem Vorgehen, die Versöhnung zwischen »Kliometrikern« und Quantifizierern einerseits, »Sinnhubern« und Mikrohistorikern andererseits angestrebt. Manchmal ist es gerade die Kargheit bestimmter serieller Quellen, die kaum eine Alternative zum quantifizierenden Vorgehen erkennen lässt. Das lässt sich beispielhaft an der Überlieferung der Nürnberger Rechnungsbücher des 15. Jahrhunderts zeigen (Schwerhoff 1999: 48 ff. sowie Quelle Nr. 7 und Text Nr. 2 unter *www.historische-einfuehrungen.de*).

Beispielanalyse Kindestötung

Fallzahlen

Wenn allerdings reichhaltigere qualitative Quellen existieren, dann lassen sich statistische Verfahren mit den gängigen Verfahren hermeneutischer Textanalyse kombinieren. Ausgehend von einem gut dokumentierten Kölner Fall aus dem Jahr 1570

2 Vgl. Schüßler (1996/1999/2000) mit Verweis auf dessen weitere Arbeiten; zur Auseinandersetzung mit dessen Position Schwerhoff 2008: 81 ff.

(vgl. Quelle Nr. 10 unter *www.historische-einfuehrungen.de*) soll hier das Delikt der Kindestötung in der Frühen Neuzeit als Beispiel dienen. Die Tat der verwitweten Elsa von Essen, die nach einer verheimlichten Schwangerschaft ihr Kind im Feld vor der Kölner Stadtmauer alleine gebar und kurz darauf wahrscheinlich in einem Wassergraben ertränkte bzw. ertrinken ließ, entsprach ziemlich genau der Definition der Carolina (Art. 131). Diese sah für die böswillige Tötung eines lebensfähigen Neugeborenen die Todesstrafe, in der Regel durch Ertränken, vor; das Urteil der Kölner Schöffen entsprach dieser Norm. Quantitative Parameter erlauben nun zunächst die Verortung des Deliktes im Spektrum der Kölner Kriminalität zwischen 1568 und 1617 (Schwerhoff 1991: 409 ff.). In 15 genauer untersuchten Stichprobenjahren wurden drei Untersuchungsverfahren wegen Infantizid durchgeführt; zwei der Verfahren endeten mit der Hinrichtung einer Täterin. Selbst wenn man zum Kindsmord die Delikte Abtreibung und Kindesaussetzung mit insgesamt zehn Verhafteten (acht Frauen, zwei Männer) hinzu rechnet, bleibt diese Kategorie im Vergleich zur Gesamtzahl der Verhafteten (1993, davon 321 Frauen) ebenso marginal wie im Vergleich zu den in den Turmbüchern für diese 15 Jahre dokumentierten 31 Totschlägen. Der Kindsmord erscheint in dieser Perspektive als Ausnahmedelikt. Auch eine andere Rechnung unterstreicht diesen Eindruck: Die insgesamt vier gesicherten Hinrichtungen von Frauen wegen Kindsmord im gesamten Zeitraum von 1568 bis 1617 machen lediglich gut zwei Prozent aller 193 vollstreckten Todesurteile aus. Etwas anders stellt sich die Sache dar, wenn man ins Kalkül zieht, dass in diesen 50 Jahren unter den Hingerichteten nur 13 Frauen waren, neben den Kindsmörderinnen acht Diebinnen und eine »Hexe«. Berücksichtigt man den geringen Anteil von Frauen an den zum Tode Verurteilten, kam dem Kindsmord im Spektrum der mit Todesstrafe belegten Frauendelikte eine große Bedeutung zu.

Vergleich

Ein nächster Schritt wäre der Vergleich mit anderen Untersuchungsregionen, für die Zahlen vorliegen. Die Aufstellung (Tabelle 1) erlaubt einmal die Feststellung, dass in Köln, bezogen auf seine Größe von 40.000 Einwohnern, relativ wenige Hinrichtungen wegen Kindsmordes vorgenommen wurden. Dabei

Tabelle 1: Zahl der Hinrichtungen wegen Kindsmord, ca. 1560–1620

Frankfurt/M.	1562–1620	7
Nördlingen	1562–1620	4
Nürnberg	1563–1622	25
Danzig	1568–1617	11
Köln	1568–1617	5

(nach Schwerhoff 1991: 410; 218: Dülmen 1991: 69; Harrington 2009: 306ff.)

ist zu berücksichtigen, dass in der Rheinmetropole die Zahl der Todesurteile insgesamt eher niedriger lag als anderswo; Nürnberg richtete während des Untersuchungszeitraums im Jahresmittel mehr als doppelt soviele Delinquenten hin wie Köln (Schwerhoff 1991: 155). Jedoch machte der Kindsmord auch in anderen Städten einen eher geringen Anteil an den Todesurteilen aus. In Nürnberg nehmen die Todesurteile wegen Infantizid zum Beispiel 3,7 Prozent am Gesamtaufkommen (503 Hinrichtungen) ein; darunter waren übrigens 55 Frauen, sodass die Kindsmörderinnen unter ihnen rund 35 Prozent ausmachen (Dülmen 1991: 69).

Chronologische Entwicklung

Bisher ging es lediglich um eine Art Momentaufnahme, einen Querschnitt durch eine bestimmte Epoche, wenn sich auch hier wieder feine Konjunkturen und Schwankungen feststellen ließen. Natürlich eignen sich lange Zahlenserien aber auch zur Beobachtung historischer Entwicklungen, wie man am Beispiel des Kindsmordes – wenn auch nicht für Köln – ebenfalls demonstrieren kann. Richard van Dülmen hat langfristige Entwicklungen bei der Sanktionierung von Kindsmord vor allem anhand der zwei Städte Nürnberg und Danzig bzw. der Württembergischen Ämter zwischen dem 16. und dem 18. Jahrhundert beobachten können (Dülmen 1991: 62ff.). Danach kam es am Ende des 17. und am Beginn des 18. Jahrhunderts zu einer Massierung von Hinrichtungen wegen dieses Deliktes. Besonders signifikant sind die Zahlen für Danzig, wo 30 Todesstrafen in den 120 Jahren zwischen 1558 und 1677 32 Hinrichtungen während der 50 Jahre von 1678 bis 1727 gegenüberstehen. Dramatisiert wird dieser Trend durch den Rückgang der Todesstrafen für die übrigen (im wesentlichen von Männern verübten) Delikte: Während der Hochkonjunktur der Kindsmordfälle 1688 bis 1717 waren unter den 73 Hingerichteten allein 26 Kindsmörderinnen, was einem Anteil von gut einem Drittel entspricht. Kindsmord stellte damit in Danzig das mit Abstand am härtesten und häufigsten bestrafte Kapitalverbrechen jener Zeit dar.

Vorteile der Quantifizierung

Die Umsetzung von Quellentatbeständen in Zahlen bedeutet eine Standardisierung, ohne den wichtige Arbeitsschritte der historischen Analyse kaum möglich sind: die Bestimmung der Repräsentativität von Tatbeständen und der historische Vergleich, sei dieser Vergleich nun synchron angelegt (zwischen unterschiedlichen Delikten oder zwischen einem Delikt in verschiedenen Regionen) oder diachron (zwischen verschiedenen Epochen). Bedeutsam ist weiterhin zum Beispiel die Erhebung von sozialgeschichtlichen Daten zur Charakterisierung der Akteure. Im Idealfall kann die Auswertung von Kriminalakten durch andere Quellentypen ergänzt werden, die systematisch die ökonomische Verortung der Delinquenten in der jeweiligen Gesellschaft erhellen. So gelingt es etwa Michael Frank (1995) in seiner Mikrostudie zum lippischen Ort Heiden, die vor dem Niedergericht stehenden Personen durch Heranziehung von Steuerlisten, Personenverzeichnissen und Kirchenbüchern sozial eindeutig zu verorten. Was die Kindsmörderinnen angeht, so sind die sozialen Angaben meist aus den Verhörprotokollen selber zu erheben. Neuere Untersuchungen kommen zu dem Schluß, dass es sich überwiegend um jüngere Frauen im Alter von ca. 25 Jahren handelt, Dienstmägde zumeist, die eher locker in den jeweiligen Haushalt integriert waren (Ulbricht 1990: 25 ff.; Meumann 1995: 117 ff.). Allerdings unterschieden sich Sozialprofil, soziale Lage und Alter kaum von denen der großen Zahl anderer lediger Mütter, die ihre Kinder nicht umgebracht hatten (vgl. zu den Illegitimitätsraten in Württemberg Maisch 1997: 78). Sozioökonomische Daten reichen also nicht aus, um das Motiv der Kindsmörderinnen zu ergründen.

Grenzen und Gefahren

Eines der entscheidenden Probleme stellt bei der Kindestötung ebenso wie bei allen anderen Deliktgruppen das Dunkelfeld bzw. die Dunkelziffer dar. Von der modernen Kriminologie wird das Dunkelfeld als Differenzgröße zwischen der »objektiv« vorhandenen Kriminalität und den von den formellen Institutionen der Kriminalitätskontrolle zur Kenntnis genommenen Fällen bestimmt (Fritz Sack, Art. »Dunkelfeld«, in: KKW; vgl. dazu auch oben Kap. 2.3). Übersetzt auf unser konkretes Beispiel lautet die Frage: Welchen Anteil an allen Kindstötungen repräsentieren die der Justiz bekannt gewordenen Fälle? Manche Forscher haben die These vertreten, sie verkörperten lediglich die Spitze eines Eisberges von unentdeckten bzw. nicht sanktionierten Kindsmordfällen (dezidiert Michalik 1997: 48 ff.). Die (unveröffentlicht gebliebenen) Recherchen von Karl Roetzer in der Reichsstadt Nürnberg, der neben den Kriminalakten auch die Ratsprotokolle systematisch durchgearbeitet hat, ergaben, dass zwischen 1500 und 1800 141 Fällen, in denen Frauen als Kindsmörderinnen gerichtet wurden, 265 Fälle aufgefundener, offenkundig ermordeter Kinder gegenüberstehen. Das entspräche einer Aufklärungsquote von gut 53 Prozent und würde die These vom gewaltigen Dunkelfeld nicht unterstützen (Schwerhoff 1991: 416; ähnlich für Schleswig-Holstein Ulbricht 1990: 178). Aber natürlich besagt diese Quote über die tatsächliche Zahl unbekannter Taten wenig, wenn man davon ausgeht, dass viele Kinder »spurlos« beseitigt bzw. ihre Skelette lediglich zufällig bei Kanalbauarbeiten gefunden worden seien (Michalik 1997: 50).

Die Gefahren der Quantifizierung beginnen bei Inkonsistenzen im Zahlenmaterial und anderen Ungenauigkeiten, die sich bei quantifizierenden Arbeiten bisweilen einschleichen (etwa bei Dülmen 1991). Schwerer wiegt schon die Leichtfertigkeit, mit der oft mögliche Schlussfolgerungen gezogen werden: Aus der Häufigkeit und der Konjunktur von Hinrichtungen kann nicht so umstandslos auf die Entwicklungen der Delikthäufigkeit geschlossen werden, wie es etwa van Dülmen tut. Verbreitet ist schließlich eine vorschnelle Verknüpfung von statistischen Befunden mit möglichen Erklärungsfaktoren: Ist für bestimmte Zeiten erst einmal eine Hausse oder Baisse der Deliktkurve sichtbar geworden, dann ist es leicht, mögliche Ursachen additiv aufeinanderzutürmen und so ein Phänomen zu »erklären«. Van Dülmen (1991: 72 ff.) führt als Gründe für die Hochkonjunktur der Hinrichtungen für Kindsmord am Ende des 17. und zu Beginn des 18. Jahrhunderts drei Faktoren an: erstens die erfolgreiche Sittenkampagne der Obrigkeiten in Verbindung mit der »puritanisch«-strengen Geistlichkeit, durch die zweitens die Denunziationsbereitschaft der Bevölkerung gestiegen sei. Drittens seien die ledigen Mütter dadurch verstärkt in die Isolation getrieben worden und ihre Angst davor, durch eine uneheliche Geburt in Schande zu geraten, sei gewachsen. Mag diese Ursachenanalyse auch generell in die richtige Richtung weisen, so fehlen doch eine stärkere argumentative Verknüpfung zwischen den Zahlen und den Ursachen ebenso wie eine präzisere räumliche Verortung. Neuere Regionalstudien zeichnen ein Bild, das den Erfolg der Sittenzucht in der zur Diskussion stehenden Zeit in Frage stellt (Schmidt 1995: 237).

Am Dienstag, den 19. November 1591, sagen vier Nachbarinnen einer Straße am Kölner Ursulinenstift aus:
Als sie ungefähr vor sieben oder acht Wochen von anderen gehört hätten, daß die verhaftete Merg, die bei ihnen im Haus wohne, schwanger sein sollte, hätten die Zeuginnen dieselbe vorgenommen und ihr das vorgehalten. Da hätte besagte Merg sich zum höchsten (Gott) verschworen und gesprochen, sollte ich ein Kind tragen, ich möchte den Teufel tragen. Sie hätte auch ferner zum Hund gesprochen: Schütz, komm her, wenn ich ein Kind trage, das mußt du gemacht haben, denn du schläfst mir zu Füßen. Dabei sei sie verblieben und sie hätten nicht bemerken können, daß sie schwanger war. [...]

Am Donnerstag, den 28. November hat Merg von Dülpen auf Frankenturm bekannt, daß sie zu Dülpen bei Aachen gebürtig. Ihre Eltern seien verstorben, sie sei siebzehn Jahre alt, habe keinen Mann, ernähre sich durch Baumwollspinnen und auch Nähen. Sie habe zwei Jahre hier in der Stadt gewohnt, davor eine Zeit lang zu Aachen bei ihrer Schwester. Gefragt, was die Ursache für ihre Verhaftung sei, antwortet sie, sie hätte ein großes Unglück gehabt, weil sie von einem Gesellen mit Namen Johann, der zu Deutz gearbeitet habe, schwanger geworden. Die rechte Zeit der Geburt habe sie noch nicht erreicht gehabt. *Eines Nachts vor vierzehn Tagen* sei ihr des Nachts um zwei Uhr sehr wehe und bang geworden, sodaß sie im Bett aufgefahren sei. Darüber sei ihr das Kind unversehens entfallen und auf das Haupt gestürzt. Sie habe sich deshalb so sehr erschrocken, daß auch sie nieder gefallen sei und eine zeitlang halb ohnmächtig auf der Erde liegen blieb. Als sie im folgenden wieder zu sich selbst kam, sei das Kind tot gewesen. Sie habe es nicht umgebracht. [...]

Aus den Kölner Turmbüchern nach Schwerhoff 1993: 456–458

Mikroanalyse

Von den Zahlen werden wir so häufig wieder zur vergleichenden Einzelfallinterpretation zurückverwiesen. Von vorn herein ist dabei zuzugestehen, dass ein Rückschluss von den bekannten Fällen auf mögliche Dunkelfelder logisch problematisch erscheint. Eine Alternative jedoch gibt es oft nicht. Kehren wir also zum Kölner Fall der Elsa von Essen zurück, den wir durch Informationen aus einem anderen Kindsmordverfahren ergänzen können (Edition bei Schwerhoff 1993: 456 ff.). Die Tagelöhnerin Merg van Dülpen hatte in ihrer Schlafkammer in einer Nacht Mitte November 1591 heimlich ein Kind zur Welt gebracht. Nachdem das Kind gestorben war – nach eigenen Angaben, weil es zu Tode stürzte, nach Vermutung der Untersuchungsbeamten, weil ihm der Hals umgedreht worden war –, verbarg sie es, in Leintuch gewickelt, in einer Lade und später unter einem Brett im *Privat*, in der Latrine des Hauses, wo es von Nachbarn entdeckt wurde. Die Kindsleiche scheint, so die erste Beobachtung, nicht so leicht zu verstecken gewesen zu sein wie häufig unterstellt. Aufwendige Maßnahmen zur Verheimlichung konnten, schon wegen ihres geschwächten Zustandes, nur die wenigsten Frauen ergreifen (Maisch 1997: 97). Hinzu kommt, dass – anders als die Carolina unterstellt – die Verheimlichung einer Schwangerschaft nicht unbedingt auf den festen Vorsatz zum Kindsmord hindeuten musste. Die Lektüre vieler Kriminalakten legt den Schluss nahe, dass die Tat oft eher als spontaner Akt nach der Geburt gedeutet werden muss. Mochten sich die Frauen zu Beginn der Schwangerschaft die Wahrheit selbst nicht eingestehen, auf einen vorzeitigen Abort hoffen oder diesen sogar aktiv anstreben, so existierte mit der Kindesaussetzung auch für die Zeit nach der Geburt mindestens eine Alternative, die »attraktiver« erscheint als der Kindsmord: Zwar ebenfalls kriminalisiert (Carolina Art.132), waren die Strafen in der Regel doch ungleich milder. Außerdem konnte man sich bei Aussetzungen der Hilfe von Verwandten oder Freunden versichern. Nach alldem ist nicht verwunderlich, dass die Zahl der Kindesaussetzungen diejenige der Kindstötungen um ein Vielfaches überwog (Meumann 1995:144 f.).

Die beiden angesprochenen Kölner Fälle zeigen darüber hinaus, dass die Entdeckung der Kindsleiche zwar von entscheidender Bedeutung für das Vorantreiben des Untersuchungsverfahrens war, dass aber die Verdachtsschöpfung schon wesentlich früher einsetzte. Die sesshafte Merg van Dülpen sah sich in den Wochen vor der Niederkunft offenbar beständig mit Fragen ihrer Nachbarinnen nach ihrem körperlichen Zustand konfrontiert, die sie rüde, aber wenig glaubhaft abwehrte. Bei Elsa von Essen, die zu einem früheren Zeitpunkt länger in Köln ansässig gewesen war, nun aber körperlich geschwächt und mittellos dorthin zurückkehrte, liegen die Dinge komplizierter. Theis Pfannenschmied und seine Frau, die sie zuerst beherbergten, wollen von einer möglichen Schwangerschaft nichts mitbekommen haben; jedenfalls ist ihnen der desolate Zustand der Delinquentin nicht verborgen geblieben, er bildete sogar explizit den Grund für ihre Ablehnung, sie erneut zu beherbergen. Gut möglich, dass beide etwas ahnten, aber gar nicht mehr wissen wollten. Solange die Geburt nicht vollzogen bzw. keine Kindsleiche entdeckt war, suchten die Kontaktpersonen oft nicht die Konfrontation mit einer Verdächtigen, sondern verharrten in »wissender Passivität« (Ulbricht 1990: 118). Benigna Vaßbender und die alten Frauen, die der geschwächten Elsa als nächste Nachtquartier boten, konnten über das viele »frauliche Wesen«, also die starken Blutungen, nicht mehr hinwegsehen und stellten nach eigenen Worten Fragen nach Ehemann, früheren Kindern und sogar, ob sie Milch in ihren Brüsten habe. Sie scheuten jedoch die Konsequenz einer Anzeige, sondern schickten Elsa auf die Straße bzw. ins Hospital zurück, wo sie erst nach der Entdeckung der Leiche verhaftet wurde. Die schlechte »fama«, das Gerücht hatte sich bereits vorher über ihrem Kopf verdichtet, wenn auch die soziale Kontrolle nicht ausreichte, um die Tat zu verhindern (Maisch 1997: 94).

Elsa von Essen vermochte sich nicht rechtzeitig vor der Justiz in Sicherheit zu bringen. Bei Merg von Dülpen ist es ähnlich: Zwar gelingt es ihr, noch nach Auffinden der Leiche aus der Stadt zu fliehen, doch auch sie weiß nicht, wohin sie sich wenden soll. Nach einer Übernachtung in einem nahegelegenen Dorf in einer Scheune kehrt sie nach Köln zurück, nimmt Kontakt mit ihren Nachbarinnen auf und wird verhaftet. Unter dem Strich zeichnet sich auch in der qualitativen Analyse das Profil des Kindsmords als Ausnahmeverbrechen deutlich ab. Nur angedeutet werden konnte, dass die Möglichkeiten der Auswertung weit über die Beantwortung dieser speziellen Frage nach der Häufigkeit des Deliktes hinausgehen. Wir können aus diesen Fällen viele Informationen über die informelle Sozialkontrolle der Nachbarschaft gewinnen, über die Motive, die eine Frau zum Kindsmord veranlassten, bzw. den biographischen Prozess, der in dem Verzweiflungsakt gipfelte. Daneben erfahren wir etwas über alltägliche soziale Netzwerke, über die Wirkungsmacht und die Grenzen christlicher Caritas, wenn wir die Aufnahme und Zurückweisung der Elsa von Essen in den einzelnen Quartieren betrachten.

Probleme der Quelleninterpretation

Kategorien und Korrelationen

Ein häufig unterschätztes und selten diskutiertes Problem bei der Quantifizierung birgt die Kategorienbildung. Sie fordert – gerade in der Vormoderne mit ihren normativen Unschärfen – unbequeme Entscheidungen und führt häufig zu Unvergleichbarkeiten. Soll man etwa die einzelnen Delikte zählen oder stattdessen Personen? Sollen bei einem Täter, der zugleich Spieler und Totschläger ist, beide Deliktkategorien gezählt werden – im Extrem kann man auf diese Weise zu einer Diskrepanz zwischen 350 Delikten und nur 50 verurteilten Personen gelangen (vgl. Rath 1996: 60 für das Bozener *Verfachbuch*)? Sollen also alle beteiligten Täter eines Raubzuges in der Statistik auftauchen, sodass ein und dasselbe Delikt fünf- oder zehnmal in der Aufstellung repräsentiert sein kann? Und wenn Personen ausgezählt werden: Handelt es sich dabei um Beklagte, wie etwa bei den englischen *indictments* (formale Anklagen)? Oder um Verhaftete, wie bei den Kölner Turmbüchern? Oder gar um Verurteilte, wie etwa bei den Konstanzer Strafbüchern oder den Nürnberger Malefizbüchern? Und stehen diese Urteile nur auf dem Papier, oder sind es vollstreckte Entscheidungen?

Wenig diskutiert, aber ebenfalls nicht unproblematisch ist die Erstellung von Deliktkategorien. Diese Kategorien dürfen, der

Vergleichbarkeit untereinander halber, nicht zu kleinteilig angelegt werden. Aber welche Taten sollen unter ein Dach gepackt werden? Soll in die Großkategorie »Gewalt gegen Personen« auch die Beleidigung einbezogen oder als separates Delikt davon abgetrennt werden (vgl. Kap. 5.1)? Wie steht es mit dem Kindsmord, subsumiert man ihn unter die Tötungsdelikte oder weist man ihn separat aus? Soll »sexuelle Gewalt« unter dieser Großkategorie aufscheinen oder wird sie, wie es häufiger geschieht, unter den Sittendelikten verhandelt? Manche dieser Fragen können vielleicht im Sinne besserer Vergleichbarkeit einer generellen Klärung zugeführt werden; andere müssen im Licht konkreter Fragestellungen jeweils kontextbezogen gelöst werden. Jedenfalls bedürfen sie einer expliziten Reflexion und Darstellung.

Ein Kardinalproblem am anderen Ende des Interpretationsweges stellt die gelegentliche Bedenkenlosigkeit dar, mit der zur Erklärung der Entwicklung von Kriminalitätsraten, die auf sehr heterogenem und fragmentiertem Quellenmaterial beruhen, weitreichende Makrotheorien herangezogen werden. So erscheint nicht nur die Errechnung von Totschlagraten für die Vormoderne methodisch fragwürdig, sondern auch deren zivilisationstheoretische Interpretation (vgl. Kap. 5.1). Andere Beispiele für eine nicht hinnehmbare Diskrepanz zwischen »weicher« Quellengrundlage und weitreichenden Erklärungsmodellen ließen sich leicht anführen (Schwerhoff in Blauert/Schwerhoff 2000: 28 f.). Manche dieser Probleme, so wurde bereits angedeutet, stellen sich für die Kriminalitätsgeschichte des 19. und 20. Jahrhunderts weniger scharf als für die Vormoderne. Nur hier gelangten bisher weiterreichende statistische Verfahren zur Anwendung. Das klassische Beispiel dafür bildet der Zusammenhang von Eigentumsdelinquenz und makroökonomischer Situation; so hat Blasius (1978: 47 ff.) die Korrelation zwischen der Häufigkeit von Diebstählen und den Roggenpreisen während der Teuerungskrise der 1840er Jahre analysiert. Allerdings haben sich nachfolgende Untersuchungen eher skeptisch gegenüber einer engen Verknüpfung von ökonomischen Faktoren und der Entwicklung von Kriminalitätsraten gezeigt (vgl. für das Kaiserreich Johnson 1995: 137 ff.).

Hermeneutisch-qualitative Interpretation

Auch die hermeneutisch-qualitative Interpretation von Kriminalquellen ist stets der Gefahr von Fehlschlüssen und Missverständnissen ausgesetzt und bedarf einer intensiven methodischen Reflexion. Gerade die reichhaltigen und ausführlichen Gerichtsquellen im Kontext des frühneuzeitlichen Inquisitionsprozesses besitzen den – oft trügerischen – Anstrich der Authentizität. »In den Verhören spricht Grasel gewissermaßen selbst zu uns«, so wird jüngst noch für das Vernehmungsprotokoll eines Räuberhauptmanns behauptet (W. Brandstetter im Vorwort zu Platzgummer 2009: X). Dagegen sind im Kern zwei Generalvorbehalte angemeldet worden. Der eine zielt auf die Außergewöhnlichkeit des Handlungskontextes, der Aussagen von Delinquenten und Zeugen hervorbringt: Gerichtsverfahren, so könnte man zusammenfassen, bilden die dahinter liegende gesellschaftliche »Wirklichkeit« nur unzureichend und verzerrt ab. Der zweite hebt auf den artifiziellen Charakter der Verschriftlichung der gerichtlichen Aussagen ab und betont die Informationsverluste des geschriebenen Wortes im Vergleich zum gesprochenen.

Physischer und psychischer Zwang

Zweifellos sind beide Vorbehalte wohlbegründet. Schon ein Blick auf das Verfahren des Inquisitionsprozesses verdeutlicht die wichtige Rolle, die dem physischen Zwang bei der Hervorbringung der Geständnisse der Delinquenten zukam. Eine Verurteilung war vor dem Zeitalter der »freien richterlichen Beweiswürdigung« auf der Grundlage von Indizien nicht zu erreichen; sie musste sich auf mindestens zwei glaubwürdige Augenzeugen oder auf ein Geständnis des Angeklagten gründen. Um ein solches Geständnis, die »Königin des Beweises«, zu erlangen, durfte das Gericht beim Vorliegen starker Verdachtsmomente zum Mittel der Folter greifen (Zagolla 2007). Auch wenn Gerichtsordnungen wie die *Carolina* von 1532 versuchten, den Einsatz der Tortur an möglichst objektivierbare Indizien zu binden und damit der völligen Willkür einen Riegel vorzuschieben, hatte das Gericht einen großen Ermessensspielraum, der nicht selten zur extensiven Folter genutzt wurde (z. B. Nowosadtko 1994: 58 ff.; Spicker-Beck 1995: 253 ff.). Dabei scheute sich das Gericht nicht, den Einsatz der Tortur bürokratisch genau aufzuzeichnen. Doch ist häufig – gerade bei den Urgichten, den nachträglichen, angeblich freiwilligen

Ratifizierungen der Geständnisse – schwer abzuschätzen, inwieweit eine Aussage ursprünglich erfoltert worden ist. Auch dort, wo die Tortur nur eine marginale Rolle spielte, wie etwa in den Voruntersuchungen des Kölner Rates, bedurfte es angesichts der lebensfeindlichen Haftbedingungen der Zeit oft gar keines unmittelbaren physischen Zwanges, um die Verhafteten mürbe zu machen (Schwerhoff 1991: 95 ff. bzw. 109 ff.).

Neben dem physischen spielte der psychische Zwang eine mindestens ebenso große Rolle bei der Geständniserzwingung. Zwar handelte es sich bei den Amtleuten und Untersuchungsrichtern nicht um geschulte Kriminalbeamte im modernen Sinn; häufig übten sie jedoch ihre Tätigkeit lange genug aus, um große praktische Erfahrung im Umgang mit Untersuchungsgefangenen anzusammeln. Im Ringen zwischen ihnen und den Angeklagten hatten sie alle Machtvorteile auf ihrer Seite: Während sie in aller Ruhe Informationen sammeln und verwerten konnten, saßen die Delinquenten mehr oder weniger isoliert in Haft und wussten nichts von den gegen sie vorliegenden Indizien und Aussagen. In wiederholten Verhören konnten sie in die Enge getrieben werden, indem ihnen Widersprüche oder die Aussagen von Zeugen und Komplizen entgegengehalten wurden; notfalls wurden auch Gegenüberstellungen praktiziert. Über viele Protokollseiten hinweg wird der heutige Leser häufig Zeuge davon, wie der Widerstand erlahmt und das Leugnen an Entschiedenheit verliert, um dann plötzlich ganz zusammenzubrechen. Dieser Prozess kann am Beispiel der Elsa von Essen (vgl. Quelle Nr. 10 unter *www.historische-einfuehrungen.de)* ebenso nachvollzogen werden wie an dem der jungen Tryn von Himmelgeist, die 1592 von Beginn an gesteht, sie habe sich im nächtlichen Köln von Männern auf der Straße »finden« lassen, die aber zunächst eine besonders verwerfliche Form der Unzucht, nämlich solche in der Kirche, leugnet; offenbar bedurfte es bei dem jungen Mädchen lediglich einiges Insistierens, um ein weitergehendes Geständnis zu erlangen (vgl. Quelle Nr. 11 unter *www.historische-einfuehrungen.de).*

Bisweilen münden Geständnisse in einen wahren Bekenntnisdrang und nehmen den Charakter einer Lebensbeichte an; der Kirchendieb Jörg Werd gibt sogar zu Protokoll, als kleiner Junge seinem Vater Geld aus der Tasche genommen zu haben (vgl. Quelle Nr. 8 unter *www.historische-einfuehrungen.de)*. Treffen physischer und psychischer Zwang zusammen, dann verdichten sich die Protokolle zu einem bedrückenden Dokument menschlicher Not und Selbsterniedrigung.

Strategische Darstellungen

Geständnisse standen ebenso wie Klagen und Zeugenaussagen (Fuchs/Schulze: 2002) stets unter dem Imperativ des strategischen Anliegens, sich den Vertretern der Obrigkeit möglichst positiv darzustellen, die eigene Rolle bei verbotenen Tätigkeiten zu negieren oder wenigstens zu minimieren, sich und andere vor drohender Strafverfolgung zu schützen und mögliche Gegner in Verruf zu bringen. Immer müssen wir demzufolge mit Auslassungen und Verzerrungen einer »Wahrheit« rechnen, die aufzudecken eine vergebliche Hoffnung bleiben wird. Nicht immer ist dieser Tatbestand so greifbar wie in den Schilderungen der Elsa von Essen, die (vergeblich) versucht, ihre Chronologie der letzten Tage vor der Einlieferung ins Hospital durchzusetzen, konkret: die versucht, die kritischen Nächte, in denen sie unbeobachtet ein Kind hätte gebären können, zu leugnen. Die Klage Johann Uolrichers gegen einen gewissen Hebisen in Zürich 1376 stellt diesen als gewalttätigen Gesellen dar, der den Kläger und seine Frau grundlos angriff. Was Johann als gutes Zureden seiner Frau darstellte, ist aber bei näherem Hinsehen ebensogut als Einmischung seiner Frau in einen Streit der Männer und als Retorsion einer starken Ehrverletzung durch sie lesbar (vgl. Quelle Nr. 3 unter *www.historische-einfuehrungen.de*).

Zuverlässigkeit der Verschriftlichung

Ernst zu nehmen sind ebenfalls Vorbehalte gegen die Zuverlässigkeit der Verschriftlichung mit dem Hinweis auf die Filterfunktion der Schreiber (Kienitz 1995: 59 ff.). Flüchtigkeiten bei der Niederschrift konnten die Aussagen ebenso verfälschen wie Verständigungs- und Sprachprobleme. Was in den Akten aufscheint, ist häufig eher die geglättete Kanzleisprache als der dialektgefärbte Originalton, eher summarische und typisierende Zusammenfassung (»bittet mit weinenden Augen um Verzeihung«) als die individuelle Aussage. So hat David Sabean jene unscheinbaren Formeln wie *salva (sit) venia*, *cum reverentia* oder *mit verlaub* untersucht, die fromme Schreiber vor blasphemischen, skatologischen oder sonst Anstoß erregenden Worten bzw. Redewendungen einfügten. Sie markierten eine soziale Distanzierung des Schreibers vom jeweiligen Sprecher vor dem Forum des jeweiligen höherrangigen Adressaten und waren zugleich ein Reinigungsritual, das ein beleidigendes Wort zu einer Äußerung des Entsetzens und zu einer Anrufung des göttlichen Schutzes transformierte, damit zugleich aussonderte und besonders hervorhob (Sabean 1996: 220).

Quellenwert der Gerichtsakten

Die besprochenen Vorbehalte und Bedenken gegen den Wert von Gerichtsakten als Zugang zu Handlungsmustern und Werthaltung der Zeitgenossen wiegen insgesamt schwer, sie sind jedoch auf verschiedenen Ebenen zu relativieren und – zumindest teilweise – zu entkräften. Allerdings treffen diese Relativierungen nicht die polizeilichen Vernehmungsprotokolle in totalitären Systemen; die drastischen körperlichen und psychischen Zwangsmechanismen sowie der hohe Standardisierungsgrad von Gestapo-Verhören lässt kaum mehr Rückschlüsse auf tatsächliche Delinquenz und Delinquenten zu (Rusinek 1992). Zunächst ist vor überzogenen Erwartungen an die Validität von Quellen überhaupt zu warnen. Viele Vorbehalte treffen andere Quellentypen ebenso wie die Gerichtsakten; so bedürfen Autobiographien als »Ego-Dokumente« aufgrund ihrer häufigen »Stilisierung und Frisierung« (Schnabel-Schüle 1996: 297; vgl. Scheutz 2000) ebenfalls einer sorgsamen quellenkritischen Überprüfung (vgl. Talkenberger 2010: 16). Bei einem Vergleich der Zuverlässigkeit schneiden die Gerichtsakten gar nicht so schlecht ab, weil der rechtliche Rahmen auch ein wichtiges Korrektiv für die Ermittlung des Wahrheitsgehaltes darstellen kann. Schon weil die Protokolle in der Regel übergeordneten Gerichtsinstanzen als Entscheidungsgrundlage dienten, waren die Schreiber zur Detailgenauigkeit verpflichtet. Demzufolge enthalten diese Quellen nicht selten sehr ausführliche Erzählungen der Betroffenen, die in ihren vielen Windungen und Redundanzen den Gedanken an eine Glättung durch den Kanzlisten gar nicht erst aufkommen lassen, oder aber sie bilden die dialogische Struktur der Verhöre in direkter und nur gering formalisierter Rede ausführlich ab. Selbst Gefühlsäußerungen und Gesten der Sprechenden finden Berücksichtigung (Kienitz 1995: 61 f.). Auch die von Sabean untersuchten Distanzierungsformeln zeugen ja davon, dass die Amtsträger des frühmodernen Staates es für nötig hielten, den genauen Wortlaut einer ehrverletzenden oder »unreinen« Äußerung schriftlich festzuhalten, so unwohl ihnen dabei auch immer war. Es sind diese Qualitäten von Verhörprotokollen, die Carlo Ginzburg (1992) veranlassten, in polemischer Zuspitzung vom »Inquisitor als Anthropologen« zu sprechen. Und selbst, wenn wir den Fähigkeiten dieser vormodernen »Feldforscher« im Einzelfall kein übermäßiges Vertrauen entgegenbringen wollen: Größere Prozesse mit zahlreichen Verhörten und vor allem Zeugen liefern ein multiperspektivisches Bild der Ereignisse und verringern die Gefahr, einer bestimmten, vielleicht sogar bewusst lancierten Version auf den Leim zu gehen (Behringer 1996: 284).

Zweitens wäre zwischen der konkreten »Wahrheit« eines Falles und einer allgemeinen gesellschaftlichen »Wahrheit« zu unterscheiden, die durchaus auseinanderfallen konnten. Den »harten Fakten« einer einzelnen Geschichte auf die Spur zu kommen, dürfte meist ein hoffnungsloses Unterfangen sein – obwohl sich zweifellos bei der Quellenlektüre Sympathien mit den Beteiligten einstellen und obwohl die Versuchung, nachträglich als eine Art Gericht der zweiten Instanz zu fungieren und, gleichsam vor dem Forum der Geschichte, einzelne Delinquenten erneut zu verurteilen oder aber zu rehabilitieren, oft übermächtig erscheint. Zum Glück brauchen (und dürfen!) wir dieser Versuchung nicht nachzugeben. »Die Glaubwürdigkeit von Gerichtsakten scheint weniger problematisch, wenn man davon ausgeht, dass selbst die vor Gericht erzählte Unwahrheit von den eigenen Alltagserfahrungen vorstrukturiert und von den jeweiligen, auch über die Gerichtssituation hinaus gültigen Handlungskonzeptionen und Argumentationsstrukturen beeinflusst wird.[…] Die Frage muss also nicht lauten: Sagen die Akteure vor Gericht die Wahrheit? Sondern es ist wichtiger, nach den im jeweiligen Kontext formulierten Relevanzkriterien zu fragen« (Kienitz 1995: 67). Anders formuliert: Eine konkrete Aussage muss nicht wahr sein, sondern ihre Wahrheit muss im zeitgenössischen Interpretationshorizont als plausibel angenommen werden können; dann sind auf dieser Grundlage historische Analysen über die gesellschaftliche »Wahrheit« der Epoche möglich.

Fiktionalität

Nun ist die Rede von der »historischen Wahrheit« im Zeichen der Debatten um die »linguistische Wende«, in deren Verlauf das Verhältnis zwischen der sprachlichen Darstellung von Bedeutungen und einer möglichen »objektiven« historischen »Realität« intensiv diskutiert wurde, ohnehin fragwürdig geworden (Landwehr 2008: 18 ff.). Keine denkbare Textgattung eröffnet ohne weiteres einen Zugang zur »dahinter« liegenden Wirklichkeit. Diese Erkenntnis macht den Weg frei zu einer Interpretation, die Entstehungskontext und Eigenheit der jeweiligen Quelle nicht als mögliche Hindernisse bei der Erkenntnis objektiver Wahrheit, sondern als Chance zur Sinndeutung der darin aufscheinenden Intentionen, Handlungen und Werthaltungen begreift. Pioniercharakter für das hier interessierende Arbeitsfeld hatte die Studie von Natalie Z. Davis über *Fiction in the Archives*. Die Gnadengesuche französischer Delinquenten aus dem 16. Jahrhundert, die dazu dienen sollten, einen Gnadenbrief des Monarchen (*lettre de remission*) zu erlangen, interessierten die Historikerin vor allem unter dem Gesichtspunkt ihrer fiktionalen Qualitäten, der Art, »wie die Autoren dieser Texte aus den Geschehnissen im Umkreis des Verbrechens eine Geschichte schaffen« (Davis 1988: 15). In einem engeren Sinne zielte die Untersuchung durchaus auf das Kriminalverfahren selbst, auf die narrativen Strategien, die zu einer erfolgreichen Erlangung von Gnade durch den König notwendig waren. Ihre Untersuchung weist jedoch über das Feld der Kriminalität weit hinaus, indem sie nach der Konstruktion zeitgenössischer Identitäten, nach klassen- und kulturüberschreitenden Formen der Informationsverarbeitung und Wertorientierung fragt und möglichen Querverbindungen zwischen den Erzählungen des gemeinen Mannes und der gelehrten Literatur der Renaissance nachspürt (vgl. auch Signori in Blauert/Schwerhoff 2000).

Konstruktion der Wirklichkeit

Auch die deutschsprachige Forschung hat mittlerweile Beiträge zu einem Forschungsfeld hervorgebracht, das sich als »Konstruktion der Realität vor Gericht und durch Gerichtsakten« beschreiben ließe (vgl. Gleixner 1994; Griesebner 2000: 144 ff.). Für das Delikt des Kindsmordes hat explizit Otto Ulbricht (in Blauert/Schwerhoff 1993) die Argumentationsstrategien der Delinquentinnen zum Gegenstand einer Untersuchung gemacht und darin eine Chance gesehen, über eine Betrachtungsweise hinauszugelangen, die die Akteure lediglich als Spielbälle obrigkeitlichen Ermittlungs- und Bestrafungswillens zur Kenntnis nimmt. Er kann zeigen, dass die betreffenden Frauen den engen Spielraum, den gesetzliche Vorgaben und übermächtige Indizien ihnen ließen, durchaus zu nutzen verstanden, indem sie als Entschuldigung wahlweise oder in Kombination Totgeburten, Unfälle (»Sturzgeburten«), Übereilung (überraschende Frühgeburten) und plötzliche Ohnmacht anführten. Bis in die Epoche der Aufklärung jedoch konnten sie damit zumeist die drohende Todesstrafe nicht abwenden, weil allein das Indiz der Heimlichkeit als fester Vorsatz zur Kindestötung verstanden und diese Tötung so konsequent wie kaum ein anderes Delikt sanktioniert wurde. Aber auch hier erschöpft sich die Bedeutung der narrativen Elemente eines Geständnisses wohl kaum in ihrer strategischen Rolle zur Verteidigung vor Gericht. So hat die Erzählung der Elsa von Essen über die fortschreitende soziale und materielle Deprivation, der sie nach dem Tod ihrer beiden Ehemänner anheim fiel, kaum einen Eindruck auf die Kölner Richter gemacht. Jenseits ihrer realen Chancen vor Gericht aber darf ihr Text vielleicht als Dokument der Selbstrechtfertigung, der Sicherung ihrer Identität gerade angesichts der Schwere der eigenen Tat gewertet werden. Auch Merg von Dülpen, die 20 Jahre später wegen des gleichen Delikts in Köln vor Gericht steht, ringt noch nach dem Geständnis der Tat mit den Turmmeistern um scheinbar nebensächliche Details des Tathergangs. Sie war offenbar bestrebt, nicht das Bild einer herzlosen Kindsmörderin abzugeben, die den toten Körper als lebloses Ding achtlos entsorgt (Schwerhoff 1993: 473). Noch im Angesicht des Todes verteidigte sie ihre Selbstachtung.

4. Kriminalität und Recht

Kriminalität bzw. abweichendes Verhalten ist ein gesellschaftliches, historisch variables Konstrukt (vgl. Kap. 1) und steht damit in einem komplexen kulturellen, politischen und sozioökonomischen Kraftfeld. Unmittelbare Bezugspunkte für eine Geschichte der Kriminalität bleiben dennoch Recht und Justiz (T. Simon, Art. »Gericht«, EdN 4: 514–524; B. Döhlemeyer, Art. »Justiz«, EdN 6:203–226). Ihre Normen bilden die Grundlagen für die Definition krimineller Handlungen und deren Zurechnung auf einzelne Akteure. Ihre Regeln setzen den Rahmen für die Anzeige und die prozedurale Bearbeitung von kriminellen Handlungen. Und ihre Strafandrohungen sind, jenseits vielfältiger informeller Reaktionen der Gesellschaft, maßgeblich für den Umgang mit verurteilten Delinquenten.

Kriminal- und Zivilgerichtsbarkeit

In der Gegenwart setzt das Strafrecht mehr oder weniger eindeutig fest, was als »Kriminalität« im eigentlichen Sinn begrifflich wie sachlich zu gelten hat. Von diesem Strafrecht als Manifestation eines staatlichen Sanktionsanspruchs gegenüber unrechtem Verhalten wird das Privatrecht geschieden als ein Funktionsbereich, wo streitende Parteien vor Gericht um die Erfüllung ihrer gegenseitigen Rechtsansprüche ringen. Für das geschichtswissenschaftliche Arbeiten ist diese Unterscheidung problematisch, weil sie selbst das Ergebnis historischer Prozesse darstellt und keineswegs überzeitliche Geltung beanspruchen kann. Sie setzt zum Beispiel die Existenz eines Staates voraus, ebenso die Existenz einer von diesem Staat abgesonderten Sphäre des Privaten. Für das Früh- und Hochmittelalter, so konstatiert der Rechtshistoriker Wolfgang Schild (in: LexMA 5: 1533 f.), könne von Kriminalität nicht gesprochen werden, weil ein öffentliches Strafrecht im engeren Sinn noch nicht existierte, sondern Fehde- und Rachehandlungen in bestimmten Fällen als legitime Formen der Selbsthilfe erschienen. Zwar gab es damals durchaus peinliche Strafen; vorherrschend war über lange Jahrhunderte hinweg jedoch ein »System« der Kompositionen, in dessen Rahmen auch schwere Vergehen durch eine Art von »Täter-Opfer-Ausgleich«, durch Vermögensleistungen an den Geschädigten bzw. an seine Sippe gesühnt wurden. Erst mit der Gottesfriedensbewegung seit dem 10. bzw. der Landfriedensbewegung seit dem 11. Jahrhundert kamen Bestrebungen auf, Gewaltsamkeit und Unfrieden durch öffentliche, auch peinliche Strafen zu bekämpfen (Kroeschell 2008: 1,196 ff.) Mit der Ausbreitung der Blutgerichte seit dem 12. Jahrhundert geht der etymologische Befund einher, dass in der Zeit um 1200 der Begriff der »Strafe« in einem modernen Sinn als »institutionalisierte Schadenszufügung« in Erscheinung tritt (W. Schild, Art: Strafe, Strafrecht C I, LexMA 8: 198–201). Die Entstehung des öffentlichen Strafrechts, dessen theoretische wie praktische Fundamente wohl in den italienischen Stadtkommunen des 13. Jahrhunderts gelegt wurden, zog sich allerdings über Jahrhunderte hin, und die Herausbildung einer Privatsphäre in unserem heutigen Sinn fand ohnehin erst im 19. Jahrhundert ihren vorläufigen Abschluss.

Das bedeutete aber zugleich, dass die Grenze zwischen peinlicher und bürgerlicher, zwischen strafrechtlicher und privatrechtlicher Prozessführung fließend war. Beleidigungen (*iniuriae*) (Haack 2008: 44 ff.) konnten klagweise vor die unterschiedlichsten Gerichtsinstanzen bis hin zum Reichskammergericht (Fuchs 1999) gebracht, unter bestimmten Bedingungen aber auch vor Kriminalgerichten verhandelt werden. Versteht man die Kriminalitätsgeschichte als eine Form der Erforschung von Konfliktformen und Konfliktlagen in der Vergangenheit, dann ist die Beschränkung auf die Strafgerichtsbarkeit wissenschaftlich – auch für die Moderne, wo sie sachlich möglich ist – eher hinderlich. Zweifellos bildet die Geschichte der Zivilgerichtsbarkeit in Deutschland ein bislang noch weitgehend unbearbeitetes Feld (Bendlage 2008), vielleicht auch wegen der hohen Zugangshürden, die ein stark formalrechtlich strukturiertes Quellenmaterial ist. Eine

Ausnahme ist die inzwischen intensiv erforschte Judikatur des Reichskammergerichts (Westphal 2004; Oestmann 2009). International hat Kagan (1981) in seiner Studie über Prozessführung in Kastilien am Beginn der Frühen Neuzeit Pionierarbeit geleistet und gezeigt, was möglich ist. Die Studie von Schedensack (2007) über die Scabinalprozesse von Münsteraner Nachbarn, die über Wege- und Nutzungsrechte stritten, ist ein ermutigender Beginn (vgl. aber auch Wollschläger 1990; Kottmann 1998). Untersuchungen zu zivilrechtlich ausgetragenen Konflikten unter Nachbarn oder Mitbewohnern sind wiederum nur ein kleines Segment des viel größeren Terrains einer Sozialgeschichte des Rechts (vgl. z. B. Steinmetz 2002).

4.1 Normen und Gerichte

Es war ein weiter Weg, bevor Jean Bodin 1576 die Gesetzgebungskompetenz als Kernbefugnis eines souveränen Herrschers definieren konnte (vgl. Dölemeyer/Klippel 1998). Nach mittelalterlicher Auffassung kristallisierte sich das Recht eher in überkommenen Gewohnheiten (*consuetudines*) und im Herkommen, die allenfalls zu erneuern, aber nicht zu ändern waren. Durch seine allmähliche schriftliche Fixierung war ein erster Schritt hin zur Verfügbarkeit über die Normen und damit zu ihrer Veränderbarkeit getan (vgl. Teuscher 2007). Mehr und mehr gelangte die politische Theorie zudem zur Auffassung, dass ein guter Herrscher die Ordnung nicht nur schützen und bewahren, sondern durch geeignete Maßnahmen der Gesetzgebung verbessern und ausbauen müsse (Simon 2004). Im Zuge der »Entstehung des öffentlichen Strafrechtes« kam es dann allmählich zur Ausbildung eines strafrechtlichen Normenkataloges, der das Spektrum krimineller Delikte festschrieb. Dabei blieben mittelalterliche Kompilationen oft bis weit in die Neuzeit hin die relevante Rechtsgrundlage, wie etwa in Spanien die Fueros (Aragon) bzw. die Siete Partidas (Kastilien) des 13. Jahrhunderts (Gareis in Rudolf/Schnabel-Schüle 2003: 164 f.).

Carolina von 1532

Im Alten Reich stellte die *Constitutio Criminalis Carolina*, die Peinliche Halsgerichtsordnung Kaiser Karls V. von 1532, eine wichtige Etappe dar. Sie regelte nicht nur das Strafverfahren, sondern enthielt auch einen – freilich sehr lückenhaften – Katalog des materiellen Strafrechts. Gleichwohl war ihre Geltungskraft zwischen dem 16. und 17. Jahrhundert sehr unterschiedlich, weil die partikularen Rechtstraditionen der Territorien und Städte weiterbestanden. Es existierten viele ergänzende oder überschneidende Strafnormen in Form von lokalen Statuten und Weistümern, territorialen Strafrechtsbestimmungen und vor allem in der Gestalt der Policeyordnungen; sie waren gleichermaßen auf Ebene des Reiches, der Territorien (Pauser 2004) und der Städte zu finden. Weder von den Delikten her noch vom Sanktionsspektrum, das von der bloßen Ermahnung über Geldstrafen bis hin zur Landesverweisung und zur »peinlichen«, das heißt körperlichen Bestrafung reichte, ließ sich eine klare Abgrenzung zwischen »policeylichen« Vergehen und kriminellen Verbrechen vornehmen. Vielmehr kann man in der Policeygesetzgebung eine flexible Weiterentwicklung des Strafrechts sehen (Härter 2005: 174). Bedeutsam blieben auch juristische Handbücher und Gutachten von Rechtsgelehrten, die das geltende Recht nicht nur kommentierten, sondern selbst zu gesetzlichen Autoritäten werden konnten. Das weit über Sachsen ausstrahlende Kriminalhandbuch des Benedict Carpzov (1595–1666) von 1635, die *Practica nova rerum criminalium* (Jerouschek u. a.2000), bildet nur die Spitze eines von der Forschung in seiner ganzen Größe noch nicht überblickten Eisbergs (vgl. aber Ludwig 2008: 25).

Strafrechtsreformen

Spätestens seit Mitte des 18. Jahrhunderts verbreitete sich das allgemeine Bewusstsein einer Krise der Strafrechtsordnung, das in der Kritik an Folter und archaischen Sanktionen seinen Ausdruck fand. Generationen standen nun im Banne der Debatten über eine Strafrechtsreform; als Hauptmittel, um Verbrechen zu verhüten, galt damals die rechte Gesetzgebung (Kesper-Biermann 2009: 53 f.; vgl. Ludi 1999: 68 ff.). In Deutschland spannte sich der Reformprozess von den großen Rechtskodifikationen wie dem *Codex Iuris Bavarici criminalis* (1751) oder der *Constitutio Criminalis Theresiana* (1768) bis zum großen nationalstaatlichen Projekt des Reichsstrafgesetzbuchs von 1870 bzw. 1871, das modifiziert noch die Grundlage des heute geltenden Strafrechts darstellt. Dabei ist die Entwicklung jedoch keineswegs von einer gradlinigen Modernisierung und konsequenten Umsetzung von Reformprojekten gekennzeichnet, sondern von zahlreichen Ambivalenzen, Brüchen und Kontinuitäten (Härter 2009). Jedenfalls stellte die Strafrechtsreform den zentralen Kristallisationspunkt dar für einen Diskurs über Verbrechen und Strafen, an dem Vertreter verschiedenster Disziplinen teilnahmen (vgl. Kap. 6).

Bedeutung der Normen

Für eine historische Kriminalitätsforschung ist die Kenntnis der normativen Grundlagen demnach nicht nur wichtig, weil sie den Ausgangs- und Bezugspunkt für die rechtliche Behandlung devianten Verhaltens darstellt. Gerade in der späteren Neuzeit stellte der Diskurs über die Vereinheitlichung der Normen auch eine thematische Schnittstelle bereit, um sich kontrovers über die Ursachen von Verbrechen und die angemessenen Strafen zu verständigen. Die Bedeutung dieses Diskurses zeigt sich auch darin, dass er wissenschaftlichen und medialen Experten Profilierungschancen bot und politisch als ein Pionierprojekt der deutschen Einigung fungieren konnte (Kesper-Biermann 2009: 452 f.). In der Diskursivität und in der Vereinheitlichungstendenz strafrechtlicher Normen mag man einen scharfen Bruch mit den Jahrhunderten zuvor sehen. Dort herrschte ein deutlicher Normenpluralismus schon auf der Ebene des Rechts (informell gibt es einen solchen bis heute), der bei den Akteuren Unsicherheiten produzieren, ihnen aber auch Handlungsspielräume eröffnen konnte. Aber es gibt auch fruchtbare Vergleichsaspekte zwischen den Epochen, etwa, was die Normengenese betrifft: Gesetze waren auch und gerade in der Ära der »guten Policey« nicht nur Akte herrschaftlicher Setzung, sondern das Ergebnis gesellschaftlicher Aushandlungsprozesse zwischen den verschiedensten Akteuren, von Herrschaftsträgern über Experten wie Juristen oder Pfarrer bis hin zu den Untertanen.

Kriminalisierung/Entkriminalisierung

Betrachtet man die Geschichte der Normsetzung aus der Vogelperspektive, dann lassen sich säkulare Trends der Kriminalisierung und Entkriminalisierung identifizieren. Für die Wende vom Mittelalter zur Neuzeit könnte man von einem markanten Kriminalisierungsschub sprechen, in dessen Verlauf durch gesetzliche Normierung Verbrechenstatbestände geschaffen und geschärft wurden; das gilt für die Sodomie ebenso wie für den Kindsmord und vor allem für Zauberei bzw. Hexerei. Hinzu kommt die Kriminalisierung der gewalttätigen Selbsthilfe in Form der Fehde, die nun als Raub verstanden wurde (Schwerhoff 1999: 79 f.). Die Carolina von 1532 könnte als Kronzeugin für diesen Prozess gelten. Demgegenüber sind Prozesse der Entkriminalisierung, in deren Verlauf bestimmte Prozesse straffrei gestellt wurden, für lange Zeiträume in der Geschichte nicht zu finden, sieht man einmal von der Eliminierung des Zaubereideliktes aus den Strafrechtskatalogen um 1800 ab. Eine Entkriminalisierung in größerem Umfang vollzog sich in der westlichen Welt erst mit den Strafrechtsreformen ab den 1950er Jahren, in der Bundesrepublik mit der Großen Strafrechtsreform, die viele die Moral betreffende Tatbestände (Ehebruch, Kuppelei, Unzucht zwischen Männern) als Strafrechtsdelikte ausmusterte (vgl. Steinert, Art. »Alternativen zum Strafrecht«, KKW 9–14). Die Beobachtung, dass gleichzeitig die Zuchthausstrafe abgeschafft und alternative Sanktionen zum Freiheitsentzug installiert wurden, zeigt aber, dass Kriminalisierungs- und Entkriminalisierungsprozesse sich nicht nur in der normativen Fundierung neuer Delikte oder in der Abschaffung alter Tatbestände äußern. Vielmehr änderte sich häufig die Bewertung von Tatbeständen, was am Beispiel der Tötungsdelikte (vgl. Kap. 5.1) ebenso zu studieren ist wie am Exempel der Gotteslästerung, die ehedem als Beleidigung Gottes galt, während sie seit dem ausgehenden 18. Jahrhundert eher als ein Gesellschaftsdelikt (Störung des Religionsfriedens) verstanden wird (vgl. Kap. 5.4). Einen zentralen Maßstab für die zeitspezifische Bewertung eines Deliktes bilden die angedrohten Sanktionen. So war mit dem Kriminalisierungsschub um 1500 unmittelbar eine Tendenz zur obrigkeitlichen Pönalisierung verbunden, zur Ahndung solcher Delikte mit ausgrenzenden Leibes- und Lebensstrafen, die zuvor oft lediglich mit Geldbußen und anderen ausgleichenden Sanktionen belegt worden waren. Umgekehrt signalisiert eine Entpönalisierung wie die Ersetzung der Leib- und Lebensstrafen durch freiheitsentziehende Sanktionen im Fall der Kindstötung seit der Aufklärung eine partielle

Entkriminalisierung, ohne dass der strafrechtliche Tatbestand an sich abgeschafft werden musste. Bei der Entpönalisierung des Strafsystems ging jedoch die Praxis der Strafjustiz einer Veränderung der Strafnormen im Sinne einer partiellen oder völligen Entkriminalisierung weit voran: Wegen Hexerei kamen im 18. Jahrhundert weit vor der Veränderung der Strafgesetze nur wenige Delinquenten auf den Scheiterhaufen, und auch verurteilte Kindesmörderinnen wurden immer öfter mit arbiträren Strafen (Landesverweis, Zuchthaus) sanktioniert.

Pluralismus der Gerichte

Idealtypisch gesehen war bereits die Kriminalgerichtsbarkeit des Ancien Régime im Prinzip identisch mit der hohen, »peinlichen« Gerichtsbarkeit, die Leib und Leben des Delinquenten antastete und die wegen dieser durchgreifenden Kompetenz als Inbegriff frühmoderner Landeshoheit (*superioritas territorialis*) galt. Praktisch jedoch entsprach der Vielfalt von rechtlichen Normen lange eine Pluralität zuständiger Gerichtsinstanzen. Schon im Bereich der Hoch- und Kriminalgerichtsbarkeit war die Zuständigkeit oft nicht eindeutig, zum Beispiel aufgrund ständischer Sonderrechte etwa für den Adel, für die Studenten oder auch für die Soldaten. Studien zur akademischen Gerichtsbarkeit bieten so die Chance, Konflikte im universitären Milieu ebenso wie die Streitigkeiten zwischen Studenten und Bürgern zu erhellen (Brüdermann 1990; Siebenhüner 1999; Bubach 2005). Insbesondere das Militärwesen bietet ein attraktives, bisher erst in Ansätzen genutztes Themenfeld für die Kriminalitätsgeschichte im historischen Längsschnitt (Nowosadtko 2002). Bis in die Moderne hinein waren Landsknechte, Söldner und Soldaten einer militärischen Sonderjustiz unterstellt, wobei die Obrigkeiten bisweilen – wie der Zürcher Magistrat im 16. Jahrhundert (Romer 1995) – den Solddienst bzw. die Anwerbung von Soldaten für auswärtige Herrschaftsträger verboten. Die Militärjustiz ahndete neben den gängigen Vergehen wie Gewalt- und Eigentumsvergehen natürlich insbesondere militärische Sonderstraftatbestandteile, klassischerweise die Desertion, die sich aber erst im 18. Jahrhundert zu einem Massenproblem entwickeln sollte (Sikora 1996: 127 ff.), aber auch Ungehorsam und Meuterei (Huntebrinker 2010: 200 ff.). Sozialgeschichtlich ist der Zusammenhang zwischen Militär und Kriminalität ein doppelter: Auf der einen Seite rekrutierten sich die Söldner- und Soldatenarmeen des 17. und 18. Jahrhunderts nicht zuletzt aus Fahrenden und flüchtigen Kriminellen, ja nicht selten wurden Verbrecher zum Kriegsdienst »begnadigt«; auf der anderen Seite bildeten »gartende« (d. h. umherziehende) Landsknechte und entlassene Söldner ein veritables Sicherheitsproblem im frühneuzeitlichen Deutschland (Burschel 1994: 88 ff., 273 ff.). Insgesamt erscheint die innermilitärische Perspektive durch die neueren Studien deutlich stärker erforscht zu sein als das komplexe Verhältnis zwischen Militär und Zivilbevölkerung (vgl. aber jetzt Lorenz 2007).

Neben den Hochgerichten existierten weiterhin eine Vielzahl von Niedergerichten; sie verhandelten alle Formen der leichteren Delinquenz, wobei die Grenze – etwa zwischen kleinerem und großem Diebstahl – fließend war (Frank 1995; Brachtendorf 2003). Quer zur Trennung zwischen »hoher« und »niedriger« Gerichtsbarkeit beanspruchten bis weit in die Neuzeit hinein auch Patrimonialgerichte gegen die Territorialherren das Recht auf umfassende Gerichtsbarkeit, in ostelbischen Gebieten ausgesprochen zahlreich (z. B. Thauer 2001), im bayrischen Süden nur in Ausnahmefällen wie in der Herrschaft Hohenaschau. Schließlich trat nicht selten auch die kirchliche, in den protestantischen Gebieten allerdings eng an die weltliche Obrigkeit gebundene »Sündenzucht« in Konkurrenz zur Kriminaljustiz.

Monopolisierung und Zentralisierung

Die institutionelle Ausgestaltung der Gerichtsbarkeit im späten Mittelalter und der frühen Neuzeit lässt sich durch die grundlegenden, aber keineswegs gradlinig verlaufenden Trends zur Monopolisierung und Zentralisierung charakterisieren. Was in Frankreich oder England bereits im späten Mittelalter in Gang kam, vollzog sich in Deutschland zwar später. Aber auch in den Territorien des Alten Reichs wurde die Verurteilung schwererer Verbrechen im Verlauf der Frühen Neuzeit bei Hofgerichten, Hofräten und Spruchkollegien der jeweiligen Regierungszentralen monopolisiert, womit die Entstehung eines mehrstufigen Instanzenzugs und die Normierung der Zuständigkeiten und Vorgehensweisen auf lokaler Ebene verbunden war. In Kursachsen war mit der Arrondierung des strafrechtlichen Systems auch eine gewisse Autonomisierung gegenüber der Politik verbunden (Ludwig 2008: 38ff.). Zentralisierung und Verstaatlichung des Strafrechts bedeutete weiterhin gegebenenfalls den Einbau vordem autonomer Gerichtsinstanzen wie etwa der Stadt- und Centgerichte (Härter 2005: 250ff.). Damit entfielen Formen öffentlicher Teilhabe an der Gerichtsbarkeit, wie sie die vormoderne Gesellschaft gekannt hatte, ohne dass sich sogleich eine neue bürgerliche Gerichtsöffentlichkeit in Form von Geschworenengerichten etabliert hätte (Härter 2009: 103f.). Die Auswirkungen derartiger Monopolisierungs- und Umbauprozesse auf die konkrete Gerichtspraxis und damit auf die Bevölkerung bliebe näher zu untersuchen. Schon die räumliche Nähe bzw. Distanz zum Sitz des Gerichts konnte entscheidenden Einfluss auf die Bereitschaft bzw. Fähigkeit haben, Konflikte rechtlich auszutragen – wie Johansen am dänischen Beispiel gezeigt hat (in Blauert/Schwerhoff 2000: 447) – oder Suppliken an den Landesherrn zu richten (Ludwig 2008: 277). Ähnliche Fragen ließen sich in Hinblick auf die allmähliche Verdrängung der Patrimonialgerichtsbarkeit formulieren, die jedoch regional bis weit ins 19. Jahrhundert hinein Bedeutung beanspruchen konnte (Werthmann 1995; Wienfort 2001). Aus Sicht der sich formierenden bürgerlichen Gesellschaft stellte sie zwar ein feudales Relikt dar, dessen Abschaffung im Sinne einer modernen Rechtsgleichheit unabdingbar erschien. Aus der Sicht der Untertanen mochte die Beseitigung der oft willkürlichen »dunklen Praktiken des feudalen Strafens« (Blasius 1976: 28) durchaus unerwünschte Nebenfolgen haben, indem das gutsherrliche »nahe« Gericht als Konfliktregelungsinstrument entfiel und nun sanktioniert wurde, was vorher straflos geblieben war (vgl. Gleixner 1994) Andererseits konnte zuvor die Ausübung der Kriminalgerichtsbarkeit durch adlige Patrimonialherren dazu genutzt werden, die eigenen machtpolitischen Interessen gegen die Landesherrschaft zu behaupten, was sicherlich den Untertanen keinen Nutzen brachte (Gersmann in: Blauert/Schwerhoff 2000: 423ff.; Krug-Richter 1997, 1998).

4.2 Strafverfolgung und Strafprozess

Wie kam ein Strafverfahren in Gang? Die klassische Antwort der Rechtsgeschichte stellt auf den Unterschied zwischen der »privaten« Anzeige und der Eröffnung des Verfahrens von Amts wegen ab. Dabei unterstreicht sie den säkularen Wandel im Spätmittelalter, vom Parteienprozess, der auf formalen und ritualisierten Beweismitteln wie Eideshelfern und Gottesurteilen basierte und bei dem das Anklageprinzip dominierte, hin zum von Amts wegen (*ex officio*) eingeleiteten Prozess mit Wahrheitsbeweis durch Geständnisse und Zeugen, Ermittlung und Anklage (M. Schmoeckel, Art. »Inquisitionsprozess«, EdN 5, 2007, 1031–33). Diese idealtypische Gegenüberstellung darf nicht vergessen machen, dass die Justiz auch im inquisitorischen Strafverfahren auf die Zu- und Mitarbeit der Bevölkerung angewiesen war und dass die Anzeige von Betroffenen bis heute zentral geblieben ist, auch wenn die staatlichen Organe im Fall schwerer Vergehen verpflichtet sind, von sich aus den Sachverhalt aufzuklären. Für die historische Kriminalitätsforschung ist die Frage der Verfahrenseinleitung eine der reizvollsten, weil hier gleichsam die Nahtstelle zwischen der Gesellschaft und dem Rechtssystem betrachtet wird. Zugleich ist sie, jedenfalls für die vormodernen Epochen, eines der schwierigsten Probleme, weil die Quellen uns oft im Stich lassen. Rechtlich lässt sich bisweilen nicht aufklären, ob dem Verfahren eine formelle Anklage zugrunde lag, ob es eine informelle Denunziation gegeben hatte oder ob das Offizialprinzip in Reinform Anwendung fand (Ludwig 2008: 64; vgl. Schnabel-Schüle 1997: 107 ff.; Griesebner 2000: 56 ff.).

Außergerichtliche Konfliktregulierung

Prinzipiell ist es durchaus möglich, durch das Schlüsselloch der Gerichtsakten jenen riesigen Vorhof der Justiz in den Blick zu nehmen, in dem die Akteure darum rangen, ob eine bestimmte Handlung zu einem gerichtlichen »Fall« werden sollte. Am besten lässt sich die Verknüpfung der Instanzen informeller Sozialkontrolle und der formalisierten Kontrolle qua Justiz im Bereich der frühneuzeitlichen Niedergerichtsbarkeit studieren. Anregungen aus der Rechtsanthropologie (Roberts 1981) aufnehmend, wurden hier Formen vor- und außergerichtlicher Konfliktregulierung und ihre Verknüpfung mit dem gerichtlichen Austrag von Streitigkeiten untersucht (Krug-Richter 1998), jenes Feld, das in der französischen Forschung als *l'infrajudiciaire* etikettiert wird (Garnot 1997; Loetz 2000). Gütliche Regelungen konnten die Parteien zunächst selbst ohne die Intervention von Unbeteiligten anstreben. Meist bedienten sie sich jedoch der Beratung, Vermittlung oder Schlichtung durch dritte Personen. Diese konnten sich wiederum aus der gemeinsamen Nachbarschaft oder Zunft rekrutieren oder als Amtsperson eine institutionalisierte Autorität besitzen. Die formelle Gerichtsklage war in der Mehrzahl der Fälle lediglich der vorläufig letzte Akt in einem Konfliktszenarium mit längerer Vorgeschichte. Auch die Gerichte orientierten sich häufig am Ideal der Streitschlichtung und Wiederherstellung des Friedens. Je tiefer der mikrohistorische Blick dringt, desto fragwürdiger wird die idealtypische Unterscheidung zwischen außergerichtlichen, vorgerichtlichen und gerichtlichen Konfliktregelungen. In Bewusstsein und Handeln der Akteure handelt es sich dabei nicht um klar hierarchisierte und zeitlich hintereinander geschaltete Phänomene, sondern um ein Ensemble von Optionen, derer man sich je nach situativem Kontext abwechselnd bediente. Wenn ein Geschädigter, so zum Beispiel ein Befund aus der westfälischen Gerichtsherrschaft Canstein, am Anfang des 18. Jahrhunderts Zeugen zur Besichtigung eines Schadens suchte, so konnten diese Personen zwar potentiell vor Gericht eine Klage stützen helfen; ebenso gut konnten sie aber zunächst als informelle Vermittler dienen. »Informell« bedeutet in diesem Fall, dass die Vermittlung nicht über obrigkeitliche Institutionen lief, nicht aber, dass es keine formalisierten Handlungsabläufe der Konfliktregulierung gegeben hätte. Im Gegenteil: Zentral war dabei die sog. »Beschickung«, die »Inszenierung eines ritualisierten Frage- und Antwortspiels über Mittelspersonen« (Krug-Richter 1997: 221). Informelle Konfliktbeilegung und außergerichtliche Regelungen sind insgesamt bisher eher für die Vormoderne untersucht worden, was allerdings keineswegs bedeutet, dass sie in der späteren Neuzeit außer Gebrauch gerieten (Hommen 1999: 170ff.).

Bedeutung des »Geredes«

An der Nahtstelle zwischen dem Alltagsleben der sozialen Gemeinschaft und dem Gerichtssystem besaß das »Gerede« und das »Gerücht« zentrale Bedeutung, und zwar nicht nur in Bezug auf

Niedergerichte. Rublacks Studie über Frauen vor württembergischen Gerichten stützt sich vor allem auf Strafakten, Urfehde- und Urgichtbücher und nimmt somit durchaus auch die gängigen Formen von Kriminalität in den Blick. Sie zeigt die zentrale Rolle des »Geredes« auf, das den öffentlichen Diskurs über abweichendes Verhalten konstituiert. Argwohn und Verdacht gegenüber vermutetem Diebstahl, Ehebruch oder Kindsmord wurden in diesem Gerede deutlich, aber lange auch vorsichtig und indirekt formuliert; es folgte somit strengen Regeln und war weit von unkontrolliertem »Geschwätz« entfernt. Erst wenn deutliche Beweise für eine Tat vorlagen, die von der Gemeinschaft eindeutig moralisch verurteilt wurde, »wandelte sich das Gerede zum Geschrei, das die Obrigkeit nun nicht überhören konnte oder sollte«. »Anzeige und Verurteilung stellten also nicht den Horizont des Geredes dar. Überhaupt war der Gang vor Gericht in Bezug auf die meisten Delikte nicht der erste, sondern der letzte Gedanke von Opfern und Zeugen« (Rublack 1998: 33 f.). Schließlich gab es etliche alternative Handlungsoptionen (informelle Stigmatisierung, Prügel etc.). Eine Klage war riskant, unter Umständen teuer und versprach oft wenig Erfolg, weil die Beweislage schwierig und der Täter vielleicht schon über alle Berge war. Die Denunziation von Ordnungsdelikten wie Spielen, Tanzen, Fluchen oder Unsittlichkeit konnte zudem leicht zu dem Vorwurf führen, ein »Verräter« zu sein (ebd. 44).

Denunziation

Dass die Instanzen informeller Sozialkontrolle die Häufigkeit und Art von Anzeigen bei der Justiz entscheidend lenken, ist keine Eigenheit des Ancien Régime, wenngleich die einschlägigen Mechanismen für die spätere Neuzeit kaum erforscht sind. Für die viktorianische Grafschaft Kent hat Conley (1991) gezeigt, dass die alten, informellen »ungeschriebenen Gesetze« auch nach der Formierung eines modernen Systems von Kriminaljustiz gültig und relevant blieben. Ein wichtiger Aspekt ist jedoch auch für Deutschland epochenübergreifend diskutiert worden, nämlich die Denunziation (Ross/Landwehr 2000; Hohkamp/Ulbrich 2001; Marßolek/Stieglitz 2001). In der Vormoderne wurde dieser Begriff rechtlich ganz neutral im Sinne einer Anzeige oder Rüge bei der Obrigkeit (ohne förmliche Anklage) benutzt. Erst im Verlauf der Frühen Neuzeit entwickelte sich der heute geläufige pejorative Wortsinn und wurde dann im 19. Jahrhundert dominant (Blickle 2001).

Der Sache nach, so bezeugen zeitgenössische Klagen von Seiten der Amtsträger wie der Bevölkerung, bereitete der Versuch, das informelle Netz der Sozialkontrolle an den Justizapparat anzukoppeln, bereits seit dem späten Mittelalter Probleme. Mit speziellen amtlich bestellten Denunzianten wie Polizeidienern und Gerichtsbütteln machten die Obrigkeiten ebenso schlechte Erfahrungen wie mit *undercover* eingesetzten »heimlichen Rügern« (Schnabel-Schüle 1997: 170). Das Beispiel der Blasphemiebekämpfung zeigt, dass sie darauf mit einer Ausdehnung der Rügepflicht auf alle Amtsträger und Wirte, bisweilen auch auf die gesamte Einwohnerschaft reagierten, wobei die Betroffenen sich mit Judas-Vorwürfen aus ihrem sozialen Umfeld konfrontiert sehen konnten (Schwerhoff 2005: 137 ff. 174 f.). In manchen niedergerichtlichen Verfahren (etwa Rügegerichten) wurde das Prinzip der gegenseitigen Anzeige systematisiert und formalisiert (Holenstein 2001). Die bisher vorliegenden Arbeiten über Klatsch, Gerede und Gerüchte im Vorfeld gerichtlicher Auseinandersetzungen (Schulte 1989: 166 ff.; Gleixner 1994: 176 ff.; Heidegger 1999) scheinen aber doch zu belegen, dass die öffentliche Meinung in der vormodernen *face-to-face-community* bei der Abschirmung bestimmter Personen vor dem Zugriff der Justiz ebenso wie bei ihrer allmählichen Ausgrenzung eigenen, informellen Regeln folgte, die nicht leicht obrigkeitlich zu beeinflussen oder gar zu steuern waren. Genau das aber versuchten verschiedene politische Systeme in der Neuzeit und in der Moderne mehr und mehr. In Frankreich versuchten Revolutionäre wie Mirabeau und Desmoulins eine »Rehabilitation der Denunziation« und erklärten sie zu einer staatsbürgerlichen Tugend und Pflicht. Diese Politisierung der Denunziation verhinderte allerdings nicht, dass viele Informanten sehr private Interessen mit ihrem Tun verfolgten (Kohser-Spohn 2001).

Das Zusammenspiel sehr heterogener individueller Motive und eines Staates, der bei der Durchsetzung von Herrschaft via Justiz einen »strukturellen Kooperationsbedarf« (Klaus-Michael Mallmann) hat, kann geradezu als Leitmotiv der modernen Denunziationsforschung gelten. Diese hat aus naheliegenden Gründen ihren Schwerpunkt in der Erforschung totalitärer Systeme. Insbesondere bei der Erforschung des Nationalsozialismus haben die Studien zur Denunziation einen grundlegenden Paradigmenwechsel eingeleitet; indem statt Widerstand und Resistenz der Bevölkerung eher ihre Kollaborationsbereitschaft in den Blick rückte, wurde deutlich, wie sehr das Regime nicht nur auf Manipulation und Repression »von oben«, sondern auch auf dem Mitmachen von »unten« beruhte (teilweise kritisch dazu die Beiträge in Marßolek/Stieglitz 2001). Obwohl das System in der Sowjetunion weit weniger auf dem Konsens der Bevölkerung beruhte als der Nationalsozialismus, war die Denunziation als teilweise tödliche »Waffe« des kleinen Mannes auch Teil der stalinistischen Kultur. Diese konnten sich allerdings phasenweise auch gegen die Vertreter des verhassten Regimes richten, sodass z. B. in Aserbaidschan 1938 fast alle Mitglieder der Staatsanwaltschaft als Volksfeinde denunziert und verhaftet worden waren (Baberowski 2000: 191 f.).

Exekutivkräfte

Wer bearbeitete Denunziationen und Anzeigen, wer fahndete nach Verdächtigen und Geflohenen? Wie die rechtshistorische Forschung seit längerem, so hat sich auch die Kriminalitätsgeschichte mit den Beamten der zentralen Justizkanzleien (z. B. Rudolph 2001: 189 ff.) und den gelehrten Juristen in den Spruchkollegien beschäftigt. Von erheblicher Bedeutung waren überdies die Amtleute, die vor Ort die Untersuchung vornahmen und Vernehmungen führten. Sie sind als Mittelsmänner zwischen Obrigkeiten und Untertanen von der Forschung gewürdigt worden, wobei die Kriminalitätsgeschichte erst im Begriff ist, sie als »Experten« zu entdecken (vgl. Ludwig in Kästner/Kesper-Biermann 2008: 73 ff.). Das gilt auch für den Stab von niederem Exekutivpersonal, den die frühneuzeitlichen Herrschaftsträger zur Verfügung hatten, um Straftaten zu entdecken und Delinquenten zu verhaften (vgl. die Beiträge in Holenstein u. a. 2002). Er war in der Regel vergleichsweise klein und blieb bis zum Ausgang des 17. Jahrhunderts meist auf Gerichtsboten (Büttel) und Wächter beschränkt. Dass eine Stadt wie Nürnberg um 1500 über 85 niedere Amtsträger mit Wach- und Kontrollaufgaben verfügte, wobei auf 417 Einwohner ein Stadtknecht kam (Bendlage 2002:

52), darf schon als eine hohe »Polizeidichte« gewertet werden. Der Vielzahl ihrer Aufgaben entsprach eine eher begrenzte Professionalität, sodass die Büttel manchmal ebenso gut als Produzenten wie als Bekämpfer von Kriminalität in Erscheinung traten und ihrerseits Objekte obrigkeitlicher Disziplinierung waren. Dabei zeigt die Studie von Bendlage (2003) auch, dass der Beruf zur damaligen Zeit ein überdurchschnittliches Maß an sozialer Sicherheit bot. Ebenso wie im Fall der Scharfrichter und Abdecker (Nowosadtko 1994; Stuart 2008) gab es zwischen den Bütteln und Wächtern einerseits, den Handwerksbürgern andererseits heftige Unehrlichkeitskonflikte (Nowosadtko in Schreiner/Schwerhoff 1995), die zeigen, wie ambivalent die soziale Reputation des Strafvollzugspersonals war.

Moderne Polizei

Veränderungen kamen in Deutschland vergleichsweise spät. Schlagkräftigere Polizeitruppen wie die *Santa Hernandad* in Spanien oder die *maréchaussée* in Frankreich existierten in den zentralisierten Monarchien Europas bereits seit der Wende zur Neuzeit. Nach diesem Vorbild wurden im 18. Jahrhundert auch in Deutschland vermehrt militärische bzw. paramilitärisch organisierte Ordnungskräfte eingesetzt (Landreiter, Hatschiere u. ä.), die grenzüberschreitende Ermittlungen und Strafverfolgungen ins Werk setzen sollten; dabei kam den Reichskreisen eine wichtige koordinierende Rolle zu (Holenstein u. a. 2002). Der gewundene Weg von der alteuropäischen »Policey« zur modernen »Polizei« kann hier nicht skizziert werden, zumal die Geschichte der Polizei im 19. und 20. Jahrhundert sich schon länger zu einem eigenständigen und komplexen Forschungsgebiet entwickelt hat (Reinke 2009: 123 ff.). Lange Zeit war die Entwicklung von einem Nebeneinander verschiedener Ordnungskräfte – Gendarmeriekorps und Landjäger, kommunale Ortspolizei und »civile Ordnungsformationen« (Pröve) wie Bürgerwehren und -garden – gekennzeichnet (Wirsing 1992; Pröve 2000). Paradigmatisch hat Jessen (1991) den langen Anlauf zu einem modernen und professionellen Polizeiapparat, verbunden mit der Etablierung des staatlichen Gewaltmonopols und der Durchsetzung einer formellen Form von öffentlicher Sozialkontrolle für das preußisch-westfälische Ruhrgebiet analysiert.

Neben der Schutzpolizei und der Politischen Polizei, deren Herausbildung seit jeher auf das Interesse der Neuzeithistoriker rechnen darf, entstand erst in den 1870er Jahren eine eigene Kriminalpolizei, wobei hier sicherlich die Karriere neuer Fahndungsmaßnahmen, die Gründungsdiskurse der Kriminologie und die Wahrnehmung einer gestiegenen Verbrechensgefahr Pate standen (vgl. Kap. 6). Auch die Geschichte dieser Kriminalpolizei kann als Modernisierungsprozess verstanden werden. Und tatsächlich mutet die Institution in den Jahren der Weimarer Republik mit den ersten »Beratungsstellen zum Schutz gegen Einbruch und Diebstahl« und dem Aufbau einer weiblichen Kripo (Wagner 1996: 107 ff.) bereits sehr modern an. Das Selbstverständnis des Apparates wurde allerdings doch entscheidend vom Selbstbild des Kampfes gegen die »gewerbsmäßigen Berufsverbrecher« geprägt, ein Bild, das etwa in Berlin durch die Herausforderung der in sog. »Ringvereinen« organisierten Unterwelt (ebd. 155 ff.) scheinbar eindrucksvoll bestätigt wurde. Somit war bereits vor 1933 eine kriminalpolitische Konzeption vorbereitet, die dann im Nationalsozialismus, befreit von rechtsstaatlichen Zwängen, in die Praxis umgesetzt werden konnte: der »Vernichtungskampf gegen die Berufsdelinquenz« in Form von Vorbeugehaft und Konzentrationslager (ebd. 402). Nach dem Krieg wurde diese braune Vergangenheit lange kaum thematisiert, es gab eine große Kontinuität kriminalpolizeilicher Karrieren über den Systemumbruch hinweg (Wagner 2002). Auch die bundesrepublikanische Schutzpolizei der 1960er Jahre, die Weinhauer (2003) am Beispiel der Metropolregion Hamburg und des ländlichen Ostwestfalen-Lippe untersucht hat, stand trotz der Bestrebungen der Alliierten zur Entmilitarisierung und Dezentralisierung noch stark in den Traditionen der Weimarer Zeit. Polizeilich-männerbündnerischer Kameradschaftsgeist und Opferbereitschaft wurden vielfach als Keimzellen staatlicher Ordnung idealisiert. Träger dieses alten Geistes und Anhänger autoritärer Führungsstrukturen waren die am Anfang des Jahrhunderts geborenen »Patriarchen«. Die jüngeren »Modernisierer« dagegen setzten auf eine »auf Teamwork basierte Führungs- und Leistungsgemeinschaft« (ebd. 117). Dabei wurzelte dieser Konflikt durchaus auch in veränderten organisatorischen und technischen Anforderungen: So wurde einerseits die traditionelle Rolle der Reviere durch Zusammenlegungen und Bildung von Großstadtrevieren bedroht; andererseits unterwanderte die zunehmende Motorisierung in Form teilautonomer Funkstreifenbesatzungen die überkommene hierarchische Struktur.

Fahndung Steckbriefartige Beschreibungen von Räubern und Dieben finden sich schon in spätmittelalterlichen Quellen, im 18. Jahrhundert dann wurden in Gestalt der sog. Gauner- und Diebeslisten regelrechte Steckbriefsammlungen erstellt (vgl. Kap. 3). Zur aktiven Zielfahndung taugten sie allerdings kaum: Vielmehr sollten die Listen wohl vornehmlich den jeweiligen Amtleuten als Hilfsmittel dienen, um inhaftierte Verdächtige oder auf frischer Tat Ertappte identifizieren zu können und etwaige Täuschungsversuche durch die Inquisiten über ihre wahre Identität zu verhindern (Blauert/Wiebel 2001).

Der Trucker/Nahmens Hanß Georg/ohnweit Leutkirch gebürtig/bey 40. Jah
alt/kurtz/jedoch besetzter Statur/langer schwartz-brauner Haare/habe vo
einem MesserStich/den ihm der Bayer Sepp versetzet/zur lincken Seite des A
gesichts eine Narbe/nicht weniger zwey lahme Finger/seye schon Soldat gew
sen/vor etwa zwey Jahren zu Kempten innegelegen/und mit einem gewisse
beyläuffig 40. Jahr alten Weibsbild/Agatha mit Nahmen/die auch von seine
Diebstählen participire/und von welcher er schon 3. Kinder/als zwey 12. biß 1
jährige Mägdlein/und einen jungen Buben habe/verheyrathet: Er gehe ba
braun/bald grau gekleidet/führe einen Hirschfänger/und unter denen Roc
fälten eine Pistol; gebe sich vor einen Schuh=Knecht/auch einen Kramer au
seye ein Marckt= und Nacht=Dieb/und bey denen famosen Einbrüchen zu
Altas und zu Unter=Münzenbruck ReichsStadt Lindauischer Herrschafft/soh
der vor einem Jahr bey Wangen verübten Mordthat gewesen/auch habe er
dem Oberland Güter-Wägen angegriffen/und nächst bey Sieffersberg etwa
Stunde weit von Immenstadt einen Bauern=Kerl ermordet/halte sich bey Wa
gen/Ißny/und in dem Turgöw auf.

Beschreibung des im Lande herum vagirenden Diebs= und Jauners-Gesindes [...] 174
Vorarlberger Landes-Archiv Bregenz, HoA 78,2

Ein weiteres Instrument zur Verbrechensverfolgung waren jene Visitationen und Streifen, mit denen der frühmoderne Territorialstaat Jagd auf Vagierende und Kriminelle zu machen versuchte; auch der Erfolg dieser Maßnahmen ist in der modernen Forschung umstritten (Danker 1988: 405 ff.; Seidenspinner 1998: 98 ff.; Härter 2005: 101 ff.). Die weitläufigen und im Ganzen erfolgreichen Ermittlungsverfahren gegen drei von Uwe Danker exemplarisch analysierte Räuber- und Einbrecherbanden an der Wende vom 17. zum 18. Jahrhundert scheinen auf eine gewisse neue Qualität der Kriminalitätsbekämpfung hinzuweisen. Es sind weniger professionelle Ermittler, die routinemäßige Zuständigkeiten besitzen, als Amtleute, die mit der Aufklärung bestimmter Fälle beauftragt sind und dann – als moralische Unternehmer – diese Verbrecherjagd zu ihrem ureigenen Anliegen machen. Typisch sind Gestalten wie Jakob Georg Schäffer, der Oberamtmann von Sulz, der 1786 mit einer selbstangeworbenen Streifenmannschaft dem berüchtigten Räuberhauptmann Hannikel bis ins Schweizerische Chur nachsetzte (Viehöfer in Siebenmorgen 1995: 72).

Neue Fahndungsmethoden

Polizeikooperation über Grenzen hinweg war keine Erfindung der Moderne. Aber sie wurde doch im Zuge der Professionalisierung von Polizei bzw. (im letzten Drittel des 19. Jahrhunderts) Kriminalpolizei institutionalisiert, bis dann 1923 die »Internationale Kriminalpolizeiliche Kommission« gegründet wurde, die sich 1946 als Interpol neu konstituierte. Dabei sahen die Akteure diese Internationalisierung von Beginn an als logische Antwort auf eine Zunahme des internationalen Berufsverbrechertums in Gestalt von Betrügern, Mädchenhändlern und Anarchisten (Jäger 2006). Sie fügt sich aber auch ein in einen Prozess der dramatischen Ausweitung von Fahndungsmethoden, die verschiedentlich zum Gegenstand von historischen Darstellungen gemacht wurden (z. B. Vec 2002; Becker 2005). Stärker als bisher wurde nun die Öffentlichkeit als Resonanzboden einbezogen (vgl. Kap. 6). Vor allem kamen jetzt immer mehr ausgeklügelte wissenschaftliche Analysepraktiken und technische Hilfsmittel zum Einsatz, von der forensischen Medizin bis zur Genanalyse, von der Photographie bis zum Computer. Durch die Abschaffung des Inquisitionsprozesses und die Änderung des Beweisrechts kam es allerdings zu einer bezeichnenden Gewichtsverschiebung. Es ging nicht mehr nur um das Aufspüren des Täters, sondern auch um eine Überführung des Täters mit technischen Hilfsmitteln, wobei sich in der Polizeiphotographie ab ca. 1840 beide Stränge bündelten. Wichtig als Identifizierungstechnik wurde die anthropometrische »Bertillonage« (nach dem Erfinder Alphonse Bertillon ab 1879 praktiziert), bei der die Beschreibung des Delinquenten bzw. Verdächtigen nach elf Körpermerkmalen standardisiert wurde; sie wurde seit den 1890er Jahren von der Daktyloskopie überflügelt, dem Fingerabdruckverfahren, das ursprünglich aus dem englischen Kolonialreich stammte. Diese Revolutionen der Kriminaltechnik versprachen wissenschaftliche Gewissheit bei der Identifikation und waren von einem deutlichen Prestigegewinn der Kriminalistik begleitet. Umgekehrt konnten sich mit Hilfe dieser vermeintlich so objektiven Techniken auch die bestehenden Vorurteile über Gewohnheitsverbrecher und gesellschaftliche Randgruppen verfestigen (Vec 2002: 119).

Strafprozess

Fast überall in Kontinentaleuropa hatte sich im späten Mittelalter der Inquisitionsprozess als ein rechtliches Verfahren in Kriminalsachen etabliert. (Seine Entstehung war eng mit der kirchlichen Inquisition verbunden gewesen, gleichwohl darf er nicht mit der kirchlichen Ketzerverfolgung verwechselt werden [vgl. G. Schwerhoff Art. »Inquisition«, EdN 5, 2007, 1017–1024; vgl. Kap. 5.4]). Der Inquisitionsprozess verkörperte ein schriftgestütztes und der Öffentlichkeit entzogenes Verfahren, weswegen er früher häufig als eine Art Zweikampf zwischen dem Untersuchungsbeamten und dem Angeklagten dargestellt worden ist. Die neuere historische Forschung, so resümiert Härter (2000), betont dagegen die Vielfalt der Beteiligten und deren breite Einwirkungsmöglichkeiten: Familienangehörige und Freunde traten als Zeugen oder Supplikanten auf; oft vertraten Verteidiger und Advokaten die Interessen des Beklagten; dagegen wirkten andere Menschen aus dem sozialen Umfeld als Kläger, Rüger, Anzeigende und/oder Denunzianten; verschiedene Instanzen einer oder mehrerer Territorien bis hinauf zum Landesherren konnten mit einer Angelegenheit befasst sein, ganz zu schweigen von medizinischen oder juristischen Sachverständigen – die Aufzählung ließe sich fortsetzten. Härter betont die Verschränkung des formellen Prozessverfahrens mit den gesellschaftlichen Mechanismen der informellen Sozialkontrolle.

Der Schwindler F. C., Polizeiphoto 1898
(aus: Robert Heindl: Der Berufsverbrecher. Ein Beitrag zur Strafrechtsreform, Berlin 2. Aufl. 1926, S. 274)
Der Einsatz der Photographie zum Zweck der Fahndung und der erkennungsdienstlichen Behandlung erweiterte die polizeilichen Methoden enorm. Allerdings entwickelte sich der „Visiotyp" (Susanne Regener) des Verbrechers bzw. des Gefangenen erst allmählich. Zu Beginn wurden die Betreffenden häufig noch von Berufsphotographen im bürgerlichen Atelierambiente dargestellt. Erst allmählich entwickelte sich eine eigene Polizei- und Anstaltsphotographie mit speziellen Apparaturen, wurden Abstand zur Kamera, Kopfhaltung und Beschriftung derart standardisiert, dass jeder Betrachter das Bild direkt als dasjenige eines Verbrechers erkennen kann (vgl. auch Quelle Nr. 17 unter *www.historische-einfuehrungen.de*).

Verhör Dennoch bleibt das Verhör des Beklagten, zusammen mit den Zeugenvernehmungen, das wichtigste Beweismittel im Strafprozess (Esders/Scharff 1999; Niehaus 2003). Auch für die Praxis des Verfahrens sind die Gerichtsakten (vgl. Kap. 3) somit eine zentrale und bisher keineswegs erschöpfend von der Forschung behandelte Quelle. Das Ringen zwischen Inquisitor und Inquirent bzw. zwischen verschiedenen Inquirenten produzierte im Widerspiel von Fragen und Antworten, von Leugnen, Ausflüchten und Teilgeständnissen komplexe »konkurrierende Wahrheiten« (Griesebner 2000). Dabei bestand keineswegs »Waffengleichheit« zwischen den Antagonisten. Der Inquisitionsprozess war gekennzeichnet durch eine starke Stellung des ermittelnden Richters oder Amtmannes, dem die Beschuldigten meist ohne Rechtsbeistand ausgeliefert waren; nur zu einem kleineren Teil wurden wohlhabendere Angeklagte durch einen Verteidiger unterstützt. Andererseits stellte – neben den Aussagen von möglichst zwei Augenzeugen – das Geständnis des Beschuldigten den einzigen wirklichen vollgültigen Beweis dar. Alle anderen Beweise, die z. B. in der *Carolina* minutiös aufgelistet wurden (Besitz einer Tatwaffe, Aufenthalt am Tatort, verdächtiges Verhalten, aber auch schlechter Leumund), galten lediglich als Indizien, die in bestimmter Kombination eine gerichtliche Folter rechtfertigten. Die Tortur als dosierte Zufügung physischen Schmerzes galt als legitimes prozessuales Mittel zur Erlangung eines Geständnisses. Ein detailliertes Regelsystem sollte willkürliche Folterexzesse und falsche Geständnisse von Unschuldigen vermeiden helfen (Burschel u. a. 2000; Peters 2003).

Entscheidungen über den weiteren Verfahrensgang bzw. über das Urteil wurden aber meist nicht vom vernehmenden Amtmann oder Richter, sondern von übergeordneten Gerichtskollegien getroffen, von Stadt- oder Hofräten in Deutschland bzw. von Appellationsinstanzen wie den französischen Parlamenten. Die in der *Carolina* von 1532 vorgesehene Aktenversendung an eine auswärtiges Spruchkollegium (Juristenfakultät, Schöppenstuhl) führte in vielen Fällen dazu, dass diese weit entfernten Experten zur eigentlichen Urteilsinstanz wurden. Mit diesem Verfahrensgang eng verbunden war weiterhin der hohe Grad an Verschriftlichung, um diese zeitlich und räumlich »gestreckten« Begutachtungs- und Entscheidungsprozesse möglich zu machen. Nicht zuletzt aufgrund der Aktenversendung ist die gerichtliche Folterpraxis einer historischen Erforschung zugänglich. Die peinliche Frage wurde durchaus schriftlich dokumentiert, jedenfalls keineswegs systematisch verheimlicht, und häufig hatten die Spruchinstanzen in einem Zwischenurteil darüber zu entscheiden, ob die Indizien ausreichten, um sie einzusetzen. Untersuchungen siedeln sich bisher vor allem im Umfeld der Hexenprozesse an, so auch die Studie von Zagolla (2007) über die Rostocker Juristenfakultät, die in ihrer Breite und Systematik allerdings Pioniercharakter besitzt und durchaus auf die Vergleichspotentiale mit anderen Delikten abhebt.

Gnadenhändel

»Gnade vor Recht ergehen lassen« – in dieser sprichwörtlichen Wendung erscheint die Gnade dem Recht entgegengesetzt, weswegen sie heute – wie die Diskussion um Begnadigungen von Terroristen durch den Bundespräsidenten zeigt – als anachronistisches Willkürelement verzichtbar erscheint. Die historische Kriminalitätsforschung hat dagegen die Gnade als integrales Element des vormodernen Strafverfahrens herausgearbeitet. Im Konstanz des 15. Jahrhunderts konnte der Rat in allen Phasen eines Rechtsverfahrens Gnade gewähren, und zwar auf die Interzession auswärtiger Großer hin oder auf die Fürbitte von Freunden, Nachbarn oder Kollegen des Täters (Schuster 2000: 292 f.). Die Frühe Neuzeit systematisierte den Gnadenhandel, wobei die Suppliken (Bittschriften) der Untertanen und ihrer Fürbitter in geregelte Verfahren kanalisiert wurden. Dabei konnten Gnadenbitten bereits auf laufende Kriminalprozesse Einfluss nehmen wie im Hochstift Osnabrück (Rudolph 2001: 265 ff.). Oder Gnadenhändel konnten eine separate Phase nach dem Abschluss des förmlichen Strafverfahrens bilden, wie es in Kursachsen meist gehandhabt wurde (Ludwig 2008: 151 ff.). Auch in anderen Aspekten zeigt sich die große Variabilität der scheinbar so traditionellen Gnade. Für Sachsen im 16. Jahrhundert wurde insgesamt eine Verrechtlichung der Gnadenpraxis diagnostiziert, wobei noch unklar ist, wie sich ein skurriles Element in dieses Bild fügt: Die durchaus nicht selten erfolgreichen Suppliken unbeteiligter Dritter zielten auf die Erlangung eines finanziellen Gewinns durch die Weitergabe der im Begnadigungsfall anfallenden Geldstrafe an den Bittsteller (Ludwig 2008: 219 ff.). Im Hochstift Osnabrück des 18. Jahrhunderts wurde die Gnadenpraxis dagegen »dazu instrumentalisiert, die überholten Rechtsnormen in der Praxis auszuhebeln« und die Rechtspraxis zu flexibilisieren (Rudolph 2001: 325).

Modernisierung des Verfahrens?

Neben dem System der peinlichen Strafen bildete im 18. Jahrhundert die Folter und mit ihr das gesamte Beweissystem des überkommenen Inquisitionsprozesses das Objekt heftiger aufklärerischer Kritik. Auch hier war es allerdings ein langer und gewundener Weg bis zur Etablierung eines neuen Systems; so hielten alle deutschen Staaten im Vormärz am Inquisitionsprozess fest (Härter 2009: 105). Erst Mitte des 19. Jahrhunderts wurde in den meisten Einzelstaaten mit dem Schwurgericht ein neuer Typus von Kriminalverfahren geschaffen, der von einer Entflechtung der Rollen von öffentlichem Ankläger und Richter, von freier richterlicher Beweiswürdigung und von den Prinzipien der Mündlichkeit und der Öffentlichkeit geprägt war. Mit den Strafprozessreformen verbindet sich seit jeher die Vorstellung von einer Überwindung der gewaltsamen und willkürlichen Verfahren des Ancien Régime und vom Durchbruch bürgerlicher Freiheit und Mündigkeit. Habermas (2008: 166 ff.) hat nun darauf hingewiesen, dass nur ein kleiner Teil von Tatbeständen vor diesen Schwurgerichten verhandelt wurde, große Teile der Kriminalität wie die Eigentumsdelinquenz dagegen vor Untergerichten, die überbeschäftigt waren und ohne Geschworene auskamen. Wichtiger noch ist die Tatsache, dass die juristischen Voruntersuchungen und die dort geführten Verhöre als »zentraler Ort der Wahrheitsproduktion« (ebd. 139) den Gerichtsverhandlungen vorgeschaltet waren. Mittels aufwendiger »Rekognitionsverfahren« wurden die komplexen sozialen Zusammenhänge dekontextualisiert und in das juristische Deutungsschema »Diebstahl« überführt (ebd. 152 ff.) – aus Konflikten um Ehre, Liebe und Zusammenleben wurde ein schlichtes Eigentumsdelikt.

Habermas' Untersuchung ist ein Beispiel dafür, wie fruchtbar die Erforschung der Praxis des modernen Strafverfahrens sein kann, die bisher allerdings erst in Ansätzen in Angriff genommen worden ist. Als die beiden fundamentalen Charakteristika des rechtlichen Verfahrens im 19. und 20. Jahrhundert zeichnen sich jedoch deutlich seine Öffentlichkeitsorientierung und die Bedeutung wissenschaftlicher Experten ab. Mit der Öffentlichkeit des Verfahrens wird das Gericht (und nicht der Vollzug der Strafe) in vorher unbekannter Intensität zum Gegenstand medialer Repräsentation. Und die Diskurse der wissenschaftlichen Experten, zunächst die Juristen und die Strafrechtspraktiker, dann auch die Psychologen und Anthropologen und die sich seit Ausgang des 19. Jahrhunderts formierende Kriminalwissenschaft, die in sich wiederum äußerst heterogen ist, beherrschen gleichermaßen Rechtsfindung und Öffentlichkeit (vgl. weiter Kap. 6).

4.3 Strafen

Hinrichtungen

Das »Theater des Schreckens« (Dülmen 1995) gilt bis heute als Inbegriff des Strafsystems im Ancien Régime. Dabei sollte das Ritual, das unter großer öffentlicher Anteilnahme stattfand und medial oft durch Flugblätter weiterverbreitet wurde, ebenso der Spezial- wie der Generalprävention dienen, das heißt: Die durch das Verbrechen verletzte göttliche Weltordnung sollte wiederhergestellt, der Delinquent bestraft (u. U. aber zugleich mit Gott versöhnt) und die Allgemeinheit von ähnlichen Übertretungen abgehalten werden. Ein ganzes Panoptikum verstümmelnder Leibesstrafen (Brandmarken, Ohrabschneiden) sowie die häufig angewandte Prügelstrafe gehörten ergänzend ebenfalls in das Spektrum der peinlichen Gerichtsbarkeit. Am alles überstrahlenden Schreckensgemälde haben zeitgenössische Obrigkeiten und Medien ebenso ihren Anteil wie das moderne Distanzierungsbedüfnis von der als barbarisch eingestuften Vormoderne. Quantifizierende Zugänge der historischen Kriminalitätsforschung haben dieses Gemälde allerdings entscheidend korrigiert. Im Köln des 16. Jahrhunderts wurden von rund 2.000 vom Stadtrat inhaftierten Personen lediglich 64 mit dem Tode bestraft, darunter 48 Diebe und Räuber. Köln hatte im Vergleich zwar eine eher niedrige Hinrichtungsquote, aber

Abb. 3. Ulrich Tengler, »Layenspiegel«, Straßburg 1510, S. 184 (»Von peen und straffen«)
Das Bild aus einem der bekanntesten Rechtsbücher der Frühen Neuzeit zeigt das Panoptikum peinlicher Leib- und Lebensstrafen: den Tod auf dem Scheiterhaufen, am Galgen, unter dem Rad oder dem Henkersschwert, das Ausstechen von Augen oder das Abtrennen von Gliedmaßen.

tendenziell lässt sich dieser Befund verallgemeinern (Schwerhoff 1991, Tab. A2, Tab. A8). Häufig wurden peinliche Strafen eher angedroht als vollzogen – »cum comminatione consueta«, mit den üblichen Drohungen, so vermerkt der Kölner Turmschreiber oft, habe man einen Gefangenen ohne weitere Strafe aus der Haft entlassen. Nicht selten wurden bereits zum Tode Verurteilte von der Obrigkeit begnadigt, wobei die Intervention von anderen Herrschaftsträgern, aber auch von Verwandten und Freunden des Delinquenten bei diesem Gnadenhandel eine wichtige Rolle spielen konnte (Bauer 1996).

Trotz ihrer vergleichsweise geringen Zahl waren die Hinrichtungsrituale natürlich von zentraler Bedeutung. Die Soziologen Heinz Steinert und Hubert Treiber haben ihre Funktionslogik als »selektiven Sanktionsverzicht« gekennzeichnet; dabei stünde die überzogene Drohung mit der unnachgiebigen Anwendung härtester Strafen für eine Vielzahl von Delikten in einem komplementären Verhältnis zum weitgehenden Verzicht auf ihre Umsetzung in der Praxis (Steinert/Treiber 1978). Natürlich musste dabei in einigen exemplarischen Fällen die Drohung auch in die Tat umgesetzt werden, um sie nicht unglaubwürdig werden zu lassen. Insofern ließe sich tatsächlich mit Michel Foucault von einem Akt gewaltsamer Pädagogik sprechen, mit dem die Strenge des Gesetzes öffentlich auf den Körper des Verurteilten buchstabiert wurde. Die zur Schau gestellte Stärke wäre insofern nur die Kehrseite der tatsächlichen Schwäche des Staates. Allerdings unterschätzt eine solche Interpretation die Flexibilität der verkündeten Normen. Überdies greift sie zu kurz, indem sie nur auf die rationalen, gleichsam »generalpräventiven« Aspekte der Todesstrafe fixiert ist. Neuere Darstellungen betonen den Charakter der Hinrichtung als ein populäres öffentliches Spektakel, als einen Fokus für kollektive Emotionen wie Hass oder Mitleid und als ein gemeinschaftliches Reinigungsritual (Evans 2001: 134ff..; Nowosadtko 2005; Bastien 2006).

Wandel der Hinrichtungsformen

Nachdem sich die öffentlichen Hinrichtungen als einigermaßen regelmäßige Inszenierungen in deutschen Städten erst im 14. und 15. Jahrhundert etabliert hatten, scheint die Entwicklung im 16. Jahrhundert durch eine zunehmende religiöse »Imprägnierung« gekennzeichnet zu sein (Schuster in Rudolph/Schnabel-Schüle 2003: 220; Schuster in Schulze 2008). Im Verlauf der Frühen Neuzeit kam es zu einer allmählichen Gewichts- und Formveränderung der Todesstrafe (Evans 2001; vgl. Spierenburg 1984): Die Zahl der Hinrichtungen ging langfristig zurück, auch wenn es zwischenzeitlich überraschende Hochkonjunkturen gab, so etwa – schon von aufgeklärten Zeitgenossen scharf kritisiert – in Bayern um 1775 (Nowosadtko 1994: 94ff.). Zugleich kam es zu einer Vereinheitlichung der Hinrichtungsarten, die sich zunächst in der Eliminierung einiger besonders grausamer Todesformen (zum Beispiel lebendig Begraben) ausdrückt, sodann in einer immer stärkeren Standardisierung der Hinrichtungsarten in Gestalt des Galgens (vor allem bei Eigentumsdelikten) und des Schwerts. Der Siegeszug der Guillotine im 19. Jahrhundert war insofern die Fortschreibung eines früher einsetzenden Trends. Im 18. Jahrhundert setzte im Übrigen eine deutliche Zielverlagerung ein: Während zuvor in großer Zahl Eigentumsdelikte mit dem Tod geahndet worden waren, konzentrierte sich diese Sanktion jetzt in der Praxis immer mehr auf schwere Tötungsdelikte (Evans 2001).

Der quantitative Rückgang verminderte zunächst keineswegs die öffentliche Aufmerksamkeit und die rituelle Sorgfalt für das Einzelereignis. Allerdings begannen die bürgerlichen Eliten, sich von dem Geschehen auf dem Schafott zu distanzieren, aus dem Publikum wurde in ihrer Wahrnehmung der »blutlustige, rohe Pöbel« (Martschukat 2001: 194ff.). Folgerichtig wurden die Hinrichtungen dann im 19. Jahrhundert hinter die Gefängnismauern verbannt, in Preußen z. B. 1851 (Willenberg in Schulze u. a. 2008; vgl. Overath 2001). Doch blieb die Todesstrafe bis in die Gegenwart hinein ein Gradmesser des gesellschaftlichen und kulturellen Umgangs mit Gewalt. Bereits im 18. Jahrhundert wurde die Abschaffung der Todesstrafe nicht nur theoretisch begründet (klassisch: Cesare Beccaria *Dei delitti e delle pene* 1764), sondern auch von einem aufgeklärten Monarchen wie Joseph II. für die Erbländer 1787 praktisch vollzogen (Ammerer 2010). Bis zur endgültigen Abschaffung aber war es noch ein weiter und gewundener Weg, auch in Österreich wurde die Todesstrafe 1803 wieder eingeführt. Die Hinrichtungsstatistik in Deutschland in den letzten 200 Jahren lässt sich als ein Indikator für den Gebrauch bzw. Missbrauch staatlicher Macht lesen, der seinen schrecklichen Höhepunkt mit vierstelligen Zahlen *per annum* zu Beginn der 1940er Jahre in Nazideutschland erlebte (Evans 2001: 826 ff.). Auch in den USA fand Beccaria übrigens bereits im 18. Jahrhundert glühende Gefolgsleute, etwa Thomas Jefferson oder Benjamin Rush, ebenfalls einer der Gründerväter und entschiedener Gegner der Todesstrafe (Martschukat 2002: 37 f.; Nutz 2001: 40 ff.). Noch heute wird aber die Todesstrafe in vielen Bundesstaaten der USA bekanntlich ebenso praktiziert wie in zahllosen anderen Regionen der Erde.

Verbannung und Ehrenstrafen

Bereits im Spätmittelalter und in der Frühen Neuzeit stand mit der Stadt- bzw. Landesverweisung eine – jedenfalls kurzfristig – wirksame Sanktionsvariante bereit, die eine Inflation der peinlichen Strafen überflüssig machte (Schwerhoff 2006; Coy 2008). Die räumliche und damit häufig auch soziale Ausgrenzung des Delinquenten und nicht die peinlichen Leib- und Lebensstrafen stellte die meistgewählte Sanktion der vormodernen Kriminaljustiz dar. Die Vorteile eines solchen Verfahrens lagen in seiner Kostenneutralität und in seiner Schnelligkeit ebenso wie in seiner Flexibiliät. Der Verweis konnte als »bürgerliche« Strafe ebenso wie als »Kriminalstrafe« zur Anwendung kommen. Er konnte zeitlich befristet sein oder auf ewig verhängt werden. Ein Verurteilter konnte lediglich auf einige Meilen aus der Stadt entfernt werden und so die Chance eingeräumt bekommen, sich am Rande seiner ehemaligen Wohnstätte zu bewegen und alte Kontakte aufrechtzuerhalten; oder er wurde gleich »über das lampartische Gebirge« (über die Alpen) geschickt. Verhandlungen der Delinquenten über eine vorzeitige Aufhebung bzw. Milderung der Verweisung waren dabei häufig möglich. Schließlich ließ sich der Verweis problemlos mit anderen Strafen kombinieren, mit Brandmarkung, Prügel oder der Prangerstrafe.

Die Strafe des Prangers wurde, zusammen mit anderen Ehrenstrafen (Wippe, Tragen von Kerzen und Steinen, »Geige« etc.) auch separat eingesetzt, ohne den Delinquenten anschließend zu verbannen (z. B. Rexroth 1999: 125 ff.). Die Wirkung derartiger Strafen, die ihren Ursprung unter anderem in der öffentlichen Kirchenbuße hatten (Neumann 2008), ist schwer einzuschätzen. Eingesetzt wurden Ehrenstrafen sowohl im Bereich der Hochwie der Niedergerichtsbarkeit, ihre Frequenz scheint im Verlauf der Frühen Neuzeit zugenommen zu haben. Auch leichte Schandstrafen drohten, die soziale Reputation der Betroffenen nachhaltig zu schädigen (Schwerhoff in Blauert/Schwerhoff 1993; Lidman 2008). Sowohl räumliche Verweisungen als auch Ehrenstrafen wirkten damit zumindest tendenziell ausgrenzend. Die problematische Kehrseite der leichten Anwendbarkeit ist damit ebenso offensichtlich. Kriminalpolitisch handelte es sich bei der wechselseitigen Abschiebung von Verbrechern über die Landesgrenzen schon nach Auffassung mancher Zeitgenossen lediglich um eine Problemverlagerung. Mit ihrer Verweisungspraxis gab die Kriminaljustiz dem kriminellen Vagantentum, das sie zu bekämpfen trachtete, zusätzlichen Schwung. Auch deshalb wurde die Suche nach alternativen Sanktionsmöglichkeiten intensiviert. Die logische Radikalisierung war die Deportation, die in Form der Galeerenstrafe auch in Süddeutschland eine jahrhundertelange Tradition hatte. Für Länder ohne Kolonien in Übersee war diese Variante allerdings problematisch: Als Preußen 1802 nach vertraglicher Einigung mit Russland einige Dutzend Straftäter in sibirische Straflager überführen ließ, waren die meisten kurz darauf wieder im Lande und bildeten eine gut organisierte Diebesbande (Schlosser 2006: 48; Evans 1997: 26 ff.). Für europäische Kolonialmächte wurde die Deportation gerade im 18. und 19. Jahrhundert zu einer zentralen Sanktion, wie die französischen Strafkolonien in Guyana und Neukaledonien (Petit 2006) und vor allem die englische *penal transportation* nach Nordamerika bzw. – nach der Unabhängigkeit – nach Australien zeigen (Ekirch 1987). Räumliche Ausgrenzung war also keineswegs eine genuin vormoderne Strafform. Die nationalsozialistischen und stalinistischen Deportationsmaßnahmen des 20. Jahrhunderts unterstreichen das einerseits, weisen aber in ihrer totalitären Ausprägung, in ihrer Stoßrichtung gegen ganze ethnische oder soziale Bevölkerungsgruppen, deutlich über den strafrechtlichen Bereich hinaus.

Einsperrung

Als eigentliche Alternative zur Verbannung und zu anderen minderschweren Strafen, aber auch zur Hinrichtung wurde seit dem 18. Jahrhundert nicht die Deportation, sondern die Einsperrung intensiv diskutiert. Damit rückt neben der Abschreckung und der

Vergeltung im Diskurs der Strafrechtsreformer nun deutlicher das Motiv der Korrektion, der Besserung und der Resozialisierung durch Disziplin und Arbeit in den Fokus, obwohl dieser Aspekt zuvor nicht völlig unbekannt war (Schwerhoff 1991: 145 ff.; Schmoeckel in Schulze u. a. 2008). Die Geschichtswissenschaft hat dem Gefängnis spätestens seit Michel Foucaults *Überwachen und Strafen* (franz. 1975) besondere Aufmerksamkeit geschenkt, in Deutschland allerdings mit erheblicher Verspätung.[1] Mit Bretschneider (2003) lassen sich verschiedene Zugänge zur Historiographie des Gefängnisses unterscheiden, die tendenziell zugleich Phasen der Forschung repräsentieren. Dominierte zunächst die Suche nach dem Ursprung des Humanen im Strafvollzug, so wurde ein Kontrapunkt durch marxistische Perspektiven gesetzt, die die Strafanstalten als Repressions- und Ausbeutungsinstitute sahen. Wesentlich subtiler und zugleich breiter angelegt war die Theorie der Disziplinargesellschaft von Michel Foucault, dem es nicht um eine Institutionengeschichte des Gefängnisses ging; gleichwohl sah er darin das zentrale Modell moderner Machttechniken der bürgerlichen Gesellschaft verkörpert. Die historische Forschung hat versucht, diese widerstreitenden Perspektiven in ihren Fallstudien zu integrieren, die Widersprüche bzw. die Brüche der Institution Gefängnis abzubilden sowie schließlich auch den Erfahrungen der Insassen nachzuspüren.

Der kritische Blick der neueren Gefängnisgeschichte hat die konventionelle Großerzählung vom Siegeszug einer modernen, weil humanitären, Sanktionsform in der Neuzeit schon lange verabschiedet. So ist einerseits deutlich geworden, dass die Frühgeschichte der Einsperrung weit in die Geschichte des Ancien Régime zurückreicht und zunächst eine Vielzahl von parallelen Optionen bot. Neben dem Zuchthaus und anderen Formen der Einsperrung bedeutsam war zum Beispiel die Zwangsarbeit (*opus publicum*) etwa im Festungsbau; sie war keineswegs genuin als »körperlose« Alternative zum »Theater des Schreckens« gedacht, sondern kann als

1 Vgl. für Zugänge zur Historiographie jenseits der kaum mehr überschaubaren Einzelstudien die Sammelbände von Ammerer u. a. 2003 sowie Ammerer/Weiß 2006 mit instruktivem Quellenanhang; vergleichend Ammerer u. a. 2010. Aus rechtshistorischer Perspektive der Überblick von Krause (1999). Vgl. auch die umfangreiche Internetbibliographie unter *www.falk-bretschneider.eu*.

Kombination von körperlicher Bestrafung und öffentlicher Entehrung verstanden werden (Härter 2005: 658 ff.). Andererseits stellten die Zuchthäuser die ersten beiden Jahrhunderte ihrer Existenz hindurch keine reinen Strafanstalten dar; vielmehr handelte es sich in der Regel um multifunktionale Einrichtungen. So diente die 1754 gegründete Detmolder Anstalt »als Arbeitshaus, als Altenheim, als Kriminal- und Untersuchungsgefängnis, als Erziehungsanstalt für unbotmäßige Kinder sowie als Kranken- und Irrenhaus« (Frank 1992: 277). Häufig führte die Multifunktionalität zu Zielkonflikten und Strukturkrisen. Erst am Beginn des 19. Jahrhunderts verorten viele Autoren die Entstehung des Zuchthauses modernen Zuschnitts. Dabei zeigt die Fallstudie von Falk Bretschneider allerdings, wie lange die Experimentierphase der Einsperrung dauerte.

In seiner Geschichte der Einsperrung in Sachsen verfolgt Bretschneider (2008) den Transformationsprozess der Strafformen in einem deutschen Mittelterritorium. Er kann zeigen, dass das Zuchthaus einerseits aus einem langen Vorlauf des Experimentierens in der Frühen Neuzeit erwuchs, und dass es andererseits lange, nämlich bis ca. 1830, dauerte, bis es sich als reine Strafanstalt etabliert hatte. Der Blick in die Insassenlisten der Anstalt in Waldheim in der Zeit davor macht deutlich, wie heterogen die Einlieferungsgründe lange Zeit waren, von Armut, Betteln und Vagieren über Diebstahl und Ehebruch bis hin zu psychischer Krankheit oder zur bloßen Versorgungsbedürftigkeit. Auch in anderen Hinsichten ist der Blick in die Praxis erhellend: Die bauliche Unterbringung des sächsischen Zuchthauses im alten Waldheimer Schloss war von der Utopie des modernen Gefängnisbaus in Gestalt des allseits vom Wachpersonal einsehbaren Bentham'schen Panoptikum ebenso weit entfernt wie der Alltag des Prügelns im Gefängnis vom Idealtypus des »körperlosen« Strafsystem Foucaults. Bretschneiders Mikrostudie macht die räumlichen und zeitlichen Ordnungsarrangements des Gefängnisses sichtbar, die allerdings nicht einfach von oben oktroyiert werden konnten, sondern letztlich auf Aushandlungsprozessen aller Beteiligten beruhten. Nicht zuletzt die chronischen Probleme bei der Rekrutierung und Disziplinierung des Zuchthauspersonals lassen weitreichende Thesen über die Erziehungsmöglichkeiten der Anstalt fragwürdig erscheinen. In vielen Aspekten rückt so die »gefangene Gesellschaft« näher an die Gesamtgesellschaft heran.

Bretschneiders Arbeit darf nicht darüber hinwegtäuschen, dass wir über die Geschichte der deutschen Strafanstalten nach der Mitte des 19. Jahrhunderts nur partiell unterrichtet sind (vgl. aber Henze 2003; Leukel 2010). Vorwiegend ist die Strafanstalt nicht als eine Sanktionspraxis, sondern als zentraler Generator für den kriminologischen Diskurs in den Blick der Geschichtswissenschaft gerückt. Thomas Nutz zeigte als erster, wie sich mit dem Gefängnis visionäre Hoffnungen der Zeitgenossen verbanden, wie sich der gefängniskundliche Diskurs thematisch entfaltete, wie er in baulichen und verhaltenspädagogischen Konzepten seinen Niederschlag fand und wie er sich in Expertennetzwerken ausdifferenzierte. Das Gefängnis sollte als eine Besserungsmaschine – die Begriffsprägung erfolgt im Anschluss an Michel Foucault – den »lasterhaften Teil der Menschheit zu Tugend und Glückseligkeit zurückzubringen«, so Benjamin Rush 1792 (Nutz 2001: 1, 96) Dieses Terrain ist in der Folge sowohl sachlich als auch zeitlich weiter ausgreifend untersucht worden. So thematisiert C. Müller (2004) für die Zeit des Kaiserreichs und der Weimarer Republik besonders die Verschränkung von Psychatrie und Strafrecht. Und Schautz (2008) erforscht die vornehmlich von bürgerlichen Vereinen getragene Straffälligenfürsorge sogar in einem langen historischen Spannungsbogen von der Aufklärung bis 1933. Gefängnisseelsorge, soziale Gerichtshilfe (vgl. Rosenblum 2008) und Entlassenenfürsorge sind nur im Rahmen des »gefängniskundlichen Besserungsdispositivs« (Schautz 2008: 377) zu verstehen, öffneten sich aber dementsprechend im Laufe ihrer Entwicklung auch für differenzierende Bewertungen der Insassen, die etwa pathologische Unverbesserliche von lediglich Leichtsinnigen unterschieden. Insgesamt wäre eine stärkere Verknüpfung zwischen derartigen diskursorientierten Studien und einer Praxis des Strafvollzugs wünschenswert (vgl. aber Naumann 2006). Dass die Geschichte des Gefängnisses schließlich eng mit der Geschichte der totalitären Systeme des 20. Jahrhunderts verknüpft war, zeigen neuere Studien zum Nationalsozialismus und zur DDR (Wachsmann 2004; Heidenreich 2009).

Geldbußen

Insbesondere die Gerichte des Spätmittelalters und der Frühneuzeit hatten in Gestalt der Geldbußen eine radikale Alterna-

tive in ihrem Sanktionsinstrumentarium zur Hand (vgl. Quellen Nr. 2 und 8 unter *www.historische-einfuehrungen.de*). Sie konnten sowohl als Strafgeld an die Obrigkeit als auch als Kompensation an mögliche geschädigte Gegner gezahlt werden. Die Arbeiten von Susanna Burghartz (1990) über Zürich und von Peter Schuster (2000) über Konstanz zeigen, wie weitgehend die Strafgerichtsbarkeit über Bußen reguliert wurde. Dabei könnte man zwar formal unterscheiden zwischen der auf Bußen basierenden Niedergerichtsbarkeit des Rates und seiner Tätigkeit als Vogt- und Blutgericht, das ausgrenzende und peinliche Strafen verhängte; tatsächlich aber reichte das System der Bußenstrafen weit in das Feld schwerer Delinquenz (etwa im Bereich der Gewalt) hinein. Die enge Verzahnung mit einem Strafsystem im engeren Sinn zeigt sich auch darin, dass die Geldbuße in vielen Statuten als Ablösungsmöglichkeit für eigentlich verwirkte peinliche Strafen oder Verbannungen genannt wurde. Eine Besonderheit des Konstanzer Falles stellt die Möglichkeit dar, das Bußensystem in seiner praktischen Anwendung zu studieren. Betonten Arbeiten für andere Untersuchungsgebiete die Verhandelbarkeit der Bußhöhe und die Nachlässigkeit der zuständigen Institutionen bei deren Eintreibung, so hielt sich der Konstanzer Rat nach den Beobachtungen von Schuster bei der Strafzumessung fast sklavisch an die normativen Vorgaben der Satzungen. Überdies schaffte er es, mit einer Erfolgsquote von über 75 Prozent die verhängten Bußen auch einzutreiben (Schuster 2000: 243), wobei er eine hohe Flexibilität an den Tag legte und zum Beispiel ein »Abstottern« der Strafgelder auf Ratenbasis zuließ. Insgesamt ist die Geldbuße noch keineswegs ihrer tatsächlichen Bedeutung entsprechend erforscht. Sie blieb bis weit in die Frühe Neuzeit hinein ein zentrales Sanktionsmedium auch der Strafjustiz. Als Strafe der Polizeijustiz in Kurmainz wurde sie bezeichnenderweise vor allem gegen einheimische Delinquenten eingesetzt (Härter 2005: 596 ff.), was ihren sozialintegrativen Charakter unterstreicht. Geldbußen zielten eher auf eine Kompensation des Schadens und die Reintegration des Täters. Und natürlich nutzten sie dem Staat: Als zum Beispiel eine preußische Kabinettorder 1743 anordnete, bei Verstößen gegen das 6. Gebot (Ehebruch, Unzucht) anstatt der bisherigen Geldstrafen andere »proportionierte

Strafen« zu verhängen (insbesondere Gefängnis), wurde sie in der patrimonialgerichtlichen Praxis der Altmark – vor allem aus fiskalischen Interessen – schlicht ignoriert (Gleixner 1994: 58).

4.4 Funktionen der Justiz

War die Strafjustiz seit der Entstehung sozial stratifizierter Gesellschaften ein Instrument der Repression zum Schutz der Partikularinteressen von Mächtigen und Reichen gegenüber der Mehrheit der Bevölkerungsmitglieder (so die Kriminologen Hess/Stehr 1987)? Oder diente das »öffentliche Strafrecht« vielmehr, wie die Diskussionen der Mediävisten und Rechtshistoriker nahelegen, zum Schutz der Schwachen vor der Willkür der Mächtigen (Kroeschell 2008)? Die Meinungsverschiedenheit über Funktion und Bewertung der Strafjustiz durchzieht die historische Kriminalitätsforschung wie ein roter Faden. Paradigmatisch wird sie hier vor allem in Bezug auf die Mittelalter- und Frühneuzeitforschung dargestellt, wo sie bislang am intensivsten diskutiert wurde; *cum grano salis* sind die konträren Positionen aber auch für die Debatten der Zeitgeschichte relevant (vgl. z. B. Anders 2008). Mit diesen konträren Standpunkten verbunden, aber nicht identisch ist die Frage, welche Durchschlagskraft man dem Justizapparat zubilligt. Obrigkeitlicher Wille zur Kriminalitätsbekämpfung oder, wenn man so will, zur Repression via Recht bedeutet noch lange nicht deren erfolgreiche Umsetzung. Auf die Kluft zwischen »Theorie« und »Praxis«, zwischen Normsetzung und Normanwendung hat die Kriminalitätsgeschichte immer wieder hingewiesen; ihr Selbstverständnis speist sich – in Abgrenzung zur älteren Rechtsgeschichte – nicht zuletzt aus dem Bewusstsein, »endlich der gesellschaftlichen Realität gegenüber den verschriftlichten Normen zu ihrem Recht zu verhelfen« (Schwerhoff 1992: 388). Im Zuge der intensiven Debatten über Normenanwendung und Normenwandel (vgl. oben Kap. 4.1) ist die Forschung über diese simplifizierende Entgegensetzung aber inzwischen deutlich hinaus gelangt (vgl. zuletzt Eibach 2009); und auch der Antagonismus von Repression und Pazifizierung stellt sich mittlerweile deutlich differenzierter dar.

Repression

Ordnet man die Arbeiten zur historischen Kriminalitätsgeschichte nach ihrem Erscheinungsdatum, so lässt sich tendenziell von einem Paradigmenwechsel von »Repression« zu »Konfliktlösung« sprechen. In den späten 70er und frühen 80er Jahren dominierte tendenziell die Repressionsperspektive. So suchten die Arbeiten von Dirk Blasius zur Eigentumskriminalität in Preußen den Anschluss an eine unorthodox-marxistische englische Tradition, die für das 18. Jahrhundert eine Einschränkung von traditionellen Eigentumsrechten der Armen durch die herrschenden Eliten herausgestellt hatte (Blasius 1988: 138 ff.; auch Blasius in: KKW 490 f.). In den vorwiegend auf Repression zielenden »Strategien der Verbrechenskontrolle« sah Blasius einen Schulterschluss zwischen den vormodernen, feudalen Eliten und einem schwachen Bürgertum, das »seine Interessen in einem Strafrecht gewahrt (sah), das die Gerechtigkeitsvorstellungen der Besitzlosen den Rechtsidealen einer besitzenden Gesellschaft opferte« (Blasius 1976: 138).

Akkulturation/ Sozialdisziplinierung

Mit der Schwerpunktverlagerung der Forschung in die Vormoderne ergab sich eine erste Akzentverschiebung. Als Leitkonzepte dienten jetzt Modernisierungstheorien, die den Repressionsaspekt aufnahmen, zugleich aber transformierten. In der internationalen Diskussion hat lange Zeit die Akkulturationsthese zentrale Bedeutung besessen, nach der im Verlauf der Frühen Neuzeit die Kultur der Eliten die ursprüngliche »Volkskultur« durch Erziehung und Zwang verdrängt bzw. pazifiziert habe. Die Kriminaljustiz spielt »als konkreter Agent von Zwang oder Überwachung« in diesem Transformationsprozess nach Auffassung von Robert Muchembled eine zentrale Rolle; ohne ihre »gewaltsame Pädagogik« seien die Zivilisierung der Sitten und die allmähliche Zurückdrängung der Gewalt kaum denkbar (Muchembled 1990: 141, 157). Hier klingt die Nähe an zu einer zweiten Variante von Modernisierungstheorien, der Zivilisationstheorie des Soziologen Norbert Elias, die insbesondere bei den Debatten zur Gewaltdelinquenz eine große Rolle gespielt hat (vgl. weiter Kap. 5.1). Als spezifische Variante der Akkulturationstheorie in der deutschen

Frühneuzeitforschung darf das Konzept der Sozialdisziplinierung von Gerhard Oestreich angesprochen werden (L. Behrisch, Art. »Sozialdisziplinierung«, in: EdN 12, 2010, 220–229). In kriminalitätshistorischer Perspektive kann man darunter eine besonders radikale Spielart sozialer Kontrolle verstehen, die auf eine völlige Ausrottung abweichenden Verhaltens durch eine grundlegende Verhaltensnormierung der Untertanen zielt (Breuer 1986: 62). Kristallisationspunkte der Sozialdisziplinierung bilden die frühneuzeitlichen Polizeiordnungen.

Kritik

Das konzeptuelle Angebot der Sozialdisziplinierung ist in der Forschung auf breite Resonanz, aber auch auf heftige Kritik gestoßen. Wichtiges Feld des Streites war die Kirchenzuchtforschung (Schmidt 1997; Schilling 1997), nachdem zuvor schon die moderne Jugendfürsorge (bei Detlev Peukert) und die frühneuzeitliche Armenfürsorge als paradigmatische Forschungsarenen gedient hatten (Dinges 1991; Jütte 1991). Auch die Vorbehalte der Kriminalitätsforschung (Schwerhoff 1991: 445) zielen auf die einseitige Orientierung an den disziplinierenden Intentionen der Obrigkeiten und auf den Rückschluss von den Normen auf ihre Umsetzung sowie ihren Erfolg in der Praxis. Inzwischen hat allerdings die prosperierende Polizeiforschung überzeugend ihr Konzept flexibilisiert und die Argumente der Kritiker gegen diese gewandt. Deren Vorstellung einer »Ineffektivität« der frühneuzeitlichen Policey- und Strafjustiz bleibe negativ der Sozialdisziplinierungsthese verhaftet, weil sie sich ebenso wie diese an simplen linearen Wirkungsmodellen und am Mythos der wirkungsvollen Normdurchsetzung moderner Staaten orientiere (Härter 1999). Ebenso anachronistisch sei die Vorstellung eines kohärenten Rechtskorpus, den man in die Praxis umsetzen könne – oder eben nicht. »Nicht Sanktionsverzicht«, so resümiert Härter (in Rudolph/Schnabel-Schüle 2003: 464f.), »sondern die bereits in den Rechtsquellen angelegten flexiblen Etikettierungs- und Sanktionsmöglichkeiten und die daraus resultierenden unterschiedlichen Sanktionsstrategien bilden ein wesentliches Strukturmerkmal frühneuzeitlicher Strafjustiz« (vgl. Rudolph 2001: 227ff.).

Konfliktaustrag

Einen völlig anderen Ansatzpunkt als die Vertreter der Repressionsperspektive wählen Historiker, die die Justiz als Angebot zum

Austrag von Konflikten begreifen; dabei ist meist, noch positiver gefärbt, von »Konfliktregulierung« oder gar »Konfliktlösung« die Rede. »Disziplinierung oder Konfliktlösung?«, unter diese Leitfrage stellte Susanna Burghartz (1989) die Zusammenfassung ihrer Studie über die Tätigkeit des Zürcher Ratsgerichts zwischen 1376 und 1385 (Burghartz 1990). Quellengrundlage sind 1.487 Verfahren vor diesem Ratsgericht, die sowohl durch private Klagen als auch (zu einem erstaunlich hohen Anteil, der bis zur Hälfte aller Fälle umfassen konnte) durch den Rat selbst *ex officio* in Gang gebracht werden konnten. Verhandelt wurden zu einem hohen Prozentsatz Delikte gegen Personen, also Gewalt, Beleidigung und Friedbruch. Beteiligte waren vorwiegend Männer aller Schichten, darunter auch zahlreiche Amtsträger; auch unter den Mehrfachtätern sind keineswegs Unterschichten und Randgruppen in der Mehrheit. »Eine soziale Ächtung aufgrund ihrer zahlreichen Gerichtsauftritte und Verurteilungen ist nicht festzustellen; weder wurden sie als »Wiederholungstäter« aus der Stadt gewiesen, noch verloren sie ihre Zunftzugehörigkeit oder allfällige Ämter. Offensichtlich führte mehrfacher Kontakt mit dem Ratsgericht auch bei schweren Vergehen keineswegs zwangsläufig zu sozialer Desintegration und Marginalisierung« (Burghartz 1989: 394). Ziel des fast ausschließlich mittels Geldbußen sanktionierenden Gerichtes war vielmehr die Wiederherstellung des Friedens und die Reintegration des Täters in die soziale Gemeinschaft. Burghartz kommt deshalb zu dem Schluss, dass für ein Verständnis der Aktivitäten vor dem Zürcher Ratsgericht ein modernes »Devianzmodell« untauglich sei (ebd. 405 f.). Zu vergleichbaren Ergebnissen kommen Studien zu frühneuzeitlichen Dorfgesellschaften (Schmidt 1995: 327 f.; Frank 1995: 217).

Justiznutzung

Lassen sich die bisher genannten Arbeiten zwanglos um den Begriff der »Konfliktregelung« gruppieren, so geht Martin Dinges vor dem Hintergrund seiner Arbeit über Beleidigungsklagen vor den Pariser Polizeikommissaren im 18. Jahrhundert (1994: 177 ff.) einen Schritt weiter. Sein Interesse gilt der Justiznutzung, die als ein zentrales Element des Systems der sozialen Kontrolle in der Frühen Neuzeit konzeptualisiert wird (Dinges 2000). In dieser Perspektive erscheinen die Gerichte als institutionelle Angebote, die den Untertanen zum

Austrag von Streitigkeiten zur Verfügung stehen. Von diesen Angeboten machten die Akteure mehr oder weniger Gebrauch, und die Nutzung geschah in Kombination oder im Wechsel mit anderen, nicht-institutionellen Angeboten des Konfliktaustrages wie gewaltsame Selbsthilfe, Schlichtung oder informelle Einigung mit dem Gegenspieler. Eine saubere Hierarchie von Nutzungen existierte dabei nicht. In den Wortgefechten auf der Straße konnten Justiz und Polizeikommissar als Drohpotential zur Einschüchterung des Gegners instrumentalisiert werden. Ebensogut konnten die Akteure ihre Interessen mit demonstrativer Zurschaustellung von Furchtlosigkeit vor den Vertretern der Obrigkeit zu erreichen suchen. Vom Konzept der Justiznutzung sind wichtige Impulse ausgegangen. Es fügt sich gut in eine größere frühneuzeitliche Forschungsperspektive ein, die das »Aushandeln von Herrschaft« und die »Staatenbildung von unten« zum Thema hat (Holenstein 2009: 22 ff.). Kritische Einwände betreffen mögliche regionale Unterschiede ebenso wie die Rolle des historischen Wandels: Im Zuge der sozialen Polarisierung des 18. Jahrhunderts entwickelten sich etwa die Berner Chorgerichte von einer Konfliktregelungsinstanz zwischen Statusgleichen immer mehr zu einem »Domestikationsinstrument« gegenüber der wachsenden Menge von Landlosen und -armen (Schmidt 1995: 348). Insgesamt verschließen auch die Vertreter einer »Nutzungsperspektive« nicht die Augen vor dem großen Machtgefälle zwischen den Inhabern von institutionalisierter Gerichtsgewalt und ihren Untertanen (vgl. Härter 1999).

Zweigleisiges Strafrecht

Ob Repression und Ausgrenzung oder Konfliktregelung und Integration vorherrschten, darüber entschied nicht die jeweilige Instanz allein. Ebenso wichtig waren zwei andere Faktoren: das Delikt und die Person des Delinquenten. Anzuknüpfen ist hier an die inzwischen klassische Arbeit des Rechtshistorikers Gunter Gudian (1976: 282), der bereits 1976 für das Spätmittelalter aufgrund von mittelrheinischen Quellen die Existenz eines »zweigleisigen« Strafrechts postuliert hat. Selbst Landgerichte wie das der Obergrafschaft Katzenelnbogen, die peinliche Strafen verhängen konnten, hätten sich überwiegend mit mäßigen Geldbußen in einer zwischen den Akteuren ausgehandelten Höhe zufriedengegeben. Das betraf aber vornehmlich »eingesessene« Täter, während »Gewohnheitsverbrecher« mit besonders gefährlicher Gesinnung und fremde Vaganten mit der vollen Härte der Gesetze abgestraft worden seien. Wie ein Echo auf Gudian wirken zwei zentrale, wenige Jahre später erschienene Beiträge aus der angelsächsischen Welt, die ebenfalls die angesprochene Zweigleisigkeit konstatieren. In der von Durkheim beeinflussten Terminologie von Lenman/Parker (1980) liest sich das als Gegensatz zwischen einem punitiven, auf Abschreckung und Vergeltung ausgerichteten Strafziel, das dem »state law« des römischen Rechts zugrunde gelegen hätte, und einem restituiven, auf Entschädigung, Ausgleich und Befriedung orientierten Ziel, das im »community law« des germanischen Rechts zum Tragen gekommen sei. Die Ablösung des zweiten durch das erstere sei ein säkularer, bis in die Neuzeit hineinreichender Prozess gewesen, der lange von einer faktischen Koexistenz beider Systeme gekennzeichnet gewesen sei.

Im Wesentlichen können die neueren deutschsprachigen Forschungen den Befund eines doppelgesichtigen Strafrechts bestätigen, bei dem martialische Repression und pragmatischer Ausgleich sich in unterschiedlichen Mischungsverhältnissen verbinden. Peinlich gestraft wurde in der Regel ein Kern von »harten« Kriminaldelikten wie Mord, Kindsmord, Raub oder Diebstahl; drei Viertel aller Todesurteile in Köln zwischen 1568 und 1617 wurden gegen Diebe und Räuber ausgesprochen (Schwerhoff 1991: 324f.). Die Ausübung von Gewalt dagegen war nicht zwangsläufig ausgrenzend und sozial stigmatisierend (vgl. Kap. 5.1). Mindestens ebenso wichtig wie das Delikt war die Person des Delinquenten. Nicht selten konnten einheimische Diebe und Räuber auf relative Milde hoffen. Gelang es ihnen, genügend »soziales Kapital« zu mobilisieren, zum Beispiel in Form von Fürsprechern, dann konnte eine schwere Strafe nach den Buchstaben des Gesetzes abgewendet werden. Joachim Eibach (2009: 526) formulierte jüngst, während der Frühen Neuzeit sei nicht der soziale Gegensatz von »unten« und »oben« bestimmend gewesen, sondern »der Gegensatz von fremd/mobil versus einheimisch/ansässig« sei »die wichtigste Achse sozialer Ungleichheit vor der Strafjustiz« gewesen. Erst im 18. Jahrhundert seien die einheimischen Unterschichten verstärkt in den Fokus gerückt (vgl. Kap. 5.5).

Wandel von Funktionen

Repression von »oben«, Konfliktregulierung und Justiznutzung sind prinzipielle Funktionsbestimmungen der Justiz, deren Relevanz für jede Epoche zu bestimmen ist. Das Modell der Sozialdisziplinierung ist ja ein Beispiel dafür, wie für eine bestimmte Epoche – nämlich die Frühe Neuzeit – die Dominanz des Repressionsanteils behauptet wird. Auch wenn dieses Modell in seiner reinen Fassung nicht überzeugt, bleibt doch der Befund der Zentralisierung, Professionalisierung und letztlich Verstaatlichung der Justiz im Verlauf dieser Epoche. Ob und wie der Justiznutzung durch die Untertanen, ebenso wie der Instrumentalisierung der Gerichtsbarkeit durch die Herrschaftsträger, dadurch wirklich wesentlich engere Grenzen gesetzt wurden, wäre noch näher zu erforschen (vgl. Krischer 2006: 406 ff.). Eine schlichte »Gegenüberstellung von herrschaftlichen Interessen einerseits und den Interessen der Konfliktparteien andererseits« dürfte wohl zu kurz greifen (Ludwig 2008: 274).

Bei der Analyse des Wandels sollten überdies sozioökonomische Entwicklungen und Interessenlagen stärker systematisch berücksichtigt werden, als es häufig in der Gegenüberstellung von »Staat« und »Untertanen« bzw. »Gesellschaft« geschieht. So geht Michael Frank in seiner Mikrostudie über die Kriminalität im lippischen Dorf Heiden durchaus von einem bipolaren Modell aus: Orientiert an der Arbeit von Keith Wrightson über »two concepts of order«, stellt er neben das obrigkeitliche ein lokales Ordnungsmodell, das sich nicht über geschriebene Normen, sondern über informelle, jedoch ebenso wirksame Regeln der Dorfgemeinde konstituierte. Die beiden Ordnungskonzepte konnten in vielen Fragen übereinstimmen, etwa in Fragen der Eigentumsnormen und des Ehrkodex, während es in der Bewertung von Gewalt als Konfliktlösungsmittel oder beim Alkoholkonsum deutliche Unterschiede gab (Frank 1995: 347 f.). Die Bemühungen der lippischen Obrigkeit zur Umsetzung ihrer zahlreichen Verordnungen und damit zur Durchsetzung ihrer Normen waren nicht von durchschlagendem Erfolg gekrönt; während des gesamten Untersuchungszeitraums blieben die Selbstregulierungskräfte des Dorfes prinzipiell erhalten. Aber dieses Dorf wird eben weder als eine homogene noch als eine unwandelbare soziale Einheit gedacht. Indem die Sozialstruktur des

Dorfes beschrieben und die sozioökonomischen Wandlungsfaktoren aufgezeigt werden, gewinnen sozialgeschichtliche Faktoren Erklärungskraft. Im 18. Jahrhundert, so der Befund, kam es zu einer zunehmenden sozialen Differenzierung, zu einem Anwachsen der dörflichen Unterschichten und zu einer Verschärfung der inneren Konfliktpotentiale. Das lokale Ordnungssystem erwies sich partiell als überfordert. Insbesondere die grundbesitzlosen »Straßenkötter« waren mit den herkömmlichen Mitteln der sozialen Kontrolle nicht mehr zu erfassen. Das schuf ein Einfallstor für formalisierte Formen der Kontrolle und damit für die Gerichte. Die dörfliche Oberschicht sah eine Gefahr im Anwachsen der landlosen, hochmobilen Unterschichten und suchte ihr Heil beim staatlichen Ordnungssystem. Erst diese »Krise der bäuerlichen Welt« habe einen »Markstein im Prozess der inneren Staatswerdung« gesetzt (ebd. 352). Es ist wenig verwunderlich, dass sich auch für spätere Epochen die soziale Instrumentalisierung von Institutionen der Kriminalitätsbekämpfung nachweisen lässt. Auf manifeste Klasseninteressen der Ruhrbarone mit ihrer rabiaten »Herr im Haus« – Politik verweist zum Beispiel im 19. Jahrhundert die Entstehung von Zechengendarmen, voll berechtigten Polizeibeamten, die aus der Unternehmenskasse bezahlt wurden, oder von Zechenschutzwehren. Obwohl diese Formen polizeilicher bzw. proto-polizeilicher Arbeit das staatliche Gewaltmonopol einschränkten, können sie als Modernisierungsphänomen begriffen werden, da sie die Entwicklung eines polizeilichen Kontrollapparates vorantrieben. Freilich blieb dieses institutionelle »Macht- und Interessenkartell von Kapital und Staat« ein »wenig zukunftsträchtiger Notbehelf« (Jessen 1991: 284).

5. Kriminalität und Gesellschaft

Die historische Kriminalitätsforschung will Delinquenz und abweichendes Verhalten als Sonden benutzen, um gesellschaftliche Problemlagen und Wandlungsprozesse in der Vergangenheit zu erforschen. Die Ermittlung von Kriminalitätsraten und ihre Nutzung als Indikator für gesamtgesellschaftliche Zustände sind dabei nur begrenzt hilfreich. Übergreifende Kriminalitätsstatistiken existieren erst seit dem 19. Jahrhundert, ihre Konstruktion und Interpretation war von Beginn an mit methodischen Problemen verbunden und von politischen Interessen und ideologischen Wahrnehmungsbeschränkungen geprägt (vgl. Kap. 3). In der Regel erfolgt die historische Analyse über einzelne Delikte bzw. Deliktfelder, die in verschiedene gesellschaftliche Problemlagen hineinführen.

5.1 Gewaltkriminalität

Kaum irgendwo wird die Selektivität eines Deliktfeldes so offenbar wie im Fall der Gewaltdelikte. Ein großer Teil von historischen Gewaltphänomenen ist den Blicken der historischen Kriminalitätsforschung dadurch entzogen, dass es sich nicht um kriminalisierte Formen der Gewaltausübung handelt (vgl. für die Frühe Neuzeit Ruff 2001; Ulbrich u. a. 2005). Gewaltausübung der Obrigkeit wird meist als Herrschafts- bzw. Rechtsmittel behandelt, wie es etwa bei den Körper- und Leibesstrafen ganz selbstverständlich geschieht (vgl. Kap. 4.3). Unrechte Gewaltausübung durch Herrschaftsträger wie Völkermord oder rassistische Vernichtungspolitik kommt nur allmählich in den Blick der Kriminalitätsgeschichte (vgl. Kap. 5.4). Das Paradebeispiel für nicht kriminalisierte Gewaltausübung war (und ist) die Kriegsgewalt; immerhin kann man untersuchen, inwiefern das Kriegspersonal, sprich das Militär, in ihren Konflikten mit der Zivilbevölkerung nicht nur einzelne Gewalttaten beging, sondern geradezu von einem kriegsbedingten Gewalthabitus geprägt war (Lorenz 2007). Außerdem ist die Grenze zwischen legitimer Kriegsgewalt und illegitimer Gewaltausübung historisch variabel, wie der Prozess der Kriminalisierung der Fehde am Ausgang des Mittelalters (Andermann 1997) ebenso zeigt wie heutige Debatten über diese Grenzziehung (vgl. Nowosadtko 2005).

Aber auch im großen Feld kriminalisierter Verhaltensweisen ist keineswegs eindeutig, welche Delikte als Gewaltdelinquenz abgehandelt werden. So lassen sich etwa Eigentums- und Gewaltkriminalität nur idealtypisch unterscheiden; in der modernen Kriminologie werden Raub und Erpressung, die unmittelbar auf die Wegnahme fremden Eigentums zielen, mittelbar jedoch einen schweren Eingriff in die physische Integrität einer Person beinhalten können, unter »Gewaltkriminalität« verbucht (Kürzinger, Art. Gewaltkriminalität, in KKW), weil entsprechend der modernen Sensibilitäten gegenüber der Gewaltausübung dieser Aspekt dominiert. Für die Zeitgenossen der Frühen Neuzeit war dagegen eindeutig, dass es sich in erster Linie um ein Eigentumsvergehen handelt. Und auch für die meisten Frageansätze der historischen Kriminalitätsforschung wird es sinnvoll sein, die Vergehen in diesem Kontext zu diskutieren. Umgekehrt ist heute der Suizid kein Kriminaldelikt mehr, während er in der Frühen Neuzeit – schon begrifflich als Selbst»mord« etikettiert – als sündige Gewalttat kriminalisiert wurde, indem die Leichen der Suizidenten unehrenhaft bestattet wurden (Lind 1999). Versucht man gegen diese zahlreichen Abgrenzungsprobleme an den Rändern den Kern dessen zu bestimmen, was unter der Kategorie Gewaltdelinquenz in der Forschung verhandelt wird, dann kommt man schnell auf die affektive Gewaltausübung im öffentlichen Raum, um die es im Folgenden zunächst gehen soll. Dabei soll unter Gewalt zunächst ganz schlicht die »Verletzung der physischen Integrität« verstanden werden, auch wenn dies in der Forschung immer wieder problematisiert und wenn im weiteren Verlauf der Darstellung die Problematik einer solchen Einschränkung deutlich werden wird (vgl. Lorenz 2007:13 ff.; Loetz 2009: 562 ff.).

Gewaltdelikte quantifizieren

Auf der Basis einer ganzen Reihe von Fallstudien sind die Umrisse einer langfristigen historischen Entwicklung der Gewaltdelinquenz nachgezeichnet worden. Danach dominiert in den *ex post* konstruierten Kriminalstatistiken des späten Mittelalters die Gewalt relativ unangefochten. So sind allein im Regensburger Wundenbuch für das Vierteljahrhundert von ca. 1325 bis 1350 602 Verwundungen, 103 Morde und Totschläge, 73 Lähmungen sowie 37 Hausfriedensbrüche verzeichnet (Kolmer 1997: 276) (vgl. Quelle Nr. 2 unter *www.historische-einfuehrungen.de*). Im Verlauf der Frühen Neuzeit scheinen die Gewaltdelikte dann rückläufig zu sein. Die folgende Tabelle macht diesen Befund sinnfällig, wobei die Eigentumsdelinquenz als Vergleichsgröße dient (die Rolle der Verbaldelikte wird unten näher zu diskutieren sein):

Spätestens seit dem 17. Jahrhundert überflügelt in den Statistiken die Eigentumsdelinquenz die »Vergehen gegen Personen«. In Frankfurt am Main lässt sich eine Verschiebung des Verhältnisses zwischen beiden Kategorien während des 18. Jahrhunderts beobachten: Lag das prozentuale Verhältnis zwischen Gewalt- und Eigentumsdelinquenz in den zwei Jahrfünften 1721–5 bzw. 1741–5 noch bei ca. 1:3, sank es den drei Jahrfünften 1761–5, 1781–5 und 1801–5 auf 1:4.

De la violence au vol?

Befunde wie die hier referierten haben schon vor einigen Jahrzehnten zum Versuch geführt, ein historisches Entwicklungsmodell über den Zusammenhang zwischen Gewalt- und Eigentumskriminalität zu entwerfen. Am Anfang dieser Forschungstradition stand eine Regionalstudie über die Normandie von Bernadette Boutelet (1962), die je 44 Kriminalfälle in der Baillage Pont-de-l'Arche zwischen 1547 und 1646 bzw. 1769 und 1789 untersuchte. Es war ihr akademischer Lehrer Pierre Chaunu, der in einem kurzen Vorwort mit einiger Emphase den seiner Meinung nach fundamentalen Wandel »de la violence au vol« skizzierte, der zwischen den beiden Untersuchungsphasen stattgefunden habe. Die Gewalttäter des

Tabelle 2: Verhältnis von Gewalt- und Eigentumsdelinquenz in ausgewählten Gebieten (in Prozent)

Region	Zeit	Gewalt	Davon Worte	Eigentum
Zürich (Rat)	1376–1385	55	18	15
Basel (Rat)	1376–1445	54,4		8,6
Konstanz (Rat)	1430–1460	54,3	20,6	8,7
Nürnberg (Rat)	1432–1434	64	11	/
Görlitz (Rat)	1447–1480	75		?
Köln (Rat)	1568–1612 (Stichproben)	28,1	3,6	22,4
Heiden, Grafschaft Lippe (Niedergericht)	1680–1795	22,2	10,3	10,9
Frankfurt am Main (Rat)	1721–1805 (Stichproben)	28,2		47,9
Kurfürstentum Mainz	18. Jahrhundert	20	1	30
Rentamt München, Herzogtum Baiern	1 Hälfte 17. Jahrhundert	20,4		25,5
Rentamt München, Herzogtum Baiern	1 Hälfte 18. Jahrhundert	18		52
Landschaft Klettgau, Baden	1605–1612	59,8	45,5	13,5
Landschaft Klettgau, Baden	1796–1803	11,8		59,5

Tabelle nach Schwerhoff (2007: 1052) auf der Grundlage von Burghartz (1990:395); Simon-Muscheid (1991:30f); Schuster (2000: 77f.); Henselmeyer (2002: 74); Behrisch (2005: 253); Schwerhoff (1991: 447); Frank (1995: 241); Eibach (2003: 101); Härter (2005: 546); Behringer (1990: 129 f.); Wettmann-Jungblut (1990: 143)

16. und 17. Jahrhunderts seien von den durchtriebenen und hinterlistigen Gaunern des 18. Jahrhunderts abgelöst worden. Trotz der sehr schmalen Quellengrundlage war damit ein neues und suggestives Paradigma der historischen Kriminalitätsforschung aus der Taufe

gehoben: die »violence-to-theft«-These, nach der – parallel zum Umbruch von der Feudal- zur modernen Industriegesellschaft – die Eigentumskriminalität die Gewaltdelinquenz abgelöst habe. Der Endpunkt dieser Entwicklung in der Gegenwartsgesellschaft ist unbestritten. In der Kriminalstatistik der Bundesrepublik Deutschland dominieren zu zwei Dritteln die Eigentumsdelikte, während die Gewalttaten – gleich, welche Kategorien man hier im Einzelnen heranzieht – lediglich wenige Prozentpunkte ausmachen (G. Kaiser, Art. »Kriminalität«, in KKW). Diesen – vorläufigen – Endpunkt als Ergebnis eines relativ gleichmäßig verlaufenen historischen Prozesses zu verstehen, ist jedoch problematisch. Trotz einzelner Versuche, die skizzierte These historisch zu verifizieren (Johansen/Stevensborg 1986), ist sie zunehmend skeptisch beurteilt worden, wobei insbesondere die mechanisch gedachte Verbindung zwischen Gewalt- und Eigentumsdelinquenz in die Kritik geraten ist (Rousseaux 1992: 143).

Diese Kritik lässt sich sowohl empirisch wie theoretisch begründen. Die vorliegenden Datenreihen über die Kriminalitätsentwicklung sowohl in der Frühen Neuzeit als auch im 19. Jahrhundert stützen die »violence-to-theft«-These nicht (Blasius 1978: 50 f., Johnson 1995: 109 ff.; Wettmann-Jungblut 1997). Als ein Ergebnis der kritischen Debatten lässt sich festhalten, dass die quantitative Verteilung der beiden großen Deliktgruppen sehr entscheidend davon abhängt, welche Gerichtsinstanzen die jeweilige Statistik »produzieren«. Unter den peinlich gestraften Delikten stellen Eigentumsvergehen bereits in der Vormoderne die größte Gruppe: Für Bayern, so diagnostiziert Behringer (1990: 126), nehmen sie im 16., 17. wie im 18. Jahrhundert unter den mit Todesstrafen sanktionierten Vergehen einen Anteil von ungefähr zwei Dritteln ein. Dabei besitzt die Quantität hier durchaus Indikatorfunktion für die zeitgenössische Bewertung dieser Form von Kriminalität. Gerade der heimliche Diebstahl darf seit dem späten Mittelalter als *das* Verbrechen par excellence gelten, das sowohl gesellschaftlich als auch rechtlich mit ausgrenzenden Maßnahmen geahndet wurde. Hier stoßen wir auf ein konzeptionelles Problem der *violence-to-theft*-These: Implizit schließt sie von der Quantität verletzter Rechtsgüter auf deren Qualität und postuliert eine Zunahme der Bedeutung von Eigentum im Zeitalter der bürgerlichen Gesellschaft. Im Gegenteil dazu zeigt weniger die Zahl als die entschlossene Sanktionierung der Eigentumskriminalität in der Vormoderne, welch hoher Wert Sachgütern gerade in einem Zeitalter begrenzter Ressourcen zukam. Problematische und bei näherem Hinsehen unhaltbare Implikationen wie die soeben erwähnte sind charakteristisch für die *violence-to-theft*-These, ebenso wie für manch andere modernisierungstheoretische Grosserzählung (Thome 1992:217).

Zivilisierung der Gewalt?

Wenn damit auch die Vorstellung einer engen Kopplung von Gewalt- und Eigentumskriminalität im historischen Prozess als widerlegt gelten darf, so ist die Idee eines allmählichen Rückgangs der Gewaltdelinquenz damit noch nicht vom Tisch. Zur empirischen Überprüfung wird meist auf ein einziges Delikt abgestellt, nämlich die Tötung. Totschläge und Morde, so der Leitgedanke, sind in der Gegenwart Delikte mit einer vergleichsweise niedrigen Dunkelziffer und werden auch in der Vergangenheit deshalb mit hoher Wahrscheinlichkeit in den Gerichtsakten auftauchen. Setzt man die gezählten Tötungsfälle ins Verhältnis zu den jeweiligen Einwohnerzahlen, dann erhält man einen Indikator für Gewaltsamkeit. Mit der Totschlagrate (»homicide rate«) wird in der gegenwartsbezogenen Kriminologie die jährliche Anzahl von Todesfällen aufgrund von physischer Gewalt, bezogen auf eine Bevölkerung von 100.000 Köpfen, bezeichnet. Mit Hilfe dieses Indikators hoffen viele Forscher, den Grad der Gewaltsamkeit in einer gegebenen Gesellschaft einigermaßen präzise »messen« zu können. So hat der Schweizer Soziologe Manuel Eisner in einer Sekundäranalyse aus 60 Forschungsarbeiten 290 Schätzwerte über Totschlagraten im vorstatistischen Zeitalter herausdestilliert (Eisner 2001). Die interpersonale physische Gewalt, so das Ergebnis, habe seit dem Mittelalter bis in die jüngste Vergangenheit hinein abgenommen. Für das 14. und 15. Jahrhundert ragen Totschlagraten von bis zu 110 (Oxford) bzw. 68 (Florenz) heraus, als Durchschnitt gelten Raten von 20–30. Um 1960 dagegen lag die Tötungsrate in der westlichen Welt unter 1, um dann allerdings wieder deutlich zu steigen – eine Tatsache, die hier nicht weiter problematisiert werden kann (vgl. Thome 2004). Eine langfristige Abnahme der Tötungsrate hatte seit längerem bereits Spierenburg

(2001, 2008; vgl. Johnson/Monkkonen 1996) propagiert und damit die These verknüpft, es habe sich um eine »Civilisation of Crime« gehandelt. Damit wurden die kriminalitätshistorischen Befunde in den größeren Zusammenhang jenes »Prozesses der Zivilisation« gestellt, der 1936 in der bahnbrechenden Studie des Soziologen Norbert Elias analysiert worden war.

Quantifizierende Zugänge zur Geschichte der Gewaltkriminalität wie der eben skizzierte dominieren international weiterhin. Ein großes kooperatives Datenbankprojekt wie die internetgestützte »Historical Violence Database« (Roth u. a. 2008) verspricht, die akkurate Quellengrundlage für eine Geschichte der Gewalt bereitzustellen. Dagegen sind in der deutschen Forschung – sowohl auf der empirischen wie auf der konzeptuellen Ebene – Vorbehalte gegen die These einer Zivilisierung der Gewalt formuliert worden (Schwerhoff 2002; 2007: 1055 ff.). Sie betreffen einmal mehr die fragilen Zahlen, die fragwürdige Standardisierung bzw. Hochrechnung von Totschlägen auf je 100.000 Einwohner oder auch Variablen wie die Verbesserung der medizinischen Notfallversorgung oder die Einführung von Schusswaffen, die mit den menschlichen Affekten wenig zu tun haben. Kritisiert werden auf der anderen Seite auch Schwächen der Zivilisationstheorie selbst sowie der manchmal fragwürdige Theoriegebrauch in der Geschichtswissenschaft. Im Übrigen zeichnet auch eine quantifizierende Arbeit wie Roths (2009) Studie über *American Homicide* von der Kolonialzeit bis heute keineswegs das Bild einer geradlinigen Modernisierung; danach ist der Aufstieg der USA in der Mordstatistik kein Ausdruck von traditionalen Überhängen, sondern gerade von spezifischen Modernisierungsprozessen. So bleibt die Hypothese eines langfristigen Rückgangs der Gewaltsamkeit problematisch; auf der Basis von Kriminalquellen ist sie jedenfalls kaum zu verifizieren. Empirisch hinreichend belegt scheint immerhin ein Wandel im 17. und 18. Jahrhundert. Studien für die englische Grafschaft Kent (Cockburn 1991: 78) und für die Stadt Amsterdam zeigen vor allem einen Rückgang der Gewaltdelikte um 1750. Erhärtet werden diese Beobachtungen durch deutsche Forschungen in Frankfurt am Main sowie Köln (Eibach 2003: 102 f.; Schwerhoff 2007).

Am 29. Januar 1569 rechtfertigt sich vor den Kölner Untersuchungsbeamten der Fuhrmann Contz von Bonn auf die Anklage Meister Heinrich Büchsenmachers, ihn nachts angegriffen und verwundet zu haben. Sagend, dass er [...] des Abends ungefähr um die neunte Stunde nach Hause gehen wollte, und als nun er, Contz, an die Neckelskaule [eine Kölner Straße] vor das Haus seines Nachbarn gegenüber seiner Behausung gekommen sei, da habe er Henrich Büssenmecher samt seiner Hausfrau gesehen, und weil er, Contz, besagtem Henrich gegenüber nichts anderes als nachbarschaftliche Freundschaft empfand, so hab er ihm guten Abend gewünscht. *Darauf habe ihn Henrich unflätig beschimpft,* dass ich meines Vaters Werk tun und meine Mutter lieb haben sollte, und was hastu mit mir zutun, und damit war er noch nicht befriedigt gewesen, sondern lästerte dabei gar schändlich Gott und führte Gottes Leiden und Wunden schrecklich in seinem Munde. [...] Darauf hat Henrichs Hausfrau gesprochen, Nachbar Contz, gehet hinweg, mein Hauswirt ist trunken, und habe also ihn, Contz, an seinem Arm genommen und ihn weg zu führen versucht. Als nun seine, Contzen, Hausfrau das hörte, ist dieselbe aus ihrer Behausung gekommen, und habe zu Henrichs Hausfrau gesprochen: , Was müsst ihr meinen Mann leiten, er kann noch wohl selber gehen. Unterdessen sei Henrich hinter ihm, Contzen, hergekommen, habe seinen Mantel um seinen Arm gewickelt und ein bloßes Brotmesser in seiner Hand gehabt; er sei ihm Contzen, nachgefolgt, und habe stracks einen Stich nach dem anderen nach ihm getan. *Es folgte ein Handgemenge, bei dem allerdings niemand ernsthaft verletzt wurde.*

Historisches Archiv der Stadt Köln, Verf. & Verw. G 211, 189rf. in moderner Übertragung

Kulturgeschichte der Gewalt

Um derartige Wandlungsprozesse interpretieren zu können, reicht eine rein quantifizierende Herangehensweise allerdings nicht aus. Notwendig ist vielmehr eine mikrohistorische (»dichte«) Beschreibung der in den Gerichtsquellen hervortretenden Gewalt als Teil einer alteuropäischen Konflikt- und Streitkultur; die Interpretation ihrer »Spielregeln« und ihrer Funktionen verspricht ein tieferes Verständnis der Gewaltmechanismen. Auf diesem Weg hat die Forschung ein idealtypisches Bild der »Streitkultur« (Eriksson / Krug-Richter 2003) in vormodernen Gesellschaften gezeichnet (Schwerhoff 2004). Charakteristisch für diese männlich geprägte Streitkultur ist häufig ein stark ritualisierter Eskalationsprozess, der mit verbalen Auseinandersetzungen beginnen und mit einem Todschlag enden kann. Dabei existierte zwar kein festgelegtes

Drehbuch für den Ablauf eines Konfliktes, aber es gab ein variables Set von »Verhaltensbausteinen« und eine von den meisten Akteuren geteilte Handlungslogik. Rainer Walz hat dafür den Begriff der »agonalen Kommunikation« geprägt (Walz 1992). Kennzeichen dieser Kommunikationsform seien das ständige Abtasten von Handlungen und Äußerungen Anderer auf potentiell ehrmindernde Aspekte und ein Zwang zur Reaktion, wollte man sein Gesicht nicht verlieren (vgl. Fuchs 1999: 56). Eine Reaktionsform konnte die »Retorsion« sein, gleichsam das Zurückzahlen eines Vorwurfs oder einer Drohung mit gleicher Münze. Nahe lag aber auch eine Überbietungshandlung, um den Konflikt für sich zu entscheiden. Als 1435 Heinz Knebel dem Zehntgrafen von Groß-Gerau klagte, Peter Funckens Tochter habe ihm seinen Weizen abgeschnitten, konterte Peter mit der öffentlichen Injurie, Heinz lüge wie ein Dieb. Dieser gab den Vorwurf an Peter zurück und überbot ihn doppelt: Dass Peter ein Dieb sei, wisse das ganze Land wohl, das heißt, diese Tatsache sei gerichtsnotorisch. Und er fügte hinzu, man sollte schon lange »myt sin beyn bern geworfen« haben, was etwa so viel heißen mag wie: man hätte schon längst mit seinen Knochen die Erde düngen sollen, oder noch freier übersetzt: Peter gehöre schon längst an den Galgen (Quelle Nr. 6 unter *www.historische-einfuehrungen.de*; vgl. Krischer 2002)!

Zum wichtigsten Inventar agonaler Kommunikation gehörte im Spätmittelalter und in der Frühen Neuzeit (zuletzt Haack 2008: 44 ff.) ein breites, fast kanonisches Set von Schimpf- und Scheltworten sowie Drohungen: »Dieb« (gegen Männer) oder »Hure« (gegen Frauen) finden sich in erstaunlichem Gleichmaß. Dabei wurden die Injurien trotz aller Stereotypisierung extrem kontextabhängig benutzt und waren, wie Barbara Krug-Richter betont hat, damit durchaus flexibel anwendbar (Krug-Richter in Eriksson/dies. 2003: 269 ff.). Steigerungsformen waren Drohungen oder das provozierende Herausfordern aus dem Haus. »Bist Du ein Klausner, dass Du Dich nicht traust, herauszukommen«, so schmähten 1382 Mutter und Sohn ihren Gegner Johann Swamendinger in Zürich (vgl. Quelle Nr. 3 unter *www.historische-einfuehrungen.de*).

An der Grenze zur manifesten physischen Gewalt war das sog. Messerzücken angesiedelt (Schuster 2000: 86 ff.). Quellen aus der Praxis belegen, wie häufig dieses Verhalten separat abgestraft wurde; in den Nürnberger Rechnungsbüchern ist das Messerzücken das prototypische Massendelikt (vgl. Quelle Nr. 7 und Text Nr. 2 unter *www.historische-einfuehrungen.de*). Offenbar markierte es einen bestimmten Punkt der Auseinandersetzung, an dem durchaus Deeskalation möglich war – sonst wäre nicht das Drohen mit dem Messer, sondern sein Einsatz sanktioniert worden. So konnten Dritte in den Streit intervenieren und die Streithähne trennen; wahrscheinlich bildete das Messerzücken auch ohne diesen Eingriff von außen einen Punkt, der einen beidseitigen »Ausstieg« aus dem drohenden Konflikt ohne Gesichtsverlust möglich machte. Ritualisierung konnte so nicht nur der Gewalteskalation Vorschub leisten, sondern auch der Gewaltverhinderung dienen (Loetz 2000).

Kritische Einwände

Chancen und Grenzen einer Kulturgeschichte der Gewalt werden sichtbar, wenn man einige kontrovers diskutierte Aspekte Revue passieren lässt, ohne die Streitfragen allerdings hier entscheiden zu können (vgl. eingehender Schwerhoff 2007: 1041 ff.). Erstens ist kritisch nachgefragt worden, inwieweit kulturgeschichtliche Deutungen der Gewalt nicht ein Phänomen rationalisieren, also nachträglich mit Sinn aufladen, das schlechterdings irrational war und im menschlichen Aggressionstrieb wurzelt. So schildert Eva Lacour einen großen Teil der von ihr analysierten Gewalttaten als impulsiv und affektbedingt. Von einer gestuften Eskalation könne hier vielfach kaum die Rede sein, Fäuste und Messer seien schnell und unkontrolliert zum Einsatz gekommen (Lacour 2000:174 ff.). Dazu passt ein zweiter Einwand, der die Bedeutung des Alkohols betont – der enthemmende Rausch scheint Gewalt auf »natürliche« Weise zu erklären und sinnhafte Deutungen überflüssig zu machen. Allerdings unterliegt auch Alkoholkonsum sozialen Regeln; Bier, Wein oder Branntwein mag sicher die Rolle eines Katalysators zugekommen sein und sie mögen Gewaltsamkeit gefördert haben, ohne dass sie deshalb als Hauptursache gelten müssen (vgl. Wettmann-Jungblut in Eriksson/Krug-Richter 2003: 17 ff.). Schließlich kann drittens die Einbeziehung von Injurien und Drohungen als verbale Gewalt problematisiert werden (Lacour 2000: 89, 171 ff.). Natürlich gibt es gute Gründe für eine Engführung des

Gewaltbegriffs auf die Sphäre physischer Verletzung. Aber zumindest in der Frühen Neuzeit kannte die Rechtswissenschaft die Kategorie der »iniuria realis« (Fuchs 1999: 139 ff.), worunter auch äußerst brutale Akte physischer Gewaltsamkeit verstanden wurden. Dieser Tatbestand verweist darauf, dass die Rede von der »verbalen Gewalt« offenbar der Sichtweise der zeitgenössischen Akteure entspricht, nach der Injurien ihre Ehre verletzten, die mindestens ebenso wichtig war wie die körperliche Integrität, ja die vielleicht sogar ein Bestandteil dieser körperlichen Integrität war: Bildlich gesprochen, könnte man diese Ehre geradezu als eine »zweite Haut« verstehen, die ebenso gegen gewaltsame Angriffe geschützt werden musste wie die körperliche Haut.

Konfliktaustrag

Gewalt, so eine mögliche Zwischenbilanz, erfolgte oft nicht völlig ziellos und ungerichtet, kann aber auch nicht lediglich als ein rational eingesetztes Instrument verstanden werden, um materielle Güter zu erlangen oder sexuelle Beziehungen zu erpressen. Insofern lassen sich diese Gewaltphänomene am besten als Ergebnis von Konflikten verstehen (zuletzt Behrisch 2005: 109 ff.). Allerdings wird genaue Verknüpfung von Gewalt und Konflikt, so Behrisch kritisch, in der Forschung in ihrer Vielschichtigkeit oft nicht hinreichend gewürdigt. So sei die Rede von der Gewalt als »Konfliktlösung« leichtfertig, und auch ihre Interpretation als eine Erscheinungsform sozialer Kontrolle (Schwerhoff 2004) sei verkürzend. Vielmehr müsse Gewalt als ein Mittel der Austragung von Konflikten verstanden werden, dem man andere Mittel – etwa Verhandlungen, Schlichtungen oder Gerichtsprozesse – zur Seite stellen könne. Weiterhin kann Gewalt jedoch auch die Ursache von Konflikten darstellen, insofern sich zum Beispiel ein verbaler Schlagabtausch auch situativ entwickelt und zu tiefgreifenden und dann auch gewaltsam ausgetragenen Streitigkeiten führen kann. Beides schließt sich insofern nicht aus, als gewaltsame Auseinandersetzungen ältere Konflikte aktualisieren und vertiefen konnten. Unsere Quellen informieren uns allerdings oft nicht oder nur unzureichend über den »wirklichen«, latenten Hintergrund dieser Auseinandersetzung. Wenn wir uns also auch auf das Geschehen auf der Bühne konzentrieren (müssen) und seine Spielregeln zu ergründen trachten, dürfen wir nie außer Betracht lassen, dass wir Vorgeschichte und Umstände, gleichsam die Hinterbühne, nur unzureichend kennen.

Ehre

Vor diesem Hintergrund ist auch die vielzitierte Bedeutung der Ehre nicht unumstritten, die in vielfachen Variationen als »Herz« der vormodernen Gewalt (Gauvard 1991: 705) bzw. der agonalen Kommunikation (Walz 1992) dingfest gemacht worden ist (klassisch Dinges 1994; vgl. Schwerhoff 1991: 312 ff.). Aber sitzen wir nicht einer Täuschung auf, wenn wir überall Ehrstreitigkeiten am Werk sehen? Gehen wir damit nicht jenen schlauen Zeitgenossen auf den Leim, die ihre eigentlichen, oft sehr profan-materiellen Motive zu verdecken trachteten (Claudia Ulbrich in Ulbricht 1995: 284)? Müssten wir nicht einem relativ schmalen Segment von Ehrkonflikten viele andere Konflikttypen (etwa um Eigentum oder um Vergeltung) an die Seite stellen (Lacour 2000, 2001)? Dem lässt sich entgegenhalten, dass die Bedeutung der Ehrsemantik gleichsam auf einer anderen Ebene liegt als die Konfliktursachen und -anlässe. Die Ehre stellte eine Semantik bereit, die geeignet war, Hinweise auf materielle Interessen zu verdecken. Wer von Ehre sprach, der konnte mit Hilfe dieses Codes jeden Interessenkonflikt auf die Ebene eines fundamentaleren Wertkonfliktes transformieren (Dinges 1994: 414). Anders gesagt: Egal, um was es nach modernem Verständnis »eigentlich« ging, steht bei den gewaltsam ausgetragenen Konflikten auf den vormodernen Straßen nach der sozialen Logik der Akteure (auch) immer die Ehre zur Disposition. Der drohende Verlust bzw. die Verteidigung der Ehre bildet insofern den Motor der Gewalt. Das genaue Verhältnis zwischen Sachkonflikt und Ehrkonflikt kann dabei kaum je im Einzelfall genauer bestimmt werden. Häufig aber wird beobachtet, dass die Streitigkeiten, »die bei der Austragung von Sachkonflikten entstanden, größeres Gewicht bekamen als diese selbst« (Walz 1992: 221).

Milde Bestrafung?

Seit dem frühen Mittelalter wurde die Tötung als schweres Vergehen gewertet, das nicht nur mit dem archaischen Mittel der Blutrache durch die Angehörigen des Opfers, sondern prinzipiell auch durch die richterlich verhängte Todesstrafe sanktioniert werden konnten. Das gilt insbesondere für vorsätzlichen Mord. In der Praxis dominierten jedoch die Kompensation durch eine Geldzahlung (Wergeld) oder andere »Verhandlungslösungen«, die auf einen gütlichen Ausgleich zwischen den Parteien zielten (vgl. Quelle Nr. 2 unter *www.historische-einfuehrungen.de*). Die zahlreichen Sühneverträge zwischen Tätern und den Angehörigen des Opfers zielten darauf, durch ein komplexes System von Seelenmessen, Wallfahrten, Sühnekreuzen und Bußhandlungen einen Ausgleich zwischen den Parteien zu erbringen; dabei wurde zugleich dem Seelenheil des Getöteten wie dem des Täters Rechnung getragen (Battenberg 1998). Der vergleichsweise milde Umgang mit Tötungsdelikten im Mittelalter ist Ausdruck einer grundlegenden Ambivalenz gegenüber Gewaltphänomenen in dieser Zeit. Einerseits war der »Frieden« und damit die Abwesenheit der Gewalt einer der wichtigsten Grundwerte von Dorfgemeinden und Städten (vgl. Eibach in Ulbrich u. a. 2005, 190 ff.). Statuten und Eide machten den Gemeindemitgliedern den Verzicht auf gewaltsame Selbsthilfe zur Auflage, verwiesen sie im Konfliktfall auf den Rechtsweg und definierten so Gewalt als abweichendes Verhalten. Notorische und offensichtlich nicht mehr zu kontrollierende Gewalttäter wie der Berliner Geselle Ekhard Maler mussten sogar fürchten, ihr Leben unter dem Henkersbeil zu beenden (vgl. Quelle Nr. 4 unter *www.historische-einfuehrungen.de*).

Auf der anderen Seite existierten offenbar informelle Spielregeln der Lebenswelt, die die beschriebene affektive und öffentliche Gewalt in bestimmten Situationen geradezu zu einer sozialen Verpflichtung machten. Dieses Spannungsverhältnis zwischen rechtlichen Normen und gesellschaftlichem Ehrcode hat bereits Susanna Burghartz in ihrer Pionierstudie zu Zürich konzeptuell zu fassen versucht, indem sie die vom Gericht auferlegte Bußzahlung als Ausgleichshandlung interpretierte, mit der eine Balance zwischen gewalterzwingendem Ehrcodex und gewaltverhindernder öffentlicher Ordnung (wieder) hergestellt wurde. Gerichtliches Handeln zielte hier nicht auf Ausgrenzung, sondern auf Reintegration der Täter in die städtische Gemeinschaft (Burghartz 1990: 200). Auch wenn gegen die Vorstellung zweier gleichrangig konkurrierender Normsysteme bedenkenswerte Einwände erhoben worden sind (Behrisch 2005: 174 ff.), scheint der Befund einer nur partiellen Kriminalisierung von Gewalt im Mittelalter unstrittig.

Kriminalisierung von Gewalt

Das änderte sich grundlegend in der Zeit zwischen dem 13./14. und dem 18. Jahrhundert (Rousseaux in Willeweit 1999). Mit der Monopolisierung der physischen Gewalt beim frühmodernen Staat gingen eine Kriminalisierung der Gewaltdelikte und eine Verschärfung von strafrechtlichen Sanktionen (»Pönalisierung«) einher. Markstein dieser Entwicklung im Reich war Art. 137 der Carolina: Hier wurden Mörder und Totschläger ohne »gnugsam entschuldigung« in einem Atemzug genannt. In Gesetzestexten und im juristischen Schrifttum wurde die gewaltsame Tötung immer weniger als ein unglücklicher Zufall und immer mehr als schlimmes Verbrechen dargestellt, dessen Ahndung Sache der Gerichte sein müsse und nicht einer Aushandlung der betreffenden Parteien überlassen werden dürfe. Normativ lässt sich die Kriminalisierung und Pönalisierung eindrucksvoll im Vergleich mit der Eigentumskriminalität herausarbeiten. Waren es früher zu einem hohen Prozentsatz Diebe, die ihr Leben auf dem Schafott lassen mussten, so konzentrierten sich die Todesstrafen im Zuge der aufklärerischen Strafrechtsreformen immer mehr auf schwere Gewaltverbrechen. In Preußen schaffte Friedrich II. schon 1743 die Drohung mit der Todesstrafe für Diebstahl ab und ersetzte sie durch Haftstrafen. Nach dem »Allgemeinen Preußischen Landrecht« von 1794 wurden neben Landesverrat lediglich noch Tötungsdelikte mit der Todesstrafe bedroht.

Was sich auf der Ebene der Normen und der Strafphilosophie in einen großen Modernisierungsstrom einzubetten scheint, ist bei näherer Betrachtung jedoch ein nur partiell erfolgreicher Wandlungsprozess, gegen den es erhebliche und andauernde Widerstände gab. Neuere Arbeiten zeigen, wie groß die Spielräume zur Legitimation von gewaltsamen Totschlägen waren, nicht nur als Ergebnisse von Notwehr, sondern auch als Reaktion auf eine Bedrohung, Provokation oder Beleidigung des Gegners (Pohl 1999; Wittke 2002). Auch wo in dieser Zeit die königliche Justiz ihren Monopolanspruch auf die Sanktionierung von Tötungen durchzusetzen begann wie in Frankreich, bedeutete dies noch kein Ende der »weichen« Sanktionierung. Totschläge wurden zum Hauptbetätigungsfeld einer extensiven Begnadigungspraxis, wo die normativ geschärfte Unterscheidung zwischen (intentionalem) »Mord« und (affektiv-zufälligem) »Totschlag« dazu führte, die meisten Tötungen als Totschläge zu behandeln und keineswegs peinlich zu bestrafen (Gauvard 1991: 798ff.). Und wo den Tätern keine rechtlichen Optionen offen standen, griffen soziale Schutzmechanismen. Oft entkamen die Totschläger, um dann aus sicherer Entfernung über eine Sühnung der Tat, etwa in Form von Geldleistungen, zu verhandeln (Schwerhoff 1991: 278f.; Wittke 2002: 77ff.). Und dabei ging es nur um Gewalttaten mit Todesfolge; minder schwere Körperverletzungen wurden auch am Ende der Frühen Neuzeit vorwiegend mit Geldstrafen belegt (Plaum 1990: 91f., 152f.). Hier deuten sich Brüche in der Bewertung und Wahrnehmung von Gewalt an, die nur mit dem Blick auf die skizzierte soziale Praxis der Gewalt angemessen verstanden werden können.

Soziale Marginalisierung der Gewalt?

Mit dem Ausbau der Gerichte im Verlauf der Neuzeit wurde ein alternativer Weg zur Verteidigung der Ehre bereitgestellt, der langfristig vielen Menschen attraktiver und effektiver erschienen sein mag als die gewaltsame Selbsthilfe. Auch bei diesem Prozess der »Verrechtlichung« geht es nicht um bloße Unterdrückung von Gewalt, sondern um eine Nutzung der Gerichte durch einfache Untertanen, die Alternativen zum Austrag von Konflikten mittels Gewalt eröffnete (so schon für das 16. Jahrhundert Behrisch 2005: 164ff.). Wirklich »getestet« wurde diese Hypothese allerdings noch nicht, wobei ein solcher Text auch die Nieder- und die Zivilgerichtsbarkeit als Medium des Konfliktaustrags mit einbeziehen müsste (z.B. Wollschläger 1990; Kottmann 1998). Zentral aber wäre zu klären, inwiefern sich mit der quantitativen Verringerung auch die Qualität der Gewaltsamkeit verändert. Hier zeichnen zunächst Studien zum 19. Jahrhundert das Bild großer Kontinuitäten, was Ausprägungen von Gewaltsamkeit angeht. So blieb in der bergbäuerlichen Welt des schweizerischen Kantons Uri auch im 19. Jahrhundert die männliche Ehre der dynamisierende Faktor in allen öffentlich und gewaltsam ausgetragenen Konflikten (Töngi 2004: 390). Und auch viele Elemente der neuen proletarischen Subkultur der Gewalt in der zweiten Hälfte des 19. Jahrhunderts, eben auch die Bedeutung des Ehrmotivs und die Dominanz eines »gewalttoleranten« Männlichkeitsideals, bei dem Waffen als Insignien der Stärke dienten, verweisen auf Entsprechungen zur alteuropäischen Welt. Im Ruhrgebiet jener Tage waren Körperverletzungen (und nicht die Eigentumskriminalität!) das herausragende und von bürgerlichen Beobachtern mit Schrecken registrierte Massendelikt (Jessen 1992). Aber jenseits von quantitativen Konjunkturen gibt es doch Indizien für eine soziale Marginalisierung der Gewalt. Waren im späten Mittelalter und am Beginn der Frühen Neuzeit vielfach noch Mitglieder der Eliten besonders gewaltbereit (vgl. Schuster in Blauert/Schwerhoff 2000: 372 ff.), so zeichnet sich spätestens im 18. Jahrhundert eine Auflösung der schichtübergreifenden Gewaltkultur und eine soziale Marginalisierung der Gewalt ab. In Köln wurde im 18. Jahrhundert das Brotmesser als meistgebrauchte Waffe vom Gewehr abgelöst, ein Wandel, der zugleich auf die Konzentration von Gewaltdelikten bei »Gewaltprofis« verweist – in rund der Hälfte aller Fälle waren Militärpersonen beteiligt (Schwerhoff 2007: 1059). Joachim Eibach bringt den Trend zur Marginalisierung der Gewalt mit einem Prozess der Verbürgerlichung in Verbindung, die eine neue Leitkultur und neue Formen der Soziabilitäten hervorgebracht habe. Diese Leitkultur werde durch die Ablösung des gewaltträchtigen und alkoholgeschwängerten Wirtshauses durch das friedliche Kaffeehaus versinnbildlicht (Eibach 2003: 241 ff., 279 ff.). Erst im 19. Jahrhundert sollte dann der Gewalthabitus zur Grenzmarkierung der bürgerlichen Gesellschaft eingesetzt werden. Einerseits diente die erwähnte Delinquenz unter den Arbeitern dem Bürgertum als negativer Bezugspunkt, um die eigene gesetzestreue Lebensweise davon abzuheben. Aber auch innerhalb des Proletariats wurden Brüche zwischen »rauer« und »respektabler« Arbeiterschaft erkennbar; gerade die sozialdemokratische Arbeiterbewegung orientierte sich in ihrem äußeren Habitus an bürgerlichen Vorbildern und verlangte von ihren Anhängern »strikte Selbstdisziplin, Ordnung und moralisch einwandfreies Verhalten« (Jessen 1992: 251). Insofern war die gewalttolerante proletarische Subkultur im Revier einem doppelten gesellschaftlichen Marginalisierungsdruck ausgesetzt.

Duell

Dass ein kulturell geprägter Gewalthabitus und damit auch die »Ehre« in der bürgerlichen Gesellschaft bedeutsam blieben, zeigt die Geschichte des Duells. Diese ritualisierte Form des Zweikampfs mit Degen oder Pistolen zwischen »Ehrenmännern«

gewinnt seit dem Beginn der Neuzeit Konturen, erreicht ihren Höhepunkt aber – zumindest in Deutschland – erst im 19. Jahrhundert (Frevert 1991). Das Duell kann aufgrund des zeitlichen Auseinandertretens zwischen Forderung und Kampf als eine Zivilisierung von Gewaltsamkeit erscheinen (Spierenburg 2008: 71 ff.). Andererseits perpetuierte sich mit ihm die Tradition eines direkten Konfliktaustrags außerhalb der Gerichte. Nicht nur die christlichen Kirchen, sondern auch der sich entwickelnde Staat versuchte diese ritualisierten Zweikämpfe immer wieder mit Anti-Duell-Gesetzen zu bekämpfen und drohte für die Form von Kriminalität harte Strafen an. Schließlich verletzte, so der preußische Jurist Svarez in den 1780er Jahren, das Duell »das erste Grundgesetz der bürgerlichen Gesellschaft«, nach dem deren Mitglieder Streitigkeiten nicht »durch eigenmächtige Privatgewalt«, sondern durch Richter entscheiden lassen sollten (Frevert 1991: 66). Jenseits spektakulärer Einzelfälle entsprachen die Sanktionen in der Strafpraxis den drohenden Sanktionen kaum, und wenn doch, dann war eine Begnadigung durch den Monarchen sehr wahrscheinlich. Im Offizierskorps herrschte sogar ein regelrechter Duellzwang (ebd. 105 ff.).

Gewalt in der Moderne

Die Geschichte des Duells zeigt ebenso wie die Arbeiten von Jessen (1992) und Töngi (2004) öffentlich praktizierte Gewalt nicht lediglich als Überhang der traditionellen Gesellschaft, sondern machen ihre Situierung in sehr unterschiedlichen sozialen Milieus deutlich. Insgesamt ist die Zahl der historischen Fallstudien zur Gewaltkriminalität in der Moderne eher überschaubar, die Akzente der geschichtswissenschaftlichen Gewaltforschung der Moderne liegen auf anderen Feldern, zum Beispiel der Gewalt im Kontext von politischem Protest oder Krieg (vgl. Schumann 1997). Folgt man Spierenburgs Überblick (2008: 165 ff.), dann weist die Kurve der Gewalt in den pazifizierten Gesellschaften Kerneuropas im 19. und 20. Jahrhundert einerseits weiter nach unten, wobei seit den 1970ern im Zeichen der Globalisierung eine Wiederkehr der Gewalt zu verzeichnen ist, die auf eine Dezivilisierung hinweisen könnte. Andererseits fesseln nun besondere Formen der Gewalt die öffentliche Aufmerksamkeit, insbesondere das Gewaltverbrechen aus Leidenschaft und der Serienmörder.

Einschränkend wird man feststellen müssen, dass bereits in der Frühen Neuzeit außergewöhnliche Mordtaten ein breites öffentliches Echo fanden (vgl. Kap. 6), während die Alltagsgewalt bis hin zum Totschlag im Affekt, von der bisher vornehmlich die Rede war, kaum in den Medien auftauchte.

Skandalfälle

Dennoch lassen sich außergewöhnliche Mordtaten und ihre öffentliche Perzeption als Sonden benutzen, um gesellschaftliche Befindlichkeiten der Moderne auszuleuchten. Die klassische Studie von Walkowitz (1992) über die Erschütterungen des spätviktorianischen London durch Jack the Ripper hat inzwischen auch deutsche Nachfolgerinnen gefunden. So untersucht Siebenpfeiffer am Fall des Massenmörders Fritz Haarmann, *dem* Skandal- und Sensationsfall der Weimarer Republik, den Zuschnitt des relativ neuen Delikttypus »Lustmord« (Siebenpfeiffer 2005: 214 ff.); er scheint gleichermaßen bedrohlich in seinen gewalttätigen Abgründen unter einer respektabel-bürgerlichen Oberfläche wie typisch männlich in der Übersteigerung des virilen Sexualtriebs (vgl. Quelle Nr. 16 unter *www.historische-einfuehrungen.de*). Von Fritz Haarmann († 1925) über Adolf Seefeld († 1936) im Nationalsozialismus bis hin zu Erwin Hagedorn († 1972) in der DDR bzw. Jürgen Bartsch († 1976) in der BRD spannt sich der analytische Bogen von Brückweh (2006). In methodisch sehr überzeugender Weise nutzt sie die vier Serienmordfälle zum politischen Systemvergleich und zur Demonstration, wie sehr nicht nur Gerichte und Experten, sondern auch die Öffentlichkeit an der kulturellen Konstruktion dieser Formen von Kriminalität mitwirkten. Besonders positiv hervorzuheben ist aber, dass neben den medialen Diskursen auch die Ebene der unmittelbaren Erfahrung insbesondere der Opfer und des sozialen Umfeldes der vier Täter thematisiert wird. Die Täter entsprachen keineswegs dem Klischee des unbescholtenen Biedermanns, dessen Abgründe dem sozialen Umfeld verborgen blieben. Dabei wurden die Gewalterfahrungen der Opfer im Verlauf der Vernehmungen immer mehr ausgeblendet, die »Täterzentrierung« gewann die Oberhand (ebd. 88 f.). Eher als die Polizei und die Justiz, so wird hier deutlich, hat historische Kriminalitätsforschung das Potential, die vielbeklagte Vernachlässigung der Opfer zu überwinden (vgl. Heike Jung Art. »Viktimologie«, in: KKW 582–88).

Frauen und Gewalt

Die in der Öffentlichkeit ausgeübte affektive Gewalt der Vormoderne war männlich geprägt. Rituale wie das Zeigen der Zähne, der Faustschlag auf den Tisch oder der Griff zu den Waffen, etwa in Gestalt des Messerzückens, gehörten zum »typisch männlichen Zeichenrepertoire« und waren für Frauen nicht ohne weiteres verfügbar (Loetz 1998: 277). Statische Untersuchungen zur Frühneuzeit zeigen, ob in Amsterdam oder in Köln, wie marginal die Zahl der Frauen war, die in öffentlich ausgetragene Gewalthändel verstrickt waren (Spierenburg 2008: 65 ff.; Schwerhoff 1991: 301 f.). Eine Ausnahme, die die Regel bestätigt, war jene Kölner Hauptmannsfrau, die ihrem Mann im gewalttätigen Streit beistehen wollte und sich von dessen Gegnern sagen lassen musste, wenn sie »Mannswerk« täte, dann müsse sie auch mit »Mannslohn«, sprich mit Schlägen, rechnen. Allerdings haben mikroanalytisch angelegte Studien diesen Befund in Frage gestellt und auf das injuriöse Wort als typisch weibliche Waffe verwiesen (Peters 1995: 247. 251). Statistisch allerdings lässt sich diese Hypothese kaum belegen, und kritisch ließe sich einwenden, dass es sich dabei um eine geschlechtsspezifische Attribuierung (der Zeitgenossen ebenso wie der heutigen Geschichtswissenschaft) handeln könnte (Walz 1998). Dabei müssen die vermeintlich »harten« Zahlen die Realität nicht immer angemessener widerspiegeln. Zu vermuten ist vielmehr eine geschlechtsspezifische Selektion durch die Instanzen. Dort, wo Frauen injuriöse Worte gebrauchten, taten sie es häufig gegen andere Frauen, eine Tatsache, die ihr Handeln weniger gerichtsrelevant gemacht haben kann. In verbal ausgetragenen Konflikten in der Öffentlichkeit agierten Frauen darüber hinaus oft im Verbund mit ihren Ehemännern. Solidarisches Handeln zwischen den Partnern lässt sich nicht nur bei der »ehelichen Abwehrgemeinschaft« in der Frontstellung gegen Vertreter der Obrigkeit, etwa bei Pfändungen, beobachten (Peters 1995: 238 f.; Ulbrich in Ulbricht 1995: 296 f.), sondern auch gegenüber den gleichrangigen Gegnern auf der Straße. Bei dem Austrag von Ehrhändeln agieren Ehepaare als arbeitsteilig vorgehendes Team: Frauen können stellvertretend für ihre Männer einen Konflikt eröffnen oder auf eine neue Stufe heben, entfalten bisweilen sogar eine besondere Aggressivität, weil sie weniger schwere strafrechtliche Sanktionen zu erwarten haben. Auch das Überwiegen von Männern als Kläger vor Gericht entspringt häufig einer solchen arbeitsteiligen Teamstrategie und muss keineswegs auf eine männliche Dominanz beim Ehrenhandel hindeuten (Dinges 1991). Schon die kurzen Quellenauszüge aus Zürich (Quelle Nr. 3 unter *www.historische-einfuehrungen.de*) zeigen jeweils ein »gemischtes Doppel« als Konfliktpartei. Im Streit des Wirtes Johann Uolricher mit Hebisen engagiert sich Johanns Frau, indem sie einen Fluch Hebisens (»Samir Deiner Mutter Schwanzloch«) gegen seinen Urheber wendet (»Mein Jenni, Du sollst nicht auf die Rede achten, er meint seine Mutter«), was ihr einen Messerstich Hebisens in den Arm einträgt. Die Mutter eines Knaben namens Stunps fordert sogar, mit diesem zusammen, ihren Gegner Johann Swamendinger nächtens aus dem Haus heraus und beschimpft ihn frevelhaft.

Häusliche Gewalt

Während die öffentliche, ehrgeleitete und affektive Gewaltsamkeit uns aus den Gerichtsquellen des vormodernen Europa geradezu entgegenquillt, machen diese Quellen zur häuslichen Gewalt eher sparsame Aussagen (vgl. aber Hacke 2002). Bis heute gelangen innerhäusliche und innereheliche Gewaltsamkeit nur sehr selektiv vor Gericht. Für die Vormoderne kommt dazu, dass dem Hausvater ein legitimes Züchtigungsrecht zugestanden wurde und dass die obrigkeitlichen Normen eher auf eine Einschränkung weiblicher Handlungsmöglichkeiten zielten. Folgerichtig sehen einige Forscherinnen auch mit Berufung auf Gerichtsquellen die Ehe als unauflösbares Gewaltverhältnis, gegen das sich die beteiligten Frauen nur in Ausnahmefällen mit Hilfe der Gerichte zur Wehr setzen konnten (Hohkamp 1995: 302). Heinrich Richard Schmidt sieht dagegen Indizien für ein regelrechtes »Bündnis« zwischen Ehefrauen und Justiz zur »Domestizierung« des Ehemannes, das langfristig großen Sprengstoff für das patriarchale System geborgen hätte (Schmidt 1998: 222). Allerdings bewegte sich noch im 19. Jahrhundert, jedenfalls im ländlichen Schweizer Kanton Uri, der Diskurs über häusliche Gewalt zwischen den traditionellen Polen des legitimen männlichen Züchtigungsrechts und der illegitimen »überzogenen« Gewaltanwendung (Töngi 2004: 209 ff.).

Sexuelle Gewalt

Kaum von Handlungsmöglichkeiten, viel aber von Verhaltenszwängen, denen Frauen unterworfen waren, erzählt die Geschichte sexueller Gewalt. Dabei war die Sachlage normativ sonnenklar: Art. 119 der Carolina von 1532 bedrohte die »Notzucht« mit dem Tod. Allerdings betraf das nur Frauen von ehrlichem Leumund, wie überhaupt der Schutz der »weiblichen Ehre« bis ins 19. Jahrhundert hinein das zentrale Rechtsgut darstellte, das mittels der Notzucht-Paragraphen verteidigt werden sollte (Hommen 1999: 48ff.). In der Praxis strafrechtlicher Sanktionierung allerdings taucht dieses Delikt außerordentlich selten auf, macht zum Beispiel im Herzogtum Württemberg oder in Kurmainz nur einen Anteil von 0,6 bzw. 1,2 Prozent aus (Schnabel-Schüle 1997: 289; Härter 2005: 883f.; vgl. auch Reiter 2003: 46f.; Töngi 2004: 311). Seine Erklärung findet das Missverhältnis zwischen Norm und Praxis in den hohen Barrieren für eine erfolgreiche Anzeige des Delikts. Paradigmatisch fordert die Peinliche Halsgerichtsordnung Kaiser Josephs I. für Schlesien von 1707 von der betroffenen Frau klare und unwiderlegbare Zeichen körperlicher Gewaltanwendung. Es käme darauf an, »ob nicht eine Gewallt aus zerrissenen Kleidern, zerraufften Haaren, gehörten Schreyen [...] zu erforschen wäre, oder ob aber die beleydigte [sic, GS!] Persohn sich alsogleich bey denen Ihrigen von wegen der That beklaget, ob jemand selbe gesehen, ob, und aus was Zeichen, etwann man dergleichen Unthat gemercket habe« (Jarzebowski 2006: 77).

Die Frau, die sich aus Angst zu wenig wehrte oder aus Scham nicht direkt die Angelegenheit in die Öffentlichkeit trug, hatte kaum eine Chance auf erfolgreiche Klage, sondern musste fürchten, selbst kriminalisiert zu werden. So wurde zweifellos eine große Menge von Vergewaltigungen als Unzucht oder Leichtfertigkeit gerichtsnotorisch. Das gilt zum Beispiel für Fälle der Schwängerung von Mägden durch verheiratete Dienstherren in der Altmark (Gleixner 1994: 153ff.). Die Mägde hatten weder vom Gericht noch von der Dorföffentlichkeit Unterstützung zu erwarten und verheimlichten demzufolge häufig den tatsächlichen Kindsvater bzw. gaben einen fremden Soldaten als Schwängerer an. Korrigierten sie unter dem Druck der Inquisition ihre Aussagen und erzählten von der Vergewaltigung, dann wurde diese Gewalt zwar gerichtsnotorisch, das heißt im Protokoll festgehalten, spielte aber strafrechtlich keine Rolle. Zentral war hier der Ehebruch, was für die Frauen möglicherweise eine stärkere Bestrafung als im Fall einfacher Unzucht bedeutete. Aufgrund seines dörflichen Sozialkapitals hatte der Täter dagegen gute Chancen auf milde Behandlung oder sogar auf Straffreiheit.

Die weitere Geschichte des Vergewaltigungsdeliktes ist von Kontinuitäten geprägt, wobei wenige Langfristuntersuchungen die Grenze um 1800 überschreiten (jetzt Loetz 2009). Erst seit Beginn des 19. Jahrhunderts wird Notzucht an Frauen von zweifelhaftem Lebenswandel überhaupt normativ möglich (vgl. Reiter 2003), und erst in jüngster Vergangenheit wird der Tatbestand der Vergewaltigung in der Ehe geschaffen (vgl. verschiedene Beiträge in Künzel 2003). Auch in der Praxis zieht sich die »sekundäre Viktimisierung« des Vergewaltigungsopfers von der Frühen Neuzeit bis in die Moderne hinein: »Die Aussagen von Frauen über [...] Vergewaltigungen standen grundsätzlich im Verdacht, auf »Illusionen« zu beruhen oder aus Rache, Erpressung, Nervosität oder weiblicher Prüderie vorgebracht worden zu sein«, so die Diagnose von Hommen (1999: 88) über die Zeit des Kaiserreichs. Auf der anderen Seite begann seit Mitte der Jahrhundertwende die Thematik des sexuellen Kindesmissbrauchs die Öffentlichkeit und die Gerichte verstärkt zu beschäftigen, die also kein ausschließliches Phänomen der jüngsten Vergangenheit darstellt (ebd. 140 ff.). Dabei zeigen der Prozess gegen den Leiter eines Landeserziehungsheims 1924 und sein Freispruch, wie ungewöhnlich damals ein Fall anmutet, wo die Opfer ausnahmslos männliche Kinder waren (Kerchner 2003). Bereits in der Frühen Neuzeit war sexualisierte Gewalt gegenüber Kindern vor den Gerichten verhandelt worden. Dabei zeichnet sich noch kein klares Bild dazu ab, ob diese eher bagatellisiert wurde oder ob härtere Sanktionen nicht umgekehrt auf eine größere Sensibilität hindeuten können (Schwerhoff 1991: 398 ff.; Jarzebowski 2006: 242 ff.; Loetz 2009). Vor dem Hintergrund gegenwärtiger Missbrauchsdiskurse wären mehr historisch-empirische Studien auch über das 18. Jahrhundert hinaus wünschenswert.

Gattenmord

Als extremer Ausdruck innerehelicher Gewaltverhältnisse in der Frühen Neuzeit darf der Mord unter Eheleuten gelten. Dabei handelte es sich zwar keineswegs um ein speziell weibliches Delikt, vielmehr lassen die erreichbaren Zahlen ein ungefähr ausgeglichenes Verhältnis von weiblichen und männlichen Tätern erkennen (Nolde 2003: 280; Göttsch in Ulbricht 1995: 331). Dabei zeichnen sich in ihrer gerichtlichen Behandlung doch charakteristische Unterschiede ab, die darauf hindeuten, dass die Ermordung von Ehemännern durch ihre Partnerin als besonderes Skandalon galt, das die patriarchale Ordnung des Hauses zu bedrohen schien. Allerdings zeigt das französische Beispiel ebenfalls, dass maßlose Gewalt von Männern nicht ohne weiteres als Ausdruck innerehelichen Züchtigungsrechts verstanden und entsprechend stärker sanktioniert wurde (Nolde 2003: 148 f.). Der Giftmord blieb in der kollektiven Vorstellung bis in die Moderne hinein, trotz widerstreitender Befunde der kriminologischen Praxis, ein weiblich besetztes Tatmuster. Wie Siebenpfeiffer (2002: 112) vor dem Hintergrund des Berliner Sensationsprozesses um die Ermordung des brutalen Ehemanns durch Elli Klein und ihre Geliebte Margarete Nebbe 1922 zeigt, wurde das zwischen unschuldigem Opfer und entmenschlichter Mörderin changierende Bild der Täterin aber insofern modernisiert, als dass sie in den Gutachten umfassend pathologisiert wurde.

»Kindsmord«

In das Spektrum der Gewaltdelikte gehört schließlich auch die Tötung neugeborener Kinder hinein. Die historische Kriminalitätsforschung findet hier aus vielen Gründen ein hervorragendes Arbeitsfeld (Ulbricht 1990; Dülmen 1991; Meumann 1995; Michalik 1997). Neben dem Deliktfeld »Zauberei/Hexerei« bildet die Kindstötung *das* Paradefeld weiblicher Kriminalität in der Frühen Neuzeit und lädt ein zur Analyse der Selektivität der Strafjustiz und der kritischen Diskussion von Kriminalstatistiken (vgl. Kap. 3.2). Als ein Leitdelikt der aufklärerischen Debatte über die notwendigen Reformen der Strafjustiz vermittelt es zugleich wichtige Einblicke in den Normenhorizont und das Wertverständnis der Zeitgenossen sowie über den Wandel der Strafjustiz. Die intensive und kontroverse Beschäftigung mit den Motiven der Täterinnen reicht von der Betonung struktureller Zwangslagen bis hin zur Rekonstruktion individueller Entscheidungsprozesse (etwa Schulte 1989: 126 ff.). Schließlich lässt sich auch hier der Bogen bis in die Moderne schlagen, wo die Kindstötung neben dem Giftmord in der Öffentlichkeit das zweite typisch weibliche Gewaltverbrechen blieb (vgl. mit allerdings problematischer historischer Einordnung Siebenpfeiffer 2005: 150 ff.)

5.2 Eigentumsdelikte und organisierte Kriminalität

Raub, Eigentumsvergehen und Betrugsdelikte gelten gleichsam als der harte Kern krimineller bzw. kriminalisierter Verhaltensformen. Folgt man den Imaginationen der »guten Gesellschaft«, dann gehören die Täter dieses Deliktspektrums zumeist einer organisierten Subkultur mit eigenen Spielregeln und Kommunikationsformen an. Die kriminelle »Unterwelt« stellt seit langem eine vielfältig schillernde Projektionsfläche dar, die von Justiz, Kriminalisten und veröffentlichter Meinung wahlweise als sozialer Abschaum und Bedrohung für die gesellschaftliche Ordnung stigmatisiert oder als Ausdruck des proto-politischen Protestes gegen ungerechte soziale Verhältnisse heroisiert werden konnte. Tatsächlich ist die Geschichte von Raub und organisierter Kriminalität bis heute partiell sehr politisch geprägt. So war im Mittelalter die Grenze zwischen legitimer gewalttätiger Selbsthilfe in Form der Fehde und illegitimem Raub stets umstritten bzw. standortabhängig. Erst das Verbot der Fehde, im Reich mit dem Wormser Landfrieden von 1495, schuf hier mehr Klarheit. Allerdings lediglich zu Lande, denn mit der frühneuzeitlichen Globalisierung begann gerade zu diesem Zeitpunkt zur See die Hochzeit der Piraterie (vgl. Bohn 2003), die ebenfalls ein Doppelgesicht besaß, indem sie einerseits als Freibeuterei in staatlichem Auftrag eine Form von Kleinkrieg in außereuropäischen Gewässern darstellen konnte, andererseits als autonome Seeräuberei kriminalisiert wurde.

Die Ursprünge der sizilianischen Mafia als der klassischen modernen Ausprägung organisierter Kriminalität im 19. Jahrhundert sind erst recht insofern politischer Natur, als es sich dabei um ein regionales subkulturelles Klientelnetzwerk handelte, das die notorische Staatsferne bzw. -schwäche des italienischen Südens ausnutzte. Die vielfältigen Bezüge der amerikanischen Mafia zum politischen System und zu einzelnen Politikern sind notorisch (vgl. H. J. Kerner, Art. »Organisierte Kriminalität«, in: KKW 377–381). Bestimmte Formen von Bandenverbrechen wie z. B. der moderne Terrorismus verstehen sich selbst als politische Aktionen und sind im Abschnitt über die politische Kriminalität abzuhandeln (Kap. 5.4).

Deutsches Gaunertum

Prototyp der wissenschaftlichen Beschäftigung mit der Unterwelt – und bis heute Bezugspunkt der Forschung – war das Werk des Lübecker Polizeibeamten Avé-Lallemant über *Das deutsche Gaunertum*, das zwischen 1858 und 1862 in vier Bänden erschien und das moderne Verbrechen in seine historische Perspektive rücken wollte (Evans 1997: 221 f.). Nach seiner Meinung war die Entstehung des Gaunertums nur vor dem Hintergrund des mittelalterlichen Vaganten- und Bettlerwesens zu verstehen; Zigeuner und Juden hätten sich mit verworfenen Elementen aus dem Christentum zu dieser Gruppe vereinigt. Zweifellos ist das Werk des Lübeckers von rassistischen und biologistischen Vorurteilen geprägt; es wimmelt darin von Stereotypen über die Verworfenheit, Grausamkeit, Genusssucht und die Ausschweifung der Gauner (»Fast ohne Ausnahme trugen alle gefangenen Räuber arge Spuren der Syphilis an sich« Avé-Lallemant 1980: I, 102). Auf der anderen Seite hatte Avé-Lallemant durchaus einen Blick für die komplexere soziale Wirklichkeit des Gaunertums und übersah keineswegs die sozialen Ursachen des Verbrechens. Der Gauner repräsentierte nach seiner Ansicht keine gesonderte volkstümliche Gruppe, keinen eigenen Stand, sondern übte ein eigenes Gewerbe aus, betrieb das Gaunertum »als seinen Beruf« (ebd. II, 3). Zwar schlägt er einen alarmistischen Grundton angesichts der für die ehrliche Gesellschaft von den Gaunern ausgehenden Gefahren an. Dennoch bleibt er sich stets bewusst, dass der »sittliche Ruin des Gaunerthums selbst« lediglich einen Reflex des »sittlichen Ruin[s] der social=politischen Verhältnisse, welche jenes (Gaunertum) ausbeutet«, darstellt (ebd. II, 387); die Verbesserung jener Verhältnisse und die – christlich motivierte – »Besserung« der Straffälligen selbst bildet die politische Stoßrichtung seiner Argumentation.

Wirkungsgeschichtlich wichtig wurde Avé-Lallemants Werk vor allem durch den versuchten Nachweis, dass die Welt der Räuber, Diebe und Gauner sich seit der Wende zur Neuzeit zu einer wahren Gegengesellschaft zur bürgerlichen Welt formiert habe. Während im Mittelalter das Faustrecht regierte, hätte die Gewaltmonopolisierung das Verbrechen genötigt, »wahre Kunst zu werden und sich kunstmäßig zum Gaunerthum auszubilden« (ebd. II, 17). Einen Entwicklungsschub habe die Gaunergesellschaft im 18. Jahrhundert erhalten, als die »sich allmählich aufraffende Polizei und die Criminalrechtspflege« den Kampf gegen das organisierte Verbrechen intensivierte und das Schafott »vom Blute ganzer Banden, welche der Justiz in die Hände fielen, triefte«. In einem gleichsam osmotischen Prozess durchdrang das Gaunertum alle politisch-sozialen Schichten und verfeinerte seine Methoden und die Kunst des Verbergens (ebd. I, 79 f., 82).

Kriminelle Subkulturen

Trotz der deutlichen ideologischen Konnotationen von Avé-Lallemants Ansatz lassen sich von ihm aus einige Schneisen in die neuere Forschungslandschaft zum Räuber- und Gaunerwesen schlagen. Grundsätzlich nämlich erscheint er anschlussfähig für neuere, kriminalsoziologisch angeleitete Frageperspektiven. Was den individuellen Täter anbelangt, so könnte hier der Ausgangspunkt für eine historische Erforschung »krimineller Karrieren« (vgl. den Art. v. H.-J. Albrecht in: KKW) liegen. Mit diesem Begriff verbindet sich die empirische Erkenntnis, dass ein großer Teil der gemessenen Delinquenz gerade im Deliktfeld Eigentumskriminalität von einem relativ kleinen Kreis von Mehrfach- und Wiederholungstätern begangen wird. In einem an die Berufssoziologie angelehnten Bezugsrahmen lässt sich nach dem Einstieg in eine solche Karriere, nach ihrem Verlauf und nach Bedingungen für ihre Beendigung fragen. Die Frage nach typischen Karrieremustern legt eine Verknüpfung mit dem Modell einer kriminellen »Subkultur« nahe (vgl. T. v. Trotha in KKW). Eine solche Subkultur vermittelte ihren Mitgliedern einerseits ein eigenes, von der Gesamtgesellschaft abweichendes System von Normen und Verhaltensregeln bzw. immunisierte sie zumindest gegen eine Übernahme der geltenden (Rechts-)Normen. Zum anderen stellte sie den professionellen, eben berufsmäßigen Gaunern eine Infrastruktur für die Vermittlung des nötigen subkulturellen Wissens bereit sowie Kommunikations- und Handlungskanäle, um dieses Wissen praktisch anzuwenden.

Anfänge des Gaunertums

Tatsächlich hat die Forschung seit Avé-Lallemant unser Wissen über die kriminelle Subkultur und ihr Kommunikations- und Handlungssystem beträchtlich erweitert (zusammenfassend Danker 2001; Schwerhoff 2005a). So wurde die Sondersprache des Milieus, das »Rotwelsch«, von Robert Jütte mit sprachgeschichtlichen und soziolinguistischen Methoden analysiert (Jütte 1988). Weiterhin einte die Welt der Gauner nicht nur ein gemeinsames Sprach- und Zeichensystem, sondern ein Grundbestand an professionellem Wissen über kriminellen Lebenserwerb, insbesondere über betrügerische Praktiken. Ihre klassische Darstellung haben derartige Praktiken im – um 1510 wahrscheinlich vom Pforzheimer Spitalmeister Mathias Hütlin verfassten – *Liber Vagatorum* gefunden, wo insgesamt 41 Betrugsvarianten, vor allem im Zusammenhang mit Bettelei, aufgelistet sind. Dabei reicht die Spanne vom falschen Pilger über vorgetäuschte Krankheiten bis hin zur scheinbar Schwangeren. Allesamt sollten sie dazu dienen, dem barmherzigen oder gutgläubigen Mitmenschen unter Vortäuschung falscher Tatsachen Geld aus der Tasche zu ziehen (Jütte 1988). Verschiedene Einträge in Gerichtsbücher und Kriminalquellen des 15. und 16. Jahrhunderts belegen, dass hier nicht lediglich ein literarischer Topos weitertradiert wurde, sondern dass diese Tricks tatsächlich zur Anwendung kamen (Schwerhoff 2005a: 30ff.). Als prototypische Form des professionellen Betruges, für den ein hohes Maß an Geschick und Schulung erforderlich war, erscheint im *Liber Vagatorum* das Falschspiel. Er warnt eindringlich von den »jonern« und ihren vielfältigen Kniffen mit gezinkten Karten und präparierten Würfeln. Es ist bezeichnend, dass der »Gauner« zum Synonym für den Verbrecher schlechthin werden sollte (Jütte 1988a).

Wandlungen der Unterwelt

Ebenso wie bei der Querschnittsanalyse einer gaunerischen Subkultur erweist sich das Werk von Avé-Lallemant bei einer Betrachtung des historischen Längsschnittes als inspirierend. Allerdings ist es nicht einfach, aus unserem Inselwissen über das Räuber- und Gaunerwesen vom Ausgang des Mittelalters bis zum 19. Jahrhundert ein klares Bild zu gewinnen. Mit der Studie von Fritz (2004) für den deutschen Südwesten zwischen 1648 und 1806 sind heute erstmals belastbare Angaben zur Struktur der organisierten Kriminalität in einer größeren Region möglich (weiterhin

Siebenmorgen 1995; Danker 2001). Aber auch für weit voneinander entfernt liegende Gebiete ergeben sich am Beginn der Neuzeit einige bemerkenswerte Gemeinsamkeiten (Schwerhoff 2005a: 16 ff.). Meist handelte es sich weniger um Räuberbanden mit einer fest organisierten Hierarchie denn um ein lockeres Netzwerk von Wegelagerern und Dieben, die in wechselnder Zusammensetzung ihre Taten ausübten. Das Operationsgebiet der Gauner war oft relativ klein und konzentrierte sich auf bestimmte Verkehrswege. Ortskundigkeit und wohl auch Kontakte zu Mittelsmännern in nahegelegenen Städten scheinen bedeutsam gewesen zu sein. Zumindest zum Teil handelte es sich um Sesshafte, die Raub und Diebstahl als eine Art »Nebenerwerb« betrieben. Wenn diese kleinen »Banden« auch gelegentlich Diebstähle und Einbrüche verübten, so agierten professionellere Einbrecher und Diebe anders. Sie gingen meist allein oder zu zweit vor, wechselten aber ihr Aktionsgebiet häufiger und überwanden dabei auch größere Entfernungen.

Folgt man der Entwicklungsskizze von Avé-Lallemant, dann stellte das 18. Jahrhundert die Hochzeit des Gaunerwesens dar, und noch heute gelten das 18. und frühe 19. Jahrhundert als die »große Zeit der Räuberbanden« (Danker 2001: 78; Fleck 2003). Parallel zur sich formierenden Staatsgewalt und zur verschärften Marginalisierung des Bettler- und Vagantentums organisierte sich auch die Welt der Gauner neu und besser. Sie verfeinerten ihre professionellen Fertigkeiten und ihre Fähigkeit zur verborgenen Aktion, wie erstmals Danker (1988) am Beispiel der Netzwerke um Nickel List in Lüneburg-Celle, um Lips Tullian in Kursachsen sowie der Jüdischen Baldober in Sachsen-Coburg am Beginn des 18. Jahrhunderts darstellte. Zum Teil mag diese Wahrnehmung des 18. Jahrhunderts auf das Konto eines intensiveren öffentlichen Diskurses über Kriminalität gehen; zahllose aktenmäßige Berichte und literarischen Bearbeitungen machten die Räuberbanden populär (vgl. Boehncke/Sarcowicz 1991). Jedenfalls hat Fritz (2004: 213 f.) neuerdings die herkömmliche Chronologie in Frage gestellt. Vor allem im Gefolge des Dreißigjährigen Krieges hätten großräumig und brutal agierende Banden mit teils militärischen Strukturen die Region unsicher gemacht, während der Trend im

18. und frühen 19. Jahrhundert eher zu kleineren Gruppen und zu einem regionalen Aktionsprofil gegangen sei. Fritz zeigt überdies auf, dass man mit erheblichen regionalen Unterschieden rechnen muss. Auch wenn er belegt, dass gewalttätiger Straßenraub selten war und Gewalt bei Einbrüchen eher als Drohpotential eine Rolle spielte bzw. ungeplant aus einer situativen Eskalation entsprang (ebd. 378 ff.; vgl. schon Avé-Lallemant 1980: II, 18), wäre es voreilig, einen gradlinigen Entwicklungs- und Modernisierungsprozess des Verbrechens zu konstruieren. Etwa zur gleichen Zeit, als Nickel List und Lips Tullian ihr Unwesen trieben, verübte die sog. »Große Siechenbande« am Niederrhein eine Kette brutaler Straßenraube und Wegelagereien (Fleck 2003:27 ff.).

Auch die berühmten Banden mit ihren zum Teil legendären Hauptleuten an der Wende zum 19. Jahrhundert gingen ganz unterschiedlich vor. Im unwegsamen Odenwald oder im Spessart dominierten durchaus noch Straßenraub und Wegelagerei, während die vorwiegend aus Zigeunern bestehende Gruppe um Jakob Reinhardt gen. Hannikel († 1787) sich vor allem darauf spezialisiert hatte, nächtens in Dörfer einzudringen und hauptsächlich jüdische Bewohner gewaltsam auszurauben (zuletzt Fritz 2004: 175 ff.). Eine gewisse widerwillige Bewunderung bei ihren Verfolgern rief um 1800 die sog. Große Niederländische Bande hervor; in Spitzenzeiten gehörten ca. 150 Mitglieder zu dieser Bande mit ihren verschiedenen Unterabteilungen und ihrer flexiblen Organisationsstruktur (Fleck 2003: 35 ff.). Dagegen erscheint Johannes Bückler, genannt Schinderhannes (†1803), der nach zwei Totschlägen und einer spektakulären Flucht aus dem Gefängnis zwischen 1799 und 1802 eine kurze Karriere als Räuberhauptmann erlebte, eher als eine bescheidene, allenfalls regional berühmte Figur, deren Mythologisierungspotential allerdings in den Zeiten der französischen Besatzung beträchtlich war. Die detaillierten Mainzer Voruntersuchungsakten erlauben jedoch eine akribische historische Erforschung der Taten und des Netzwerks der Schinderhannes-Bande (Fleck 2003, 2003a)

Strukturen der Unterwelt

Lockere Strukturen kennzeichneten insgesamt die Unterwelt der frühen Neuzeit, weshalb die Forschung kaum mehr von »Banden« spricht (international differenzierend Fritz 2004: 86 ff.,

216 ff.). Festere Kommandostrukturen sind wohl häufig eine Übertragung aus dem Kriegshandwerk und erklären sich aus der militärischen Rekrutierung der jeweiligen Banden. Aber auch hier ist der harte Kristallisationskern einer Gruppe meist klein und in ein breiteres Netzwerk eingebettet; überdies galten klare Hierarchien allein bei der unmittelbaren Tatdurchführung. Eine gewisse »Überlegenheit im infrastrukturellen Bereich« (Danker) mochte die Rekrutierung aus religiösen bzw. ethnischen Sonderpopulationen wie den Juden (Danker 2001: 160 ff.) oder den Zigeunern (Fritz 2004: 238 ff.) verleihen, die untereinander einen größeren Zusammenhalt pflegten. Dabei bleibt allerdings zu beachten, dass den betreffenden Gruppen negative Eigenschaften von außen, von der christlichen Mehrheitsgesellschaft, zugeschrieben wurden, die ihre Ursache in antisemitischen Stereotypen haben konnten. Zu den Netzwerken gehörte auf der anderen Seite auch ein Umfeld von Kundschaftern (Baldowern), Hehlern und Wirten, die den Räubern Unterschlupf boten.

Gut erforscht ist mittlerweile die soziale Herkunft der Delinquenten, wobei die Quellenauswertung – meist sind es zeitgenössische Gaunerlisten – nicht unproblematisch ist: Welchen Wert haben zum Beispiel Berufsangaben über die tatsächlich ausgeübte Tätigkeit? Einigkeit besteht darin, dass sich ein großer Teil der Gauner aus dem Milieu der Randgruppen und der Vaganten rekrutierte, dass sie im Rahmen einer Ökonomie des Notbehelfs (Schindler) viele Tätigkeiten zugleich oder hintereinander ausübten (Fritz 2004: 213 spricht von »Mehrberufigkeit«) und dass sie oft einen sozialen Abstieg hinter sich hatten, der in eine kriminelle Karriere mündete. Danker (2001: 143) betont allerdings, dass doch etliche der Betroffenen der sesshaften oder zumindest teilintegrierten Bevölkerung angehört hatten: »Ein Gutteil der 1698 und 1715 in Celle und Dresden verurteilten Banditen […] zählten aufgrund ihrer Sesshaftigkeit also nicht zu den marginalisierten Menschen auf der Landstraße. […] Ihr Weg ins kriminelle Milieu führte sie auf die Landstraße und nicht umgekehrt.«

Transformationen der Unterwelt

Die Räuberbanden gingen nicht automatisch mit dem Ancien Régime unter. Noch in den unruhigen Jahren um 1850 verbreitete im Norden Deutschlands die »große holsteinische Diebesbande«

Angst und Schrecken. Erst mit einer großangelegten Polizeiaktion in verschiedensten Teilen des Herzogtums am 2. Januar 1853, bei der 150 Diebe, Gehilfen und Hehler festgenommen wurden, gelang es der Obrigkeit, dieser Gefahr Herr zu werden (Formella 1985: 19 ff., 64 ff.). Tatsächlich aber hatte sich zu dieser Zeit die Unterwelt zu verändern begonnen. »Die Unterwelt war in den Untergrund abgetaucht. Straßenraub, Überfälle auf Postkutschen, abgelegenere Bauernhäuser oder Mühlen durch ganze Banden waren einem individualistischeren Vorgehen der Kriminellen gewichen« (Evans 1997: 229). Die Zeit der Verbrecherbanden im städtisch-industriellen Mileu sei erst am Ende des 19. Jahrhunderts angebrochen. Als Prototyp des neuen, individuell vorgehenden Verbrechers, der weniger mit offener Gewalt denn mit Täuschung arbeite, stellt Richard Evans den 1864 in Bremen verhafteten Heiratsschwindler und Hochstapler Franz Ernst vor, der an verschiedenen Orten als angeblicher Adliger, Gelehrter, Weltreisender und nicht zuletzt als selbsternannter Agent gegen die anarchistische Revolution gewirkt hatte (ebd. 199–239).

Gesellschaftliche Stigmatisierung

Jede historische Rekonstruktion einer kriminellen Subkultur ist letztlich ein soziales Konstrukt; die verfügbaren historischen Informationen sind vielfältig durch den Filter obrigkeitlicher Wahrnehmungen und gesellschaftlicher Stigmatisierungen gepresst worden. Insofern besteht immer die Gefahr, bei der Rekonstruktion möglicher Subkulturen den Deutungen der jeweiligen Zeitgenossen aufzusitzen. Kaum ein Zweifel mag zum Beispiel daran bestehen, dass es im London des 14. und 15. Jahrhunderts Schläger und Zuhälter, Kupplerinnen und Dirnen, Bettler und Vaganten gab. Die Vorstellung von diesem »Milieu der Nacht« als einer geschlossenen Gegenwelt aber entsprang nicht nur empirischer Beobachtung, sondern einer interessegeleiteten Deutung der städtischen Obrigkeit (Rexroth 1999). Aufschlussreich ist auch die öffentliche Wahrnehmung von Kriminalität am Beispiel der Schwarzmarktdelikte in Deutschland nach dem Zweiten Weltkrieg: Einerseits agierten auf dem Schwarzmarkt nach der Vorstellung von Polizei und Kriminologie die üblichen organisierten »Asozialen« und »Gewohnheitsverbrecher«; scharf von diesen »echten Kriminellen« zu unterscheiden versuchte man die »zeitbedingten« Rechtsbrecher, die aus Not handelten und bei einer Normalisierung der Verhältnisse bald wieder integraler Bestandteil der bürgerlichen Gesellschaft werden würden (Mörchen 2006).

Wo die Grenze zwischen zeitgenössischen Deutungen und »harten« empirischen Fakten verläuft, ist oft kaum festzustellen. Ob etwa die Mordbrenner im 16. Jahrhundert tatsächlich existierten und im Auftrag der Türken oder des französischen Königs ihr Unwesen trieben, ist fragwürdig (Spicker-Beck 1995; Dillinger 2006). Letztlich wurde seit dem Spätmittelalter nicht allein das Treiben der Räuber und Gauner verurteilt, sondern die Lebensform der Bettler und Vaganten insgesamt unter Kriminalitätsverdacht gestellt. Im Zuge der Formierung und der zunehmenden Verhärtung der frühneuzeitlichen Ständegesellschaft wurden die nicht sesshaften Armen, die Angehörigen von verachteten Berufen und die Bettler zunehmend ausgegrenzt. Einerseits wurden viele Menschen durch periodisch auftretende Krisenphänomene wie Missernten, Hungerjahre und Teuerungen sozial entwurzelt, ein Prozess, der sich durch den Bevölkerungsanstieg des 18. Jahrhunderts noch einmal verschärfte. Auf der anderen Seite verstärkten die von Obrigkeiten und auch Justiz ausgehenden Repressionen den Marginalisierungsdruck (Jütte 2000; Ammerer 2003).

Damit kam eine verhängnisvolle Spirale in Gang. Die zunehmende Diskriminierung und Kriminalisierung der umherziehenden »Zigeuner«, die als ethnisch unterscheidbare Gruppe seit ihrem Auftauchen im 15. Jahrhundert besonders argwöhnisch beobachtet wurde, ist nur die Spitze eines Eisbergs (K. Härter, Art. »Zigeuner« in HRG 5, 1699–1707). Offenbar kam der ständischen Gesellschaft das Feindbild einer gaunerischen Gegengesellschaft zur Schärfung des Profils der eigenen Ehrbarkeit gelegen. Bücher wie der *Liber Vagatorum* begründeten und bestärkten das Vorurteil, dass jeder fahrende Bettler zumindest potentiell ein Gauner sei. Sie trugen auch dazu bei, den Handlungsspielraum der Unterschichten und Randgruppen so weit einzuschränken, dass die Wahl krimineller Methoden mangels Alternativen immer unausweichlicher wurde. Zur Deckung allerdings kamen Fakten und Fiktionen nie. Nach den Recherchen von Scribner (1988: 66, 69), der in Stuttgarter Urfehden des 16. Jahrhunderts 300 Vaganten dingfest machen konnte, befanden sich darunter lediglich 14 Betrugsbettler. Die anderen waren durch unterschiedliche Gründe auf die Landstraße gezwungen worden: Militärdienst, Saisonarbeit, Eheprobleme, politische Gründe, simple Armut und nicht zuletzt durch eine Kriminaljustiz, die sich vielerlei Probleme durch Ausweisungen vom Hals schaffte. Kriminalsoziologisch gesprochen, muss sich also eine historische Analyse des Gaunertums als notwendigem Gegenstück zur Subkultur-Perspektive einer Etikettierungstheorie bedienen. Diese kann zum einen auf einer gesamtgesellschaftlichen Ebene deutlich machen, wie sehr das historische Gaunertum als Ergebnis eines Kriminalisierungsprozesses verstanden werden muss. Für die jeweiligen Einzelfälle bietet sie darüber hinaus die Möglichkeit, kriminelle Karrieren als Konsequenz einer sekundären Devianz zu begreifen.

Gegengesellschaft

Bleibt das Konzept der »Subkultur« trotz dieser Einschränkungen für die historische Analyse nützlich, so ist das der »Gegengesellschaft« als »Mythos« in die Kritik geraten. In seiner Pionierstudie hatte Carsten Küther (1976: 145 f.) versucht, viele Aktionen deutscher Räuberbanden am Ende des Ancien Régime als primitive Form des sozialen Protestes zu deuten. Dabei handelte es sich um eine modifizierte Anwendung des von Eric Hobsbawm entwickelten Typus des »Sozialrebellen«. Der englische Sozialhistoriker hatte den bäuerlichen Sozialbanditen der Neuzeit scharf von anderen, »gewöhnlichen« Verbrechern abgegrenzt. Von der Obrigkeit kriminalisiert, habe er gemäß den »örtlichen Bräuchen« nichts Verbrecherisches getan und werde von der Bevölkerung gedeckt, ja heroisiert, weil er deren traditionelles Wertesystem und althergebrachte Lebensweise gegen die Kräfte der neuen Gesellschaft verteidige. Notwendigerweise führe diese Form von vorpolitischem Protest nicht zum Erfolg und werde in dem Moment überflüssig, wo sich die Interessen der Unterdrückten politisch organisieren und artikulieren (Hobsbawm 1962: 28 ff.). Küther ebnete nun tendenziell diese Grenze zwischen Räubern und Sozialbanditen ein. Auch die Gaunerbanden in der Endphase des Alten Reiches seien Rebellen gegen die Obrigkeit gewesen, was in ihren Aktionen gegen Priester, Beamte und Reiche zum Ausdruck komme. Zwar ohne ausgearbeitete Programmatik, hätten sie doch ein rudimentäres Klassenbewusstsein entwickelt (Küther 1976: 99 ff.). Küther versucht eine positive Einstellung der Räuber gegen die Armen nachzuweisen und interpretiert umgekehrt die Verehrung des Volkes für die legendären Räubergestalten als indirekte Kritik an den sozialen und politischen Verhältnissen (ebd. 105 ff.). Von diesen Auffassungen her liegt es nahe, die Welt der Gauner als eine regelrechte »Gegengesellschaft« zur ständischen Gesellschaft mit eigenen Normen und Werten zu begreifen (ebd. 86). Die neuere Forschung hat diese Interpretationen als unzulässige Romantisierung verworfen (Seidenspinner 1998: 239 ff.; Danker 2001: 167 ff.).

Wilderei

Mit Mathias Klostermayr, genannt der Bayrische Hiesel († 1771), konnte Küther aber auch in Deutschland einen Prototypen des Hobsbawmschen Sozialrebellen präsentieren (Küther 1976: 52 ff.) Danker 2001: 180 ff.; Fritz 2004: 156 ff.). Förmlich zum Hauptmann einer Gruppe von eidlich verbundenen Wilderern ernannt, besaß er schon zu Lebzeiten in der bayrischen Bevölkerung einen gewissen Rückhalt und lieferte sich bis zu seiner Gefangennahme und Hinrichtung mit Förstern und Streifen blutige Schlachten. Hiesel brachte mit seinen Taten zumindest einen impliziten Konsens der bayrischen Bevölkerung über die Jagd als allgemeines Menschenrecht zum Ausdruck, wie die Studie von Freitag (2000) über die Wilderei als Alltagsdelikt am Ausgang des 17. Jahrhunderts zeigt. Nicht eine berühmte Bande tritt uns als Ergebnis seiner Recherchen in den Münchner Hofratsprotokollen entgegen, sondern ein Netzwerk der Wilderei, an dem Angehörige aller Stände, von den Armen bis hin zu den Niederadligen und Beamten, partizipierten. Als Motive der Wildschützen und ihrer Abnehmer erweist Freitag die Abwehr von Wildschäden ebenso wie die materielle Not, Erwerbsstreben und das Bedürfnis nach Wildbret als Nahrungsmittel. Zugleich wird aber ein grundsätzlicher Normendissens zwischen den bayrischen Fürsten als Gesetzgebern und dem größten Teil ihrer Untertanen sichtbar. Nach deren Einschätzung handelte es sich beim Wildbretschießen keineswegs um ein Verbrechen, sondern um ein selbstverständliches Recht. Hieraus erklärt sich auch der weitgehende Fehlschlag aller Kriminalisierungsbemühungen in der Praxis.

Die Studie von Freitag mit ihrer Betonung der ökonomischen

Seite des Delikts wurde bald darauf scharf von Schindler (2001: 33 f.) kritisiert, der mit seiner eigenen Arbeit über die Wilderei im Erzstift Salzburg am Ausgang des Ancien Régime dieses Delikt vor allem in der bäuerlichen Kultur verortet sehen will. Folgt man seiner Darstellung, dann handelt es sich bei der Wilderei um »ein tief verankertes Spiel«, bei dem es einerseits um Durchsetzung und Behauptung der landesfürstlichen Jagdhoheit ging, auf der anderen Seite das hartnäckige Bemühen der bäuerlichen Kultur stand, der »expandierenden staatlichen Herrschaft« Grenzen zu setzen (ebd. 326). Tatsächlich machte der im Übrigen für seine aufgeklärte Haltung bekannte Fürstbischof Colloredo die Frage der Wildereibekämpfung zu seiner ureigensten Angelegenheit und kritisierte heftig den nach seiner Auffassung zu milden Hofrat – eine Konstellation, die sich in Kursachsen bereits für das 16. Jahrhundert ähnlich darstellt (ebd. 249 ff.; vgl. Ludwig 2008: 130 ff.). Auf der anderen Seite kann Schindler kollektive Gegen- und Racheaktionen der Wilderer mit Symbolcharakter nachweisen wie zum Beispiel die Besetzung eines erzbischöflichen Schießstandes. Indem er die Handlungen der Wilderer als einen – tief in der bäuerlichen Vorstellungswelt verwurzelten – konkurrierenden »Anspruch auf die Landesherrschaft von unten« (Schindler 2001: 297) liest, transformiert er diese zu einem genuin politischen Akt des Untertanenprotestes. Noch an der Wende zum 20. Jahrhundert galt den Bewohnern oberbayrischer Dörfer die Wilderei, inzwischen freilich kein Kapitalverbrechen mehr, keineswegs als Kriminaldelikt, eher als »Sonntagsfreude«, und spielte insbesondere im Rahmen der Mannbarkeitsrituale junger Burschen eine wichtige Rolle (Schulte 1989: 179 ff., Zit. 192).

Social crime

Wilderei darf somit auch in Deutschland als das Paradebeispiel jener Gattung von *social crimes* verstanden werden, die in der englischen Forschung eine so bedeutende Rolle gespielt haben. In Anlehnung an Eric Hobsbawm kann von einem *social crime* dann gesprochen werden, wenn ein Verbrechen eine bewusste Herausforderung der sozialen und politischen Ordnung und ihrer Werte darstellt. Es tritt dort auf, wo Konflikte zwischen formellen und informellen Normen existieren oder jedenfalls divergierende Interpretationen dieser Normen, wenn Rechtsbrüche deutliche Elemente von sozialem Protest enthalten oder wenn solche Rechtsbrüche eng mit Erscheinungsformen von politischer oder sozialer Unruhe verbunden sind (nach Sharpe 1998: 176). Gewöhnlich stellt ein Gesetzesbrecher mit seinem abweichenden Verhalten die verletzte Norm nicht grundsätzlich in Frage (Neumann/Schroth 1980: 105). Im Fall des Sozialverbrechens jedoch wird mit dem individuellen Normbruch zugleich der prinzipielle Geltungsanspruch dieser Norm bezweifelt. Auf dem weiten Feld der Eigentumskriminalität siedeln sich weitere Delikte an, die sich mit dem Konzept des *social crime* analysieren lassen, so etwa der Schmuggel (Blasius 1978: 63 f.; ; Grüttner in Reif 1984).

Holzdiebstahl

Das meistdiskutierte Paradigma eines *social crime* in der deutschen Forschung stellt der Feld- und Holzdiebstahl im 19. Jahrhundert dar. Dieses Massendelikt erlebte im Vormärz in Preußen einen steilen Aufschwung (Blasius 1978: 81 f.). Die Ursachen können nach Auffassung von Blasius weder allein in der Verschärfung von sozialer Kontrolle und rechtlicher Verfolgung gesucht werden noch in der materiellen Not der preußischen Untertanen. Vielmehr zeige sich hier eine »Widersetzlichkeit« der Unterschichten gegen die sich formierende bürgerliche Gesellschaft und den Agrarkapitalismus. Der sich in Kleinkriminalität artikulierende Protest sei in eine Unterschichtenkultur mit eigenen Normen und Verhaltensweisen eingebunden gewesen. Die herrschenden Eliten hätten dieser Gegenkultur mit Befremden gegenüberstanden und sie mit pädagogischen und repressiven Maßnahmen einzuhegen versucht. Derartige Disziplinierungsversuche hätten allerdings das Bewusstsein der Unterprivilegierung und den Widerstandsgeist der Unterschichten eher angeheizt als unterbunden. So unterstreiche der Widerstand gegen Forstbeamte und andere staatliche Organe den Charakter der Kleindelinquenz als Sozialprotest. Den quantitativen Rückgang dieser Deliktformen nach der Jahrhundertmitte interpretiert Blasius als Beleg für die Entstehung neuer Artikulationsformen der Arbeiterklasse; der individuelle, indirekt artikulierte Protest wurde langsam ersetzt durch den kollektiven expliziten Widerstand der Arbeiterbewegung (ebd. 58). Als subkutanes Erbe des Proletariats habe die kleinkriminelle Widersetzlichkeit zur Ausbildung eines proletarischen Selbstbewusstseins in der zweiten

Jahrhunderthälfte beigetragen. Sowohl die statistischen Befunde als auch die weitreichenden Schlussfolgerungen von Blasius haben die Forschung zur Kritik herausgefordert (zuletzt Habermas 2008: 48 ff.). Wie vielfältig die Konfliktlinien im Fall des Forstfrevels sein konnten, hat zuletzt Hölzl (2010: 232 ff.) in seiner vergleichenden Studie zu Spessart und Bayrischem Wald gezeigt. Vor allem die niederbayrische Region war von der Auseinandersetzung zwischen grundbesitzenden Bauern der Mittelschicht, die ihre traditionellen Zugangs- und Nutzungsrechte verteidigten, und dem Staat und seinen Beamten geprägt, die die Waldreform umzusetzen versuchten. Die Unterschichten und ihre vormärzliche Massenarmut nehmen in diesem Szenario keinen zentralen Platz ein. So sind Reichweite und soziopolitische Implikationen des *social crime*-Konzeptes, das der Forschung wichtige Impulse gegeben hatte, zunehmend fragwürdig geworden.

Am ersten: Claus Wad der wagenknecht hat sich uff ein tag in Albrecht Unbehawens hauß bi tage under ein bettstatt gelegt und haimlich verborgen biß nacht, und als sich des nachtes die gest niderlegten, und er vermaint, sie weren entschlafen, ist er herfür geschloffen und hat eim wagenman von Hall mit namen Mertin Tierolff genannt, ein taschen usser seinem haupt gezogen und im ob VIIII guldin darauß gestolen.

Am andern hat er sich deßglich in Jörgen Egelsees hauß bi tag under ein betstatt gelegt, und haimlich verborgen aber biß nacht, ... und hat eim burger zu Aulon mit namen Peter Arnolt genannt, ein taschen usser seinem haupt gezogen und im bi VII guldin darauß gestolen.

Man hat zuo Clausen Wyd gericht mit dem strang uff fritag vor sant Gregörientag anno domini 1483 (7. März).

Müller, K. O. (1910), Ellwanger Urgichten aus der zweiten Hälfte des 15. Jahrhunderts, in: Schwäbisches Archiv 28, S. 37 f.

Diebstahl

Natürlich lässt sich das weite Feld der Eigentumsdelinquenz mit Hilfe des *social crime*-Konzeptes nur zu einem kleinen Teil erschließen. Diebstahl konnte, wie gesehen, Bestandteil der Aktionen von Räuber- und Gaunerbanden sein, aber auch von individuell operierenden Spezialisten betrieben werden, von Beutelschneidern und Einbrechern. Seine Dimensionen reichten vom

Mundraub über den Gelegenheitsdiebstahl von Kleidern bis hin zum schweren Kirchendiebstahl, wo der Absatz der Beute ein spezielles Netz von Mittelsmännern und Hehlern erforderte. Wettmann-Jungblut (1990: 154 f.) hat in seinem grundlegenden Aufsatz zu diesem Thema drei klassische Fälle von Diebstahl in der frühen Neuzeit unterschieden: »1. den von einem Vaganten oder sonstigen Mitglied der entwurzelten unteren Gesellschaftsschichten begangenen Diebstahl oder Einbruch.[...]; 2. den Diebstahl durch einen Knecht, eine Magd, einen Handwerksgesellen oder andere Personen, die in einem abhängigen Lohnverhältnis stehen und ihren Dienstherrn, Meister oder Arbeitgeber bestehlen; 3. den Diebstahl im Dorf/in der Stadt, bei dem Mitglieder der Gemeinschaft sich gegenseitig bestehlen, sei es aus Not, Neid, Habgier oder seit langem bestehender Feindschaft.« Während unter den Verurteilten die fremden Vaganten häufig überwogen, spräche vieles dafür, dass »die meisten Diebstähle von Ortsansässigen ausgeführt wurden« (ebd. 165). Als Beispiel eines Ortsfremden stoßen wir im Bamberger Echtbuch auf das erst 14jährige Henslein Krywitsch, das offenbar aus dem Osten kommend die Gegend als Beutelschneider unsicher gemacht hatte und nach Pranger und Stäupung aus der Stadt gejagt wurde (vgl. Quelle Nr. 5 unter *www.historische-einfuehrungen.de*). Eine gewisse Spezialisierung und damit auch Professionalität lassen die Diebsgeständnisse aus Ellwangen erkennen: Der Einbrecher Claus Wyd versteckt sich immer unter dem Bett und kommt nachts, wenn alle schlafen, hervor, um das Haus auszuräumen. Jörg Mayer hat es besonders auf Metallwerkzeuge und Kleidung, vor allem auf Lederhosen abgesehen. Jörg Werd dagegen ist eher den Versuchungen seines Berufs erlegen, als er als Messner der Pfarrkirche von Jagstzell die dort verwahrten Wertgegenstände der Pfarrkinder raubte (vgl. Quelle Nr. 8 unter *www.historische-einfuehrungen.de*).

Jenseits der Analyse einzelner Erscheinungsformen der Eigentumskriminalität ist dieses Delikt in der historischen Kriminalitätsforschung bisweilen zum zentralen Angelpunkt einer Analyse des Zusammenhangs zwischen staatlicher Rechtsordnung und gesellschaftlichen Machtverhältnissen stilisiert worden. In der englischen Forschung ist diese Perspektive vor allem mit Blick auf den *bloody code* eingenommen worden, dessen stark partikularistisch geprägte Statuten im 18. Jahrhundert Eigentumsvergehen mit dem Tod bedrohten. Historiker wie Douglas Hay, E. P. Thompson und andere sahen darin einen Rechtsschutz für die entstehende bürgerlich-kapitalistische Eigentumsordnung mit den Mittel des legalen Terrors (Wettmann-Jungblut in: Blauert/Schwerhoff 2000: 73). Auch Rebekka Habermas hat jüngst am Beispiel des Diebstahls im ländlichen Marburger Raum in der Mitte des 19. Jahrhunderts die »Entstehung der modernen Rechtsordnung« rekonstruiert. Dabei weist sie jedoch Deutungen für die Hochkonjunktur der Eigentumsdelinquenz in dieser Zeit, etwa den Verweis auf wirtschaftliche Not, als unterkomplex zurück. Vielmehr untersucht sie die zeitgenössischen Bedeutungszuweisungen für die inkriminierten Handlungen, konkret die Frage, warum »Konflikte um Fragen der Ehre, der personalen Identität, der Anerkennung subjektiver Rechte jetzt zur Mitte des 19. Jahrhunderts anscheinend besonders häufig in Prozessen wegen Eigentumsdelinquenz verhandelt« wurden (Habermas 2008: 74). Diese heterogenen Konflikte wurden von den beteiligten Personen und Institutionen – vor dem Hintergrund eines neuen Eigentumsverständnisses – gleichsam erst in eine Diebstahlshandlung »übersetzt«. Dieser Übersetzungsprozess folgte nicht einfach einer herrschenden Logik (oder einer Logik der Herrschenden), sondern das moderne Rechtssystem nahm erst langsam auf der Basis von zahlreichen »Rechtsaushandlungen« Gestalt an – ein Vorgang, den Habermas auf die (bewusst) sperrige Formel »Doing Recht« bringt (ebd. 18 ff.).

5.3 Sexual- und Sittendelikte

Sexual- und Sittendelikte bieten der Forschung ein historisches Fenster, durch das Einblicke in den Bereich der Geschlechterbeziehungen und in die Sphäre des Geschlechtlichen überhaupt zu erlangen sind. Dabei bleibt, wie immer in der historischen Kriminalitätsforschung, jeweils genau zu bestimmen, welchen Ausschnitt vergangener Wirklichkeiten dieses Fenster bietet. Problematisch, weil anachronistisch, kann auch die Übertragung moderner Begrifflichkeiten in vergangene Epochen sein. »Sexualität« als ein Konzept des 19. Jahrhunderts kann zum Beispiel nicht ohne weiteres in das 18. Jahrhundert übertragen werden, wo sexuelles Verlangen mit Worten wie »Geilheit«, »Üppigkeit« oder »Wollust« ausgedrückt wird (Zürn 2004: 89). So kann der Versuch von Martin Zürn, auf der Basis von Freiburger Verhörprotokollen frühneuzeitlichen Sexualvorstellungen und -praktiken nachzuspüren, nur gelingen, weil er methodisch außerordentlich vorsichtig verfährt. Und manches, etwa die Frage, ob die Artikulation von weiblichem Begehren und von Ansprüchen an die männliche Potenz tatsächliches Verhalten spiegelt oder männliche Entschuldigungsstrategie (ebd. 105), bleibt wohl dauerhaft offen. Schmal war (und ist) zudem der Grat zwischen Sexualität und Gewalt. Neben den früher angesprochenen Delikten der Vergewaltigung sind auch Inzest oder Unzucht häufig Etikette, die systematisch den Gewaltaspekt »dethematisieren« (Künzel 2003: 9 f.) und damit unsichtbar machen. Diese Vorbehalte müssen präsent gehalten werden, wenn im Weiteren einige zentrale Deliktformen betrachtet werden sollen. Dabei können die meisten Vergehen in diesem Feld als Verstöße gegen die eheliche Ordnung verstanden werden: Das gilt in erster Linie für Ehebruch, Unzucht oder Bigamie, im weiteren Sinn aber auch für den Inzest oder auch die Prostitution als Ort außerehelicher Sexualität. Als extrem kriminalisierte Form abweichender Sexualität gehört schließlich die Sodomie, insbesondere in Gestalt der gleichgeschlechtlichen Sexualität und der Bestialität, in den Fokus der Betrachtung. Die präzisere Identifizierung und Kriminalisierung illegitimer Sexualpraktiken außerhalb der Ehe kann insgesamt als Gegenstück zur Aufwertung der Ehe im Kontext der Reformation gedeutet werden (Puff 2003: 167 ff.).

Ehekonflikte und Ehebruch

Die bereits früher (Kap. 5.1) angesprochenen Fälle häuslicher Gewalt waren nur die Spitze eines Eisbergs von Ehekonflikten, die in der Frühen Neuzeit häufig vor verschiedene Gerichte getragen wurden (Beck 1990; Rublack 1998: 273 ff.). Obwohl auch die weltlichen Gerichte und Obrigkeiten bemüht wurden, waren für diesen Bereich zunächst vor allem die Kirchengerichte zuständig.

Systematisch ausgewertet hat Alexandra Lutz 421 Fälle von Ehestreitigkeiten, die zwischen 1650 und 1770 vor dem holsteinischen Konsistorium der Propstei Münsterdorf verhandelt wurden. Nur für rund die Hälfte der Fälle (214) sind Urteilssprüche überliefert, wobei Scheidungen wegen Ehebruchs oder böswilligen Verlassens überwiegen (107), aber auch Annullierungen z. B. aufgrund von Impotenz vorkommen (14), Trennungen von Tisch und Bett vorgenommen (34), aber auch Versöhnungen versucht wurden (Lutz 2006: 128 ff.). Auch hier gilt, dass sexuelle Gewalt selten thematisiert wurde, wobei Gewalt überhaupt in der Ehe eher ein Mittel des Konfliktaustrages denn eine Ursache der Ehestreitigkeiten gewesen sei (ebd. 234, 316). Die Studie von Lutz zeigt, wie sehr trotz aller Machtungleichgewichte zwischen den Geschlechtern auch die Frauen ihre Ansprüche innerhalb einer Ehebeziehung zu formulieren wussten und dass »Kaltsinnigkeit« und Lieblosigkeit kein generelles Charakteristikum vormoderner Zweierbeziehungen darstellte, sondern ein ausdrücklich als Defizit beklagtes Merkmal scheiternder Ehen war.

Konnte der Ehebruch vor einem kirchlichen Gericht als Scheidungsgrund fungieren, so stellte er doch nach frühneuzeitlichem Verständnis ein durchaus schwerwiegendes Kriminaldelikt dar, für das die Strafrechtskodifikationen harte Sanktionen bis hin zu peinlichen Strafen (Art. 120 f. Carolina) bzw. zur Todesstrafe wie in der niederösterreichischen *Ferdinandea* von 1656 vorsahen. Die Praxis fiel meist milder aus, wie das Beispiel des Verfahrens »in puncto duplicis adulterii« gegen Joseph Gattenbauer und Barbara Khunin vor dem Landgericht Perchtoldsdorf im Jahr 1756 zeigt. Der Prozess, der durch eine Anzeige von Barbaras Ehemann initiiert worden war, endete zunächst mit dem Verdikt, Gatterbauer sei mit dem Schwert zu Tode zu bringen, die Khunin dagegen wurde zu einer sechsmonatigen öffentlichen Arbeitsstrafe verurteilt. Die niederösterreichische Regierung milderte das Urteil gegen den Mann jedoch zu einer einjährigen Arbeitsstrafe ab, während dasjenige gegen die Frau durch die Bestimmung verschärft wurde, sie sei nach Ableistung der Strafe des Landes zu verweisen. Beide erreichten auf dem Supplikationsweg eine Abmilderung bzw. Abkürzung der Strafen. Zieht man allerdings in Betracht, dass

Gatterbauer seine Stellung als Dienstherr missbraucht und wahrscheinlich weniger ein Fall von einvernehmlichem Ehebruch als von gewalttätiger Notzucht vorlag, dann bestätigt sich an diesem Einzelfall der generelle Trend einer geschlechtsspezifischen Ungleichbehandlung (Griesebner 2000: 93, 264ff.).

Zwar entfaltete sich seit dem 18. Jahrhundert die Vorstellung, bei der Ehe handele es sich um einen gleichberechtigten Vertrag zwischen Mann und Frau, doch blieb der Ehebruch bis in die Moderne hinein ein strafrechtlicher Tatbestand; allerdings wurde er nach dem Reichsstrafgesetz von 1871 (§172) nur noch auf Antrag verfolgt und mit einer kurzen Gefängnisstrafe belegt. Auch die Vorstellung einer geschlechtsspezifisch ungleichen Bestrafung fand noch Mitte des 19. Jahrhunderts viele Anhänger.

»Allerdings sind beide Ehegatten zu gleicher Treue verpflichtet; allein die Verletzung dieser Pflicht ist auf beiden Seiten nicht gleich; der Unterschied in der Strafe ist in den Verhältnissen beider Geschlechter begründet. Der von der Ehefrau begangene Ehebruch setzt eine weit größere Unsittlichkeit, als der Ehebruch des Ehemannes voraus, er wird in der allgemeinen Meinung für strafwürdiger gehalten und ist für das Glück und den Frieden in der Familie ungleich störender. Er entzieht der Mutter die Achtung der Angehörigen, macht sie zur Erfüllung der mütterlichen Pflichten unfähig und wirkt für die Sittlichkeit der Kinder nachtheiliger. Hinzu kommt, dass durch den Ehebruch der Frau fremde Sprößlinge in die Familie kommen, der selbe daher in seinen Folgen objektiv nachtheiliger ist …«

(aus einer »Denkschrift über die zur ständischen Berathung gestellten Frage des Strafrechts« im Umfeld der geplanten Revision des ALR im Jahr 1843, zit. n. Blasius 1997: 659f.)

Mit dem Delikt des Ehebruchs eng verknüpft konnte dasjenige der Bigamie sein. Eine häufige Folge von Ehekonflikten in der Frühen Neuzeit war – vor allem in katholischen Gebieten, wo allenfalls eine Trennung von Tisch und Bett, keineswegs aber eine Scheidung möglich war – das Verlassen des Ehepartners (»Desertion«) und, gleichsam als Spätfolge, die doppelte Ehe. Nicht selten stößt man zum Beispiel in den Kölner Verhörprotokollen auf die Spuren entlaufener Ehefrauen und Ehemänner, die in »wilder Ehe« leben, bzw. auf die Heirat von Personen, deren vormalige Ehepartner vielleicht oder sicher noch gar nicht tot waren (Schwerhoff 1991: 384ff.) Dass die zeitgenössischen Deliktkonstruktionen keineswegs der Komplexität der sozialen Problemlagen angemessen sein mussten, zeigt sehr drastisch die Studie von Siebenhüner (2006). Vor dem Tribunal der Römischen Inquisition formte sich nämlich die Bigamie als häresienahes Delikt aus, das von den Glaubenswächtern im Zeichen der tridentinischen Reformen zum Indikator für ein unkatholisches Eheverständnis und damit für Ketzerei profiliert wurde.

Unzucht

Der Begriff der »Unzucht« (*fornicatio*) hat eine Doppelbedeutung. Einmal fungiert er häufig als Sammelbegriff für Unsittlichkeit schlechthin. Auf der anderen Seite aber und präziser steht er für den häufigsten Konfliktfall zwischen den Geschlechtern überhaupt, der gerichtsnotorisch wurde: den vorehelichen Geschlechtsverkehr (Härter 2005: 866). Was in der Frühneuzeit zunehmend als »Unzucht« und »Leichtfertigkeit« von den Obrigkeiten angeprangert und justifiziert wurde, hatte seine Wurzeln im volkskulturellen Brauchtum informeller Eheanbahnung: Danach war der sexuelle Verkehr schon vor dem formellen Eingehen der Ehe durchaus legitim, wenn ein festes Verlöbnis, ein Eheversprechen mit dem Austausch von Pfändern vorausgegangen war. Häufig sahen sich die Gerichte mit der weiblichen Klage über ein gebrochenes Eheversprechen konfrontiert, wenn eine voreheliche Schwangerschaft vorlag. Wie die Forschungen von Susanna Burghartz (1999) zur Basler Ehegerichtsbarkeit zeigen, wurden im Zuge der reformatorischen Neubestimmung des Platzes der Ehe voreheliche sexuelle Kontakte tendenziell kriminalisiert, »weibliche Ehre« und sexuelle Reinheit enger aneinander gekoppelt. Fungierte das Gericht in der ersten Phase seiner Tätigkeit noch als Konfliktregulierungsinstanz, vor deren Schranken Klägerinnen und Kläger Chancen hatten, ihre Interessen zu vertreten, so trat bereits in der zweiten Hälfte des 16. Jahrhunderts an die Stelle der Integration »zunehmend eine Politik der Ausgrenzung und Bestrafung« (Burghartz 1999: 105). Offizialprozesse lösten als Verfahrenstypus Anklageprozesse ab. Spätestens mit der Reformationsordnung von 1637, die das Delikt des »frühen«, das heißt vorehelichen Beischlafs kreierte, wurden Frauen, die ihrer jungfräulichen Ehre verlustig gegangen waren, rigoros als unzüchtig abgestempelt und sozial stigmatisiert. Trotz entgegenstehender Normen ließ sich das Gericht aber vielfach noch im 17. Jahrhundert auf die Argumentation der Frauen, die sich auf das gebrochene informelle Eheversprechen beriefen, ein und verurteilte den Mann zur Kostenübernahme und Sorge für das Kind. Die Frau hatte so noch die Chance, ihren Status als »fromme Tochter« und damit ihre weibliche Ehre zu bewahren. Viel hing davon ab, ob der soziale Kontext stimmte, ob das Zeugnis der informellen Kontrollinstanzen (Familie, Freunde, Nachbarschaft) über den Lebenswandel der besagten Frau günstig ausfiel. Erst später, im 18. Jahrhundert, wurde das Ehegericht eindeutig zum Disziplinierungsinstrument, durch das »Herrschaft qua Geschlecht von Männern über Frauen im Alltag gesichert und ausgebaut« wurde (Burghartz in Schreiner/Schwerhoff 1995: 233).

Gerade bei der Verhandlung von Unzuchtsprozessen wird eine fortbestehende Kluft zwischen der obrigkeitlichen Devianzperspektive und einem gesellschaftlichen Regelsystem deutlich, in dem vor- und außereheliche Sexualität eine komplexere Bedeutung besitzen und keineswegs per se als abweichendes Verhalten gesehen werden. So scheint im katholischen Bayern die Bewertung des Deliktes der »Leichtfertigkeit« die gesamte Frühneuzeit hindurch zwischen Obrigkeit und ländlicher Gesellschaft zu divergieren (Breit 1991). Die öffentliche Meinung im Dorf teilte die radikale Stigmatisierung dieses traditionellen Bestandteils der Eheanbahnung keineswegs; dabei erfolgte die Wahl des »Leichtfertigkeitspartners« nicht zufällig, sondern hielt sich meist an die ökonomisch determinierten Regeln des ländlichen Erb- und Heiratssystems. Auch in der Altmark stand Ehelosigkeit der nachgeborenen Kinder oder der Dorfarmut im Dienste der dörflichen Eigentums- und Sozialordnung; auch unverheiratete Erwachsene und uneheliche Kinder waren als Arbeitskräfte willkommen. Erst im »obrigkeitlichen Befragungsprozess wurden männliche und vor allem weibliche sexuelle Verhaltensnormen unabhängig vom Status der Personen und von dem Konflikt, der zwischen ihnen existierte, konstruiert« (Gleixner 1994: 216). Das Gericht legte über die komplexe soziale Wirklichkeit mithin ein Netz standardisierter geschlechtsspezifischer Verhaltensnormen; damit beteiligte es sich nach der These von Gleixner gleichzeitig an der Ausarbeitung der neuzeitlichen Geschlechtscharaktere.

Inzest

Epochenspezifische Unterschiede in der Deliktkonstruktion werden besonders deutlich im Fall des Inzests. Während in der Frühen Neuzeit eher die »Unkeuschheit« zwischen nahen Verwandten den Fokus bildete und die hauptsächliche Stoßrichtung auf Heiratsverbote zwischen zu nahen Verwandten zielte (z. B. Art. 117 Carolina), um Dynastie- und Erbkonflikte zu minimieren, überwiegt in der modernen Debatte der Aspekt des sexuellen Missbrauchs. Die große Bandbreite der unter diesem Etikett verhandelten Fälle zeigt exemplarisch die Untersuchung von Jarzebowski (2006) auf der Grundlage von ca. 300 Fallakten aus dem preußischen Schlesien bzw. aus der Kurmark zwischen 1719 und 1780 zum *crimen incestus*. Hier lassen sich Fälle von Inzest aufgrund materieller Interessen (wenn etwa eine Frau mit ihrem Schwager den verwaisen Hof weiterführt, während ihr Mann im Krieg steht) bzw. von affektiver Attraktion in Gestalt der Liebe zum Stiefvater oder zur Stiefmutter von ausdrücklichen Gewaltbeziehungen abgrenzen, bei denen Väter und Stiefväter ihre Macht gegenüber verwandten Frauen missbrauchen oder bei denen ein wirklicher Kindesmissbrauch vorliegt (vgl. Kap. 5.1). Dabei diagnostiziert Jarzebowski (2006: 87 ff., 230 ff.) bei den Richtern eine Tendenz zur bagatellisierenden Umdeutung zuungunsten der Opfer; so wird eine eigentlich verwirkte Todesstrafe für einen väterlichen Vergewaltiger durch die Feststellung gemildert, ein neunjähriges Mädchen könne nicht wirklich vergewaltigt werden. Auch in der Gesellschaft wurde der Missbrauch familialer Nähe durch inzestuöse Männer, so Rublack (in Ulbricht 1995: 171–213, hier 205) durch »wissende Ignoranz« oft totgeschwiegen.

Prostitution und Kuppelei

Die Prostitution, im kriminologischen Diskurs des 19. Jahrhundert als Frauendelikt par excellence gehandelt, kann in historischer Perspektive keineswegs durchgängig als gesetzeswidriges Verhalten betrachtet werden (P. Schuster 1992; B. Schuster 1995; Hemmie 2007). Obwohl es deutliche Indikatoren für Diskriminierung und Marginalisierung der Dirnen in der mittelalterlichen Gesellschaft gibt, wurde ihre Tätigkeit lange Zeit geduldet. Im 14. und 15. Jahrhundert kam es vor allem in Süddeutschland sogar zur Gründung zahlreicher

Frauenhäuser durch die städtischen Räte. Der augustinischen Lehre von der Duldung des »kleineren Übels« zur Vermeidung größeren Schadens folgend, konnten hier die Dirnen unter der Aufsicht des auf den Rat vereidigten Frauenwirtes ihren Geschäften nachgehen. Im 15. Jahrhundert dann verschärfte sich die obrigkeitliche Moralpolitik; zahlreiche Marginalisierungs- und Stigmatisierungstendenzen bilden gewissermaßen die Vorstufe zu einer konsequenten Kriminalisierung der Prostitution: rigidere Kleiderordnungen, stärkere Ghettoisierung der Dirnen, verschärfte Verfolgung der »freien« Prostitution außerhalb des Frauenhauses, das immer mehr zu einem Medium herrschaftlicher Kontrolle wird. Die Schließung der Frauenhäuser seit Beginn des 16. Jahrhunderts im Zeichen des sittlichen Rigorismus der Reformation schließlich stellt die Radikalisierung dieses Trends dar; *de jure* wird das Dirnenwesen nun allenthalben unter Strafe gestellt.

Bei dem hier nur kurz skizzierten Entwicklungsprozess ging es jedoch um mehr als um die bloße Kriminalisierung einer speziellen Tätigkeit. Vielmehr wurde eine ganze Lebensform unter Generalverdacht gestellt. Alle Frauen, die nicht in das männliche Klischee von der Jungfrau oder der Ehefrau passten, mussten seit dem 15. Jahrhundert verstärkt damit rechnen, als »Huren« klassifiziert zu werden; auch unehelich mit einem Mann zusammenlebende Frauen wurden mit der Zwangseinweisung ins Frauenhaus bedroht. Dabei wurden die Rügebräuche der Frauenhausbewohnerinnen gegen diejenigen Frauen, die sie als heimlich praktizierende Konkurrentinnen begriffen, phasenweise zu einem die obrigkeitlichen Maßnahmen flankierenden Vehikel der sozialen Kontrolle (vgl. Schuster in Blauert/Schwerhoff 1993). Umgekehrt verschwand die Prostitution nach ihrer völligen Kriminalisierung natürlich nicht aus den frühneuzeitlichen Städten (Quelle Nr. 11 unter *www.historische-einfuehrungen.de*).

Beispiel Amsterdam

Das gilt insbesondere für jene frühneuzeitlichen Metropolen wie Paris oder Amsterdam, die den Zeitgenossen nicht ganz zu Unrecht als Zentren der käuflichen Liebe galten. Die niederländische Hafenstadt ist von van de Pol (2006) einer eingehenden Untersuchung unterzogen worden. Obwohl seit der calvinistischen Machtübernahme 1578 unter strikter Strafandrohung stehend, waren die tatsächlich verhängten Strafen eher moderat, wobei die zyklischen Verfolgungen um 1700 zunehmend von einer stillschweigenden Duldung abgelöst wurden. Van de Pol portraitiert das Treiben der geschätzt 1.000 Dirnen als eine sehr differenzierte Tätigkeit, wobei sich die »Nachtläuferinnen« von denjenigen Frauen unterschieden, die in offenen oder verdeckten Bordellen (Spielhäusern) ihre Kunden suchten oder gar als Kurtisanen festere Beziehungen unterhielten. Dabei lässt sich die Amsterdamer Prostitution als ein wirkliches Gewerbe mit eigenen Regeln beschreiben. Es gab feste Vereinbarungen mit den sogenannten Hurenwirtinnen, entweder einen Festbetrag für deren Leistungen (Unterkunft, Verpflegung, Logistik) oder »halbe-halbe«. Die Anwerbung von Freiern mutet ebenso modern an wie das gestufte Tarifsystem, das von einem Schilling für Straßenhuren bis zu zwei Dukaten für Bordellbewohnerinnen reichte. Teurer noch waren außergewöhnliche sexuelle Praktiken wie Masturbation, Fellatio oder Geißelungen, von denen selten und wenn, dann mit Abscheu berichtet wird (ebd. 210).

Prostitution in der Moderne

Dass Prostitution nicht unbedingt eine großstädtische Domäne sein muss, zeigt der in eigenartiger Weise auf der Grenze zwischen Ancien Régime und Moderne angesiedelte Skandalprozess um Erpressung und Prostitution, der 1824–26 die württembergische Stadt Hall erschütterte; ca. 150 Menschen aller Schichten waren darin verwickelt (Kienitz 1995). Hinter den Kulissen bürgerlicher Wohlanständigkeit wurde ein Netzwerk von organisierter Bordell- und Straßen-Prostitution sichtbar, mit dessen Hilfe Frauen aus den ärmeren Schichten der Stadt über Jahre hinweg ihren Lebensunterhalt aufbesserten. Die umfangreichen Ermittlungs- und Prozessakten geben wertvolle Einblicke in die Mentalität und Lebenswelt der Beteiligten, bringen deutlich die Asymmetrie und das Machtgefälle zwischen den Geschlechtern zum Ausdruck (Männer »gebrauchen« den Körper der Frau), zeigen aber auch die Handlungsoptionen der betroffenen Frauen, die ihre Körper als ökonomische Ressource benutzten. Auch Evans (1997: 240ff.) betont in seiner Studie über das Milieu der Prostitution und seine Bekämpfung im Kaiserreich – bei aller materiellen Deprivation der Betroffenen – die Handlungsspielräume der Prostituierten, die sich meist der obrigkeitlichen Erfassung und Reglementierung erfolgreich entziehen konnten, und die Vielfalt im Spiel von sexueller Nachfrage und Angebot, die sich kaum auf den gemeinsamen Nenner von bürgerlicher Heuchelei und weiblicher Opferrolle bringen lässt (ebd. 14). Dazu passt im Übrigen der Befund einer partiellen Entkriminalisierung dieses Deliktes in der polizeilichen Praxis des Kaiserreiches, die der tatsächlichen Entkriminalisierung qua Strafrecht in der Weimarer Zeit vorausging. Während die Prostituierten im kriminologischen Diskurs des 19. Jahrhunderts gleichsam als ein Prototyp des moralisch defizienten weiblichen Kriminellen figurierten, waren sie in der polizeilichen Praxis trotz aller Versuche der Einhegung in bestimmte »Sperrbezirke« kaum zu kontrollieren (Becker 2002: 117 ff.). Unter anderen Vorzeichen galt immer noch die Theorie vom »geringeren Übel«, und deshalb war es – wie der Kulturhistoriker Rudolf Quanter 1904 bemerkte – »ungeheuer schwer, ein Uebel, das man bestehen lassen will, gleichzeitig zu verbieten« (zit. n. ebd. 154).

Beispiel Nürnberg

Die eher schwammigen gesetzlichen Regelungen des Reichsstrafrechts 1871/2 schufen eine nur schwer überschaubare regionale Vielfalt im Umgang mit der »gewerbsmäßigen Unzucht«. Exemplarisch für die bayrische Industriestadt Nürnberg zeigt Thoben (2006) die gewundenen Wege obrigkeitlicher Maßregelungen durch drei politische Systeme von 1871 bis 1945, wobei Verhörprotokolle und Polizeiakten einen Teil der Quellengrundlage bilden. Im Kaiserreich behinderten bürgerliche Doppelmoral und die »schwammigen Grenzen zwischen Tolerierung, Eindämmung und Verfolgung« von Prostituierten eine zielführende Reglementierung lange Zeit (ebd. 659). Repressionen richteten sich vornehmlich gegen Straßenprostituierte, die Konzentration der Dirnen in Bordellen wurde eher gefördert. Die Weimarer Zeit brachte tendenziell eine Verlagerung von polizeilicher Repression zu sozialer und medizinischer Fürsorge und Kontrolle. Diese radikalisierte sich im Nationalsozialismus gleichsam unter den Vorzeichen erbbiologischer Prävention und Geschlechtskrankenfürsorge und mündete in die Zwangssterilisation vieler als »asozial« eingestufter Prostituierten. Grundsätzlich kriminalisiert wurde aber das Gewerbe auch in den 1930er Jahren nicht: Vielmehr war es die Hauptsorge der Funktionäre, bei den jährlichen Reichsparteitagen in der fränkischen Metropole durch Absperrungen zu verhindern, dass Freier in Uniform das Bordellviertel an der Frauentormauer stürmten: Zivilpersonen dagegen, »auch wenn sie durch Abzeichen als Parteigenossen kenntlich sind, können die Sperre passieren [...]« (zit. nach ebd. 620).

Sodomie als Sammelverbrechen

Der Tatbestand der Sodomie ist ein Paradefall für die Etikettierungsperspektive (vgl. Kap. 2.3): Unter dem Dach eines Begriffes wurden verschiedene, für uns sehr heterogen erscheinende sexuelle Praktiken zu einem Tatbestand amalgamiert. Gleichgeschlechtliche Sexualität, Selbstbefriedigung, »widernatürliche« Sexualpraktiken zwischen Mann und Frau wie etwa der Analverkehr oder Fellatio ebenso wie der Geschlechtsverkehr mit Tieren (Bestialität) – alle diese illegitimen (weil nicht auf Zeugung zielenden) sexuellen Handlungen wurden von spätmittelalterlichen Theologen unter dem begrifflichen Dach der *sodomia* gefasst, eine Reverenz an die biblische Stadt Sodom, die Gott aufgrund der Verworfenheit ihrer Bewohner dem Erdboden gleichmachte (Gen. 19) (vgl. Kap. 5.4). Obwohl in den einschlägigen Normenkatalogen vielfältige Varianten dieser »Unkeuschheit wider die Natur« (Art. 116 Carolina) aufgeführt waren, wurden sie in der Praxis sehr ungleichmäßig kriminalisiert. Von den 53 in Österreich ob und unter der Enns identifizierbaren Sodomie-Prozessen befassten sich lediglich zwei mit heterosexuellen, eines mit gleichgeschlechtlichen Sexualpraktiken – der Rest beinhaltete Bestialitätsverfahren (Hehenberger 2006). Interessant ist hier die Tatsache, dass solche Tatbestände in nennenswerter Zahl zur Anzeige kamen. Die Zeugen äußern großen Abscheu vor dem devianten Verhalten und demonstrieren damit einen hohen Grad von Konsens mit den herrschenden Normen (vgl. für Württemberg Wegert 1994: 187 ff.; Schnabel-Schüle 1997: 314 ff.).

Gleichgeschlechtliches Begehren

Während die Bestialität vorwiegend in ländlichen Gebieten identifiziert und kriminalisiert wurde, erscheint die gleichgeschlechtliche Sexualität seit dem Spätmittelalter in den Quellen eher als ein städtisches, sogar ein metropolitanes Phänomen. Zwischen 1432 und 1502 gerieten über 15.000 Personen wegen gleichgeschlechtlichen Verhaltens in das Visier des neu eingerichteten und speziell für Sodomie zuständigen Amtes der *Ufficiali di Notte* in Florenz. Ca. 2.400 Personen wurden verurteilt, zumeist zu Geldbußen, bisweilen zu Schandstrafen und Verbannung; nur in wenigen Fällen – vorwiegend war Gewalt gegen Kinder im Spiel – wurden Todesstrafen verhängt. Auch in anderen Städten wurden in jener Zeit vergleichbare Magistrate gegründet, vorwiegend aufgrund der Agitation von Bettelorden. In Venedig war seit 1418 ein *collegium sodomitarum* aktiv, das ebenfalls Verfolgungskampagnen ins Werk setzte (Rocke 1996; Hergemöller 2001). Auch nördlich der Alpen sind einschlägige Verfahren zu finden. Im Städtedreieck Augsburg-Straßburg-Zürich sind zwischen der Mitte des 14. und der Mitte des 17. Jahrhunderts ca. 100 Verfahren nachzuweisen, wobei die relative Seltenheit der Fälle mit einer hohen Strafhärte einher geht (Puff 2003: 183 ff.).

Obwohl im 18. Jahrhundert allmählich die Verdammung der Sodomie aus religiösen Gründen verblasste und stattdessen ihr »unnatürlicher« Charakter in den Vordergrund trat, war die Beharrungskraft des alten Sodomie-Konzeptes groß; in gewisser Weise prägte es die Gesetzgebung bis in die jüngste Vergangenheit hinein. Zwar setzte bereits das preußische ALG 1794 die Strafe für »Sodomitery« von der Todesstrafe auf Landesverweis herab, und der Code Pénal 1810 brachte für die französisch okkupierten Gebiete Deutschlands die völlige Straffreiheit für einvernehmliche gleichgeschlechtliche Handlungen (vgl. H. Puff/C. Jarzeboswski, Art. »Homosexualität«, EdN 5, 2007, 637–643). Preußen hielt jedoch an der Strafbarkeit fest und so bestimmte der § 175 des Reichsstrafgesetzbuches von 1871: »Die widernatürliche Unzucht, welche zwischen Personen männlichen Geschlechts oder von Menschen mit Thieren begangen wird, ist mit Gefängniß zu bestrafen; auch kann auf Verlust der bürgerlichen Ehrenrechte erkannt werden.« Im Kern überdauerte diese Regelung in Deutschland bis in die zweite Hälfte des 20. Jahrhunderts; erst 1968 (DDR) bzw. 1969 (BRD) wurde gleichgeschlechtliche Sexualität unter Männern weitgehend, schließlich 1989 (DDR) bzw. 1994 gänzlich entkriminalisiert. Was das tatsächliche Verfolgungsgeschehen anlangt, so ist die Intensität der Forschung äußerst unterschiedlich. Während die NS-Zeit seit längerem im Zentrum analytischer Aufmerksamkeit steht, werden andere Epochen erst seit jüngerer Zeit intensiver erforscht (vgl. Micheler 2005: 59 ff.).

Stigmatisierung von Homosexuellen

Beispielhaft für die mittlerweile ausdifferenzierte Forschungslandschaft stehen die Arbeiten von Micheler (2005) und Lücke (2008). Die Arbeit von Micheler spürt dem Spannungsverhältnis von Fremd- und Selbstbildern über Männer begehrende Männer in der Weimarer Zeit und im Nationalsozialismus nach. Dabei kontrastiert er den wissenschaftlichen und öffentlichen Diskurs über die »Homosexuellen« in der ersten Untersuchungsphase, der häufig von pathologisierenden Zuschreibungen geprägt war, mit den positiven »Wir-Gefühl« als ganz normale Männer, das die Betroffenen ausweislich der »Freundschaftszeitungen« der Zwanziger Jahre entwickelten. Für die Zeit nach 1933 werden diese, nun nicht mehr zur Verfügung stehenden Materialien durch die Akten der Staatsanwaltschaft beim Landgericht Hamburg ersetzt. Diese vermitteln nicht nur einen Eindruck über den starken Kriminalisierungsdruck jener Epoche, sondern werden zugleich behutsam als Ego-Dokumente genutzt, um über Selbstverständnis und Lebenswelt der Betroffenen Auskunft zu geben.

Einen wichtigen analytischen Schritt voran geht Lücke, indem er mit den männlichen Prostituierten eine spezielle Gruppe und deren Stigmatisierung im Kaiserreich und in der Weimarer Republik untersucht. Anders als bei den Homosexuellen insgesamt verurteilten in diesem Fall nicht nur Wissenschaft und Öffentlichkeit die »Strichjungen« als »Verführer« und »Erpresser«, sondern auch die Homosexuellen-Bewegung grenzte männliche Prostituierte mit ganz ähnlichen Argumenten wie die Mehrheitsgesellschaft aus. Sie wurden doppelt stigmatisiert, mithin zu »zweifach Anderen« stilisiert (Lücke 2008: 264). Beide Arbeiten zeigen, wie eng, ja unauflöslich, die Erforschung der individuellen und kollektiven Identitäten in Subkulturen mit der Analyse ihrer Stigmatisierung und Kriminalisierung verknüpft ist. Die Gefahren einer naiven Auswertung von polizeilichen und gerichtlichen Quellen liegen dabei auf der Hand (vgl. Kap. 3). Welche Probleme jenseits dieses Forschungsfeldes liegen können, zeigt beispielhaft die weibliche Homosexualität: Frauen begehrende Frauen gerieten in den meisten Phasen der Geschichte nicht in den Fokus strafrechtlicher Verfolgung, was für die betroffenen Frauen sicherlich vorteilhaft war, gleichzeitig aber auch als eine Form patriarchaler

Ignoranz gegenüber weiblichen Lebensvollzügen gedeutet werden kann. Jedenfalls ist es fraglich, »ob sich eine Geschichte weiblicher Homosexualität vor dem Ende des 19. Jahrhunderts überhaupt schreiben lässt, während die Erforschung männlicher Homoerotik und -sexualität wegen der Kriminalisierung und Verfolgung in früheren Epochen« auf einer größeren Überlieferungsdichte fußen kann (Opitz 2010: 121).

5.4 Religionsdelikte und politische Kriminalität

Verbrechen gegen die göttliche und solche gegen die weltliche Majestät erscheinen häufig als eng miteinander verknüpft. Mit dem Verlust der Zunge bedroht schon König Rudolf von Habsburg 1278 sowohl die Lästerer gegen Gott, seine Mutter und alle Heiligen wie auch Schmähredner gegen den römischen König. Der niederländische Jurist Jodokus Damhouder rubriziert Ketzerei, Blasphemie und andere Religionsvergehen 1551 umstandslos als Majestätsverbrechen (*crimen laesae maiestatis divinae*) (Schwerhoff 2005, 186 f.). Dass es nicht nur um gelehrte Konstrukte geht, belegt der Ausruf des österreichischen Bettlers Ferdinand Prohaska bei seiner Verhaftung 1906: »Ich scheiße auf seine Majestät den Kaiser, auf unsern Herrgott und die Pfaffen« (Czech 2010: 145). Es bietet sich daher an, beide Deliktgruppen in enger Nachbarschaft abzuhandeln, auch wenn bei näherer Betrachtung viele Unterschiede zu konstatieren sind.

Religiöse Devianz

Bei den Religionsvergehen bestätigt sich einmal mehr, dass die Abgrenzung von Delikten eine der schwierigsten Probleme der Kriminalitätsgeschichte darstellt. Zunächst scheint die Sache einfach, denn seit dem frühen Mittelalter hatte sich eine eigenständige, kirchliche Gerichtsgewalt mit besonderen Strafmitteln (insbesondere dem Kirchenbann) herausgebildet, die natürlich zunächst die Geistlichkeit als eigenen Stand betraf, sich aber für Tatbestände, die als besondere *causae fidei* verstanden wurden, auch auf Laien erstreckte. Dabei ist natürlich zunächst an falsche Glaubensvorstellungen (Häresie bzw. Ketzerei), an den Abfall vom Glauben (Apostasie) und an den Unglauben zu denken, aber tatsächlich umfasste der Katalog der potentiell von der geistlichen Gerichtsbarkeit zu strafenden Delikte ein viel größeres Spektrum. Insbesondere sind dabei jene Mischdelikte (*delictae mixtae*) zu nennen, die sowohl von der kirchlichen als auch von der weltlichen Gerichtsbarkeit sanktioniert werden konnten: Aberglauben und Magie, Zauberei und Hexerei, Blasphemie und Sakrilegien, Meineid bzw. Eidbruch und Feiertagsentheiligung, Fälschung und vor allem die verschiedenen Verbrechen des »Fleisches« sowie andere mehr (Härter 2005: 314). Insofern jedes Verbrechen gleichzeitig als »Sünde« zu verstehen ist, kann jedes Delikt auch als ein Religionsdelikt verstanden werden; den Policeyordnungen der Frühen Neuzeit ist deutlich anzumerken, dass sie auf dem Gerüst der Zehn Gebote (Dekalog) ruhten (Schnabel-Schüle 1994).

Kirchliche Inquisition

Von den Tatbeständen her lässt sich das Delikt somit kaum trennscharf abgrenzen, und auch von den Institutionen her ergeben sich Schwierigkeiten. Am ehesten ist eine Abgrenzung für das späte Mittelalter und die frühe Neuzeit dort möglich, wo sich mit der Inquisition eine besondere Ketzerverfolgungsbehörde ausgebildet hatte (Bethencourt 2009; Schwerhoff 2009). Seit 1231 ernannte der Papst reisende Sonderbevollmächtigte, in der Regel Angehörige der Bettelorden, zu Ermittlern gegen die häretische Verworfenheit (*inquisitores heretice pravitatis*). Durchaus mit dem Anspruch einer universalen Institution für die gesamte lateinische Christenheit ausgestattet, war der reale Wirkungskreis der Inquisition aber auf die Kerngebiete des französischen Südwestens und Italiens, auf das Königreich Aragón und auf Böhmen beschränkt. In Deutschland gab es nur begrenzte Verfolgungskampagnen. An der Wende zur Neuzeit wurde die Inquisition dann zunächst in Spanien (ab 1478), später in Italien (1542) gleichsam neu gegründet und entwickelte sich dort zu durchorganisierten Organisationen mit einer mächtigen Zentrale in Madrid (Suprema) bzw. Rom (Sanctum Officium) und regionalen Tribunalen.

Welche Personen und Delikte ins Fadenkreuz der Inquisition gerieten, war im Laufe der Zeit einem starken Wandel unterworfen. Waren es im Mittelalter vor allem Ketzergruppen, insbesondere die

Katharer und die Waldenser, richtete sich die Aufmerksamkeit schon seit den 1430er Jahren auf die neue Sekte der Hexen. Die Gründung der Spanischen Inquisition sollte dann eng mit dem Vorgehen gegen die sog. *conversos*, die zum Christentum konvertierten Juden und ihre Nachfahren, verknüpft sein, denen man geheime Sympathien mit ihrer Herkunftsreligion unterstellte. Später ging sie auch gegen die Maurenchristen (*Moriscos*) und gegen Protestanten vor. Die Römische Inquisition konzentrierte sich in ihren Anfängen vor allem auf die Abwehr der protestantischen Gefahr aus dem Norden. Beide Inquisitionen beanspruchten freilich Kompetenzen für ein viel größeres Spektrum religiöser Devianz von Blasphemie über Magie und Hexerei bis hin zu Sitten- und Sexualdelikten. So versuchte das Sanctum Officium seit dem späten 16. Jahrhundert das Vorgehen gegen Bigamisten zu monopolisieren, weil man darin besonders eine Missachtung der sakramentalen Qualitäten der Ehe erblickte (Siebenhüner 2006). Angesichts dieses breiten Aktionsprofils ergeben sich vielfältige Verbindungslinien zwischen der historischen Kriminalitätsforschung und einer Inquisitionsforschung, die in den letzten Jahrzehnten in zahlreichen Einzelstudien die Delinquenz vor den Inquisitionstribunalen erschlossen hat.

Sünden und Verbrechen

Selbst in den Kerngebieten der Inquisition konkurrierten die geistlichen Richter weiterhin mit der weltlichen Justiz. Im Reich brachte die Glaubensspaltung neue Kirchenzuchtorgane hervor, wie die Ehe- und Sittengerichte. Dabei ist die Eigenständigkeit dieser kirchlichen Organe und ihrer Strafinstrumentarien umstritten. Heinz Schilling (2002) hat davor gewarnt, die geistliche »Sündenzucht« und die weltliche »Strafzucht« analytisch vorschnell miteinander zu vermengen. Er plädierte für eine strenge idealtypische Unterscheidung zwischen einer Kirchenzucht, die von der Gemeinde getragen worden sei und mit dem Mitteln der Ermahnung und des Abendmahlausschlusses auf Reue, innere Umkehr und Reintegration des Sünders gezielt habe, und einer von weltlichen Gerichten betriebenen Strafzucht, der es mit ihren ausgrenzenden Strafen um Sühne und Abschreckung gegangen sei, ohne sich um Motive und Innenleben des Täters zu kümmern. Dieser idealtypischen Unterscheidung stand aber bereits im

Mittelalter die Realität eines breiten Mischfeldes kirchlicher und weltlicher Gerichtsbarkeit gegenüber (vgl. Kéry 2006). Und auch in der Frühneuzeit kamen tatsächlich wohl nur wenige kirchliche Gremien diesem Idealtypus nahe. Der historische Normalfall scheint zumindest im Protestantismus eher die Vermengung von Kirchenzucht und weltlicher Gewalt auf institutioneller und personaler Ebene gewesen zu sein. Das gilt für die lutherischen Konsistorien als mit kirchlichen und weltlichen Räten besetzte Gremien, die vielfach weltliche Strafen wie Geldbußen, Ehrenstrafen und Verbannung zum Einsatz brachten. Das gilt aber auch im reformierten Bereich für die Bernischen Chorgerichte, die Organ der Obrigkeit und als solche mit weitreichenden Strafkompetenzen ausgestattet waren (Schmidt 1995: 45 ff.). Stärkere kirchliche Autonomie behielten wohl die geistlichen Gerichte im katholischen Bereich, wie sie beispielhaft die archidiakonalen Sendgerichte der westfälischen Bistümer repräsentieren (Holzem 2000); aber auch sie blieben in Konkurrenz mit der weltlichen Justiz des Fürsten (Rudolph 2001). Ob man dieses Konkurrenzverhältnis als Sand im Getriebe der Justiz versteht, das den Untertanen willkommene Schlupflöcher und Justiznutzungsmöglichkeiten gab (Rudolph), oder ob man die Koexistenz eher als einen Zangenangriff von disziplinierenden Kontrollagenturen auf die Untertanen interpretiert (Schnabel-Schüle 1994), ist eine offene Frage.

Bedeutender ist für unseren Kontext die Tatsache, dass sich spätestens mit der Reformation eine »Säkularisierung« (Schilling) der Strafjustiz im großen Stile vollzieht. Dieser Vorgang ist allerdings nicht nur als »Kriminalisierung der Sünde« zu begreifen, sondern mindestens ebenso sehr als eine christliche Aufladung des weltlichen Normenkatalogs. Zahlreiche Delikte werden nun explizit als Verbrechen gegen die göttliche Ordnung angeprangert und nehmen damit eine stark religiöse Färbung an. Als genuin antichristliches Verbrechen wurde zum Beispiel die Hexerei verstanden, bei der nach Imagination der Zeitgenossen eine geheime Sekte nicht nur schädigende Zauberei verübte, sondern sich direkt mit dem Teufel sexuell vermischte und ihn bei den nächtlichen Hexensabbats auch rituell verehrte (vgl. dazu Dillinger 2007). Ebenso wenig wie die Durchschlagskraft des Hexerei-Stereotyps ohne diese religiöse Dimension zu verstehen ist, kann aber die direkte Betroffenheit vieler Menschen ignoriert werden. Die magische Schädigung von Mensch, Tier und Ernte bildete den konkreten Anknüpfungspunkt für Denunziationen und Anklagen – ein Schaden, der sehr real war, wenn wir auch heute magische Anschläge als Ursache für unmöglich halten. Auch jene »Fleischesvergehen«, die klassisch zur Schnittmenge zwischen weltlicher und kirchlicher Gerichtsbarkeit gehörten, wiesen diese charakteristische Doppelpoligkeit auf: Einerseits wurden alle vor-, außer- und unehelichen Praktiken im Kontext der geschärften Ehetheologie von allen konfessionellen Lagern als Verstöße gegen die göttliche Ordnung verstanden; andererseits waren es überwiegend konkret Geschädigte, etwa unehelich Schwangere oder verlassene Ehefrauen, die einen Fall vor Gericht brachten.

Der zornige Gott

Als harter Kern von Religionsdelikten ließen sich jene Vergehen definieren, die einen Bruch religiöser Normen darstellten, ohne dass konkrete Geschädigte ein Eigeninteresse an einer Anklage hatten. Oder mit anderen Worten jene Delikte, deren Verfolgung strikt wertrational von der Obrigkeit als Hüterin der religiösen Normen oder von Mitgliedern der Gesellschaft unternommen wurden, weil das ideelle Gesamtinteresse geschädigt war. Dabei bildete jene Vergeltungstheologie, nach der Gott die Gemeinschaft für besonders schlimme Sünden Einzelner kollektiv bestrafen würde, einen Anknüpfungspunkt für individuelle wie gemeinschaftliche Betroffenheit (Schmidt 1995: 3 ff.; Schnabel-Schüle 1994: 55 ff.). Der klassische Topos für diese Denkfigur war die im ersten Buch Mose (Gen. 19) beschriebene Vernichtung der Städte Sodom und Gomorra durch Schwefel und Feuer, die Gott vom Himmel regnen ließ, weil er der Sünden ihrer Bewohner überdrüssig geworden war. Bereits der spätantike Kaiser Iustinian hatte 538 in einer Novelle (77) Vergehen *contra naturam* und Gotteslästerungen mit dem Hinweis auf die göttliche Kollektivstrafe für derartige Freveltaten angeprangert. Insofern wären derartige Vergehen gegen die Natur, für die das Mittelalter das sprechende Sammelstigma Sodomie erfinden sollte, ein Religionsvergehen im engeren Sinn, auch wenn wir es hier entsprechend moderner Kategorien unter die Sexual- und Sittendelikte gepackt haben (vgl. oben Kap. 5.3).

Gotteslästerung

Dennoch lässt sich ein Kernbereich religiöser Devianz dingfest machen, der bislang nur teilweise untersucht wurde. So fehlen Forschungen zum Sakrileg als Profanierung sakraler Räume bzw. Angriff auf geweihte Personen völlig, sieht man vom Spezialthema des religiösen Bildersturms ab. Die vorliegenden Untersuchungen zum Atheismus oder populären Unglauben, für dessen Existenz bereits seit dem Mittelalter es durchaus starke Indizien gibt, haben eher eine philosophie- als eine kriminalhistorische Perspektive (Hunter/Wooton 1992; vgl. aber Schwerhoff 2005: 289 ff.). Als gut erforscht kann dagegen die Gotteslästerung gelten, das klassische Leitdelikt im Feld der religiösen Devianz (Loetz 2002; Schwerhoff 2005). Definiert wurde dieses Vergehen im alten Europa als eine verbale (bisweilen auch tätliche) Verletzung der Ehre des Schöpfergottes. Seit dem 13. Jahrhundert figuriert das Delikt in den kirchlichen und vor allem weltlichen Strafkatalogen, und spätestens seit dem 15. Jahrhundert wird die eben angesprochene Bedrohung durch den göttlichen Zorn, falls die Gemeinschaft dieses Verbrechen nicht entschlossen bekämpfe, häufig beschworen, so etwa in einem Reichsabschied von 1495 (Schwerhoff 2005: 149 ff.). Die angedrohten Strafen waren dementsprechend drastisch und reichten im Wiederholungsfall bis zur Hinrichtung. Die Praxis der Strafverfolgung wich aber in diesem Fall besonders stark von den angedrohten Maximalsanktionen ab, was nicht zuletzt in der, immer wieder beklagten, mangelnden Denunziationsbereitschaft gegen Blasphemiker begründet war. Diese wiederum wurzelte in einer weit verbreiteten Akzeptanz von lästerlichen Flüchen und Schwüren in der Alltagssprache. Was von Seiten der Obrigkeiten und insbesondere der Theologen mit harten Worten stigmatisiert wurde, unterlief in der populären Wahrnehmung wohl häufig die Hürde abweichenden Verhaltens und wurde als nicht anzeigerelevant angesehen.

Mit der Reformation vollzieht sich durchaus eine Intensivierung und Ausweitung des Diskurses über Blasphemie, auch die obrigkeitlichen Verfolgungskampagnen nehmen zu. Als eine Zäsur allerdings kann sie kaum gewertet werden (ebd. 147 ff.). Diese liegt eher in der späteren Neuzeit. Um 1700 schon ist ein deutlicher Rückgang der strafrechtlichen Verfolgung zu verzeichnen (Loetz

2002: 486 ff.), und die aufklärerische Debatte der Juristen machte dann Schluss mit dem rechtlichen Ehrenschutz für den Schöpfer – die Vorstellung des rächenden Gottes erschien der Moderne obsolet (Leutenbauer 1984: 168 f., 242). Diese Wandlungen sind jedoch nicht als eine völlige Entkriminalisierung der Religionsdelikte zu verstehen. Bis heute bedroht der § 166 StGB denjenigen mit Gefängnis bis zu drei Jahren, der durch öffentliche Beschimpfungen »des religiösen oder weltanschaulichen Bekenntnisses anderer« den »öffentlichen Frieden« stört. Kam es bis in die Gegenwart im Gefolge von Religionssatiren (etwa Monty Python's *Life of Brian* 1979) zu heftigen Auseinandersetzungen schon innerhalb der westlichen Gesellschaften (Nash 2007), so rückte mit dem Streit um die Mohammed-Karikaturen 2005 die interreligiöse und interkulturelle Dimension in den Vordergrund. Die Kriminalitätsgeschichte hat – wohl im Bann des Säkularisierungstheorems – den Umgang mit religiöser Devianz in der Moderne bisher allerdings noch kaum entdeckt, obwohl diese zweifellos auch in dieser Epoche eine interessante Sonde für Grundfragen der Sozial- und der Mentalitätsgeschichte wäre.

Politische Kriminalität

Eigentlich darf die politische Kriminalität als ein klassisches Arbeitsfeld der historischen Kriminalitätsforschung gelten, obwohl der Begriff selbst erst um 1800 geboren wurde (Ingraham 1979: 19). Der Sache nach gab es politische Devianz natürlich bereits früher: Strafrechtliche Normenkataloge wie die Carolina von 1532 führen selbstverständlich Tatbestände wie Verrat (Art. 124) oder Aufruhr (Art. 127) an, und bis heute gehört der Landesverrat (aktuell § 94 StGB) als Verbrechen gegen den Staat zu den Kriminaldelikten. Für die späte römische Republik wurde sogar die These aufgestellt, dass es sich im Bewusstsein der Zeitgenossen lediglich bei den Verletzungen der gesellschaftlichen Ordnung, die vor den öffentlichen Strafgerichten (*iudicia publica*) verhandelt wurden, um »Verbrechen« gehandelt habe: »At Rome there were no crimes that were not political crimes« (Riggsby 1999: 157). In der historischen Forschungspraxis für die neuzeitlichen Epochen wurden politische Delikte, jedenfalls im deutschsprachigen Bereich, bisher dagegen erstaunlich wenig behandelt. Meist ging es dabei um eine mögliche politische Dimension von kleineren Eigentumsvergehen wie dem Holzdiebstahl oder um die Frage, ob es sich bei Wilderei oder Räubereien um *social crimes* handelte (vgl. Kap. 5.2). Im engeren Sinn politische Verbrechen dagegen werden aufgrund ihrer besonderen, möglicherweise »moralischen« oder gar »altruistischen« Motive eher aus dem Beobachtungsfeld der konventionellen Kriminalität herausdefiniert (Ingraham 1979: 3 f.).

Die Bandbreite möglicher Schwierigkeiten zeigt exemplarisch das vielgesichtige Beispiel des Terrorismus: Als »Gewaltausübung oder -androhung durch Akteure ohne staatlichen Auftrag mit politischer Zielsetzung« lässt das Phänomen sich für die Zwecke des internationalen wie des interepochalen Vergleichs durchaus wissenschaftlich definieren (Dillinger 2008: 18; zum frühneuzeitlichen Vorlauf Dillinger 2006), dennoch bleibt die Zuordnung der Attentäter des 20. Juli 1944, des südafrikanischen ANC unter Nelson Mandela und der islamistischen al-Qaida unter ein terminologisches Dach problematisch. Zweifellos jedoch macht eine kriminalhistorische Analyse einer Erscheinung wie der bundesdeutschen RAF, die klar dem Selbstbild der Gruppe widerspricht, Sinn. Sie kann zum Beispiel die inneren Strukturen der Gruppe im Vergleich zu anderen Erscheinungsformen organisierter Kriminalität (vgl. Kap. 5.2) analysieren und das ganze Spektrum krimineller Aktivitäten, etwa den breiten Sockel der »Beschaffungskriminalität« mit nur sehr mittelbarem politischen Hintergrund, in den Blick nehmen (exemplarisch Kraushaar 2008). So problematisch die Definition des Terrorismus bleibt, so unscharf bleiben die Konturen der politischen Kriminalität insgesamt. Präziser abgrenzbar jedoch sind einzelne Felder politischer Devianz, die im Folgenden näher betrachtet werden sollen.

Politischer Protest

Die Geschichte von »Aufruhr und Empörung« der Untertanen gegen ihre Obrigkeit wird traditionell von der historischen Protestforschung bearbeitet. In einem programmatischen Artikel hat Andreas Würgler (1999) die Separierung von Protest- und Kriminalitätsforschung kritisiert und zugleich einige einleuchtende Vorschläge für ihre Überwindung formuliert (vgl. auch die Einleitung von Häberlein 1999). Wichtig ist dabei zunächst einmal, mögliche Ursachen für die bisherige Trennung zu erkunden. Dass sich die Kriminalitätsforschung vor allem für individuelle Devianz interessiere, während die Protestforschung kollektive Abweichung im Blick habe, leuchtet angesichts der intensiven Erforschung von Räuberbanden kaum ein. Wichtiger war wohl der Eindruck, dass die Kriminalitätsgeschichte für die Erforschung historischer Unruhen nur begrenzt fruchtbar zu machen sei, ja dass der Orientierung am Devianz-Konzept »die Vorstellung einer Norm als Bezugsgröße inhärent« sei und dass sie folglich einen einseitigen Blick durch die »obrigkeitliche Brille« prämiere (Würgler 1999: 344f.).

Insofern sich allerdings die historische Kriminalitätsforschung an einem weiten Konzept von sozialer Kontrolle orientiert, das auch die informellen Normen der Lebenswelt einbezieht (vgl. Kap. 1), ist dieser Vorbehalt gegenstandslos. Dann lassen sich mit dem heuristischen Konzept der Kriminalitätsforschung gerade frühneuzeitliche Normenkonflikte, bei denen gegen den obrigkeitlichen Vorwurf der Rebellion das Selbstverständnis der protestierenden Untertanen auf legitimen Widerspruch gesetzt wurde, gut erforschen. In diesem Sinne hat Würgler gezeigt, wie sehr die Strategien der Kriminalisierung und Stigmatisierung von oben und die Selbstbehauptungsversuche von unten an die Ehrkonflikte des Alltags anknüpften, wie etwa von beiden Seiten mit diffamierenden Injurien gearbeitet wurde. Dabei kann besser herausgearbeitet werden, dass Kriminalisierung und Diffamierung vor allem der Rädelsführer von Aufständen Etikettierungsprozesse mit zum Teil offenem Ausgang darstellten (z. B. Blickle 1990: 77ff.). Eine weitere, ebenfalls von Würgler benannte Dimension ist die Möglichkeit der stärkeren Verknüpfung der Ausnahmesituation des Protestes und einer alltäglichen Widersetzlichkeit, wie sie sich in vielen Kriminalakten widerspiegelt. In den Kriminalakten einer frühneuzeitlichen Stadt wie der Reichsstadt Köln finden sich zahlreiche Äußerungen politischer Unzufriedenheit; alltägliche Kritik und Übergriffe auf Repräsentanten der Obrigkeit untermauerten die Ansprüche der Kölner Bürger auf politische Teilhabe (Schwerhoff 1991: 206ff.). Für Frankfurt am Main hat Eibach (2003) einen markanten Wandel der Protestkultur im 18. Jahrhundert diagnostiziert. Während auch dort in der Frühen Neuzeit einzelne bürgerliche Unruhen (etwa der Fettmilch-Aufstand von 1612/4) vorkamen, ebenso noch im 18. Jahrhundert alltägliche Unbotmäßigkeiten zu beobachten sind, trat im Zeitalter der Französischen Revolution der soziale Protest hinzu, der von den sich neu formierenden städtischen Unterschichten getragen wurde (ebd. 200 f.).

Majestätsverbrechen

Als klassische Ausprägung des politischen Verbrechens mag das Majestätsverbrechen gelten, das freilich nicht mehr ist als ein Sammelbegriff, der zu unterschiedlichen Zeiten sehr verschiedene Tatbestände umfasste. So führt etwa Meyers Konversations-Lexikon von 1888 (Bd. 8, S. 127 f.) als gängigste Varianten auf: erstens den Hochverrat (*perduellio*) gegen die Person des Herrschers (etwa durch ein Attentat) oder gegen den Staat, zweitens den Landesverrat als Paktieren mit dem Feind und drittens die Majestätsbeleidigung als vorsätzliche Tätlichkeit oder Beleidigung gegen den Herrscher. Seine Wurzeln liegen wie so oft im römischen Recht, wo schon das *crimen laesae maiestatis* als Sammelbegriff für Aufruhr und Verschwörung fungierte, zunehmend aber auch im Fall bloßer Respektlosigkeiten gegen den Herrscher angewandt wurde (Czech 2010: 29 ff.) Eine komplizierte Gemengelage von Tatbeständen, in der etwa die Beleidigung des Herrschers und der Staatsschutz im engeren Sinn kaum wirklich voneinander zu trennen waren, zeigt auch die Pionierstudie von Rustemeyer (2006). Sie konzentriert sich empirisch auf Protestbewegungen, verbale Beleidigung des Herrschers und das ebenfalls ursprünglich als Majestätsverbrechen verfolgte Phänomen der Grenzflucht. Ihre Absicht ist es, die Majestätsverbrechen in Russland als Sonde zu benutzen, um auszuloten, ob der Grad an Autokratie dort tatsächlich, wie immer wieder behauptet, außerordentlich groß war. Mangels vorliegender Vergleichsstudien wagt sie selbst einen weitgespannten Überblick zum Delikt des *crimen maiestatis* in der Habsburgermonarchie, in Frankreich, England und Polen. Im Spiegel dieses Deliktes erscheint der Unterschied zwischen der russischen Autokratie und dem sprichwörtlichen okzidentalen Modell einer eher konsensual angelegten Herrschaft nicht mehr so gravierend wie oft unterstellt. Von übergreifendem Interesse ist aber auch ihre Feststellung über die ambivalente Rolle der aufklärerischen Kodifizierungsprozesse in Bezug auf dieses Delikt. Zweifellos habe es den angeklagten Männern und Frauen Erleichterungen gebracht, auf der anderen Seite aber auch »jenes Maß an Übereinkunft über dieses Verbrechen zwischen den von Revolutionsfurcht geplagten Monarchen in Mittel- und Osteuropa« geschaffen, »das in der ersten Hälfte des 19. Jahrhunderts im Zuge der Restauration Kooperation und den Transfer von Repressionsmaßnahmen ermöglichte« (Rustemeyer 2006: 101).

Die Arbeit von Philip Czech (2010) über Majestätsbeleidigung gegen Ende der österreichischen Erbmonarchie basiert auf 112 einschlägigen Verfahren vor dem Salzburger Landgericht. Normative Grundlage bildete das Strafgesetz von 1852, wo die Majestätsbeleidigung als persönliche Ehrverletzung des Kaisers bzw. des kaiserlichen Hauses klar von anderen Staatsschutzdelikten (z. B. Hochverrat) unterschieden und mit Kerkerhaft bis zu fünf Jahren bedroht wurde (ebd. 68 f.). In der Praxis kam es häufig zu Begnadigungen und Amnestie-Erlassen – wohl Ausdruck der Tatsache, dass der persönlich injurierte Kaiser hier ein hervorragendes Feld für die Demonstration von Milde und Güte fand (ebd. 139). Bei der Dramaturgie der Majestätsbeleidigung sind zum einen auffällig die Beleidigung des Kaisers im Zuge von Auseinandersetzungen mit Vertretern der Obrigkeit. Zum anderen implizierten die Taten durchaus politische Meinungsäußerungen, etwa am Militär und der Außenpolitik oder an der Währungspolitik (»Der Kaiser Franz Josef ist ein groß Tier, er frißt uns das Silbergeld und scheißt uns Papier«, ebd. 162). Dabei tragen die inkriminierten Äußerungen neben vielen stereotypen Injurien, wie sie auch im Alltag üblich waren (»Lump«, »Spitzbub«, »Fallot« = Gauner), durchaus kreative Züge. Unter den Angeklagten dominierten die Männer mit 85 bis 90 Prozent. Viele waren vermögenslos, doch »finden sich Vertreter aller sozialer Schichten« (ebd. 234). Von den 112 Verfahren endeten 65 mit einer Verurteilung zur angedrohten Kerkerstrafe. Der Strafrahmen wurde dabei allerdings nicht ausgeschöpft, im Gegenteil die vorgesehene Mindestdauer von einem Jahr in 42 Fällen sogar unterschritten (ebd. 218). Aufgrund der ergänzend zu seinem Sample herangezogenen österreichischen Kriminalstatistiken geht der Autor zudem den heftigen Konjunkturen beim Vorgehen gegen Majestätsbeleidiger nach. Dabei ist zu beachten, dass die im Durchschnitt 254 jährlichen Verurteilungen wegen dieses Delikts zwischen 1853 und 1913 insgesamt nur einen kleinen Bruchteil der jährlichen Gesamtzahl von 20.000 bis 35.000 Delinquenten ausmachten (ebd. 262).

Politische Justiz

Neben dem »politischen Protest« bzw. der »politischen Kriminalität« eröffnet der Begriff der »politischen Justiz« eine etwas andere Perspektive. Geprägt wurde der Terminus von Otto Kirchheimer 1961 (dt. 1965) in seinem Werk *Political Justice*, dessen Untertitel zugleich eine knappe Definition seines Gegenstandes lieferte: *The Use of Legal Procedures for Political Ends*. Politische Justiz liege mithin vor, wenn gerichtsförmige Verfahren politischen Zwecken dienstbar gemacht werden, etwa um Machtansprüche der Herrschenden zu sichern und Oppositionelle auszuschalten. Statt um Recht und Gerechtigkeit gehe es um Diffamierung und Ausschaltung des politischen Gegners. Den historischen Hintergrund für dieses Konzept bildeten die Erfahrungen mit den totalitären Diktaturen des 20. Jahrhunderts, und so findet es vor allem in der Zeitgeschichte Anwendung. Das klassische Exempel einer politischen Justiz sind die stalinistischen Schauprozesse in der Sowjetunion. Nach diesem Muster wurden auch in der frühen DDR ähnliche Verfahren geführt (Kos 1996). Überhaupt ist die politische Justiz der DDR in den letzten Jahren zum Gegenstand einer intensiven Erforschung geworden, weil neben dem öffentlichen Gerichtsverfahren und der medialen Propaganda auch die »Hinterbühne« des Geschehens nach dem Untergang des Systems aufgrund archivalischer Recherchen sichtbar gemacht werden konnte. Mit der Bühnenmetapher macht Werkentin (1997: 15) eine entscheidende Eigenheit dieser Variante von politischer Justiz kenntlich, nämlich die Differenz zwischen dem öffentlichen Justiz»theater«, das eine Orientierung an Gesetz und Gerechtigkeit anzustreben vorgibt, und der verdeckten Regie durch die politischen Machthaber (vgl. auch Vollnhals 2000). Mit der systematischen informellen Missachtung der Gewaltenteilung existiert für den harten Kern moderner totalitärer Diktaturen immerhin ein einigermaßen hartes Kriterium für die Existenz einer politischen Justiz. Jenseits dieser Untersuchungsfelder wird die Verwendung des Konzeptes problematisch, weil stets kontroverse normative Vorstellungen im Spiel sind. Wer wollte bestreiten, dass politische Gesichtspunkte zum Beispiel bei der Gesetzgebung oft eine leitende Rolle spielen? Ob es dabei um Recht bzw. Gerechtigkeit oder die Absicherung von Besitz- und Machtinteressen geht, wird vielfach kontrovers diskutiert. So trifft der Vorwurf einer »politischen Justiz« die mangelnde juristische Aufarbeitung des nationalsozialistischen Unrechts in der frühen Bundesrepublik, und sogar die rechtliche Abwicklung der untergegangenen DDR wird als politische Justiz kritisiert (Ostendorf

2010; Wolff 2005). Jenseits des Feldes zeithistorischer Kontroversen und Polemiken interessant ist aber die Frage, inwieweit sich das Konzept der politischen Justiz historisieren und somit auch für frühere Epochen nutzbar machen lässt, wie es Kampmann (1993) für den »Fall Wallenstein« versucht.

Verbrechen der Obrigkeit

Die Tätigkeit einer »politischen Justiz« lässt sich aus anderer Perspektive ihrerseits als »kriminell« beschreiben. Als Pendant zur Kriminalisierung politischen Protestes durch die Obrigkeit gehörte die Erforschung der Kriminalität der Mächtigen und Herrschenden ebenfalls auf die Agenda der historischen Kriminalitätsforschung. Spätestens seit der Schaffung eines völkerrechtlichen Straftatbestandes »crime against humanity« (vgl. aus rechtsdogmatischer Sicht Kuschnik 2009) im Vorfeld der Nürnberger Kriegsverbrecherprozesse 1945/6 und seit der Tätigkeit der Internationalen Strafgerichtshöfe für Ruanda und für das ehemalige Jugoslawien ist diese Perspektive vertraut. Eine Kriminalisierung von Herrschenden gab es allerdings bereits in der Frühen Neuzeit, etwa in Gestalt der Hinrichtung mächtiger Bürgermeister in Köln 1513 nach erfolgreichem innerstädtischem Protest (Schwerhoff 1991: 211) oder der Exekution des englischen Königs Karl I. am 30. Januar 1649 wegen Hochverrats. Inwieweit Analysen mit Hilfe der Kategorien der historischen Kriminalitätsforschung hier aufschlussreich sein könnten, wurde bisher allerdings kaum erprobt.

Wiederum ist es eher die Ebene des Alltags, die in den Blick genommen wurde. Denn bislang waren es eher subalterne Amtsträger, deren Vergehen in den Gerichtsquellen aufschienen. Dabei vermitteln die Verfahren in Köln zwar einen Einblick in die neuralgischen Punkte der reichsstädtischen Verwaltung, zugleich aber liegt angesichts des Fehlens von Spitzenbeamten die Vermutung nahe, dass es sich bei den Verhafteten bzw. Verurteilten um Bauernopfer handelte (Schwerhoff 1991: 230 ff.). Die Verfahren gegen Amtsvergehen in Kurmainz im 18. Jahrhundert standen im spezifischen Zusammenhang mit territorialstaatlichen Disziplinierungskampagnen im Zeitalter der Aufklärung (Härter 2005: 110 ff.).

Korruption

Jenseits derartiger Einzelbefunde im Kontext breiterer kriminalhistorischer Fallstudien hat sich in jüngster Zeit eine historische Korruptionsforschung etabliert, deren Fragen eine große

Schnittmenge mit der Kriminalitätsgeschichte aufweisen. Was sie attraktiv macht, ist ihr interepochales Potential. So waren es zunächst die Althistoriker, die sich früh mit Erscheinungsformen der Korruption beschäftigten, wobei sich in ihren Diskussionen bereits typische Probleme des Forschungsfeldes andeuteten (vgl. Schuller 1982: 9 ff.), etwa: Kann man überhaupt in einem Zeitalter, das von Ämterkauf und Patronage geprägt ist, von Korruption als abweichendem Verhalten sprechen? Oder lässt es sich technisch definieren als »ein individuelles Verhalten«, das »gegen Normen des öffentlichen Verhaltens gerichtet ist, die einen bestimmten Grad von Rationalität und Zweckhaftigkeit haben« (ebd. 16)? Über dieses eher diffuse Verständnis von »Korruption als ahistorisches Allzumenschliches« führte dann spätestens Valentin Groebners Analyse politischer Praktiken in der Eidgenossenschaft an der Wende zur Neuzeit hinaus (Groebner 2000: 102 f.). Er zeigte, wie begrifflich und sachlich eine – durchaus flexible – Grenze zwischen dem öffentlich und rituell in Szene gesetzten, somit legitimen Bereich des »schenk« und der heimlichen »miet«, der Sphäre von Bestechung und illegitimer Pensionenzahlung, existierte. Im Anschluss daran hat es die historische Korruptionsforschung unternommen, diese jeweils in Zeit und Raum differierenden Grenzziehungen, die zeitspezifischen stigmatisierenden Terminologien (»Schmieralien«) und die dahinter stehenden Auffassungen von Amt, Staat und sozialen Eliten auszubuchstabieren (Karsten/Thiessen 2006; Engels u. a. 2009; Grüne/Slanica 2010). Obwohl es also Kritik an Ämterkauf, Patronage und Bestechung schon lange gab, scheint sich – wie insbesondere Jens Ivo Engels herausgestellt – im Zuge der Modernisierung seit dem 18. Jahrhundert die Kategorie der Korruption schärfer herausgebildet zu haben, womit eine eindeutigere Stigmatisierung und Kriminalisierung möglich wurde.

6. Kriminalität und Öffentlichkeit

Am 4. Dezember 1905 ermordete und beraubte der Betrüger, Fälscher und Heiratsschwindler Rudolph Hennig den jungen Kellner August Giernoth auf einer Chaussee bei Berlin. Nach einiger Zeit gelang es der Polizei, den Täter zu ermitteln und zur Fahndung auszuschreiben. Aufgrund eines Berichts der »Berliner Morgenpost« erkannte eine Zimmerwirtin in ihrem Untermieter den Flüchtigen und zeigte ihn an. Zunächst im Polizeigewahrsam, gelang Hennig jedoch eine spektakuläre Flucht, in deren Verlauf er einen Postbeamten niederschoss, wagemutig mehrere Hausdächer überquerte und schließlich kaltblütig in Verkleidung (Filzpantoffeln!) aus dem Polizeikessel ausbrach. Diese Flucht katapultierte den Fall Hennig auf die Titelseiten der Hauptstadtpresse, die – je nach Gusto – Bewunderung für »den gewitzten und nervenstarken Räuber« durchklingen ließ und die Polizei wegen ihrer Unfähigkeit kritisierte, oder den Täter als einen besonderen großstädtischen »Verbrechertypus« analysierte (Müller 2005: 192, 195). Wochen- und Monatszeitschriften griffen den Fall auf, sogar Stummfilme widmeten sich dem Raubmörder Hennig. Aber auch die Berliner Kriminalpolizei bediente sich bei ihrer Fahndung nach dem Flüchtigen der medialen Öffentlichkeit. In den folgenden Monaten kam es zu einem regelrechten »Hennigfieber« in Berlin, binnen sechs Wochen gingen fast 600 Anzeigen ein. Nachdem Hennig dann Mitte März in Stettin verhaftet worden war, wurde er Ende April vor Gericht gestellt – der öffentliche Auftritt dieses »verkümmerten Menschen« mit einem »typischen Verbrechergesicht« sorgte bei den Medien wie bei den Anwesenden wohl eher für Enttäuschung (ebd. 321). Am Jahrestag des Verbrechens wurde Hennig exekutiert.

Kriminalitätsdiskurse

Beispielhaft demonstriert der Fall Hennig das Zusammenspiel von Täter und Denunzianten, Polizei und Justiz, Presse und Publikum. Und er zeigt, welch große öffentliche Aufmerksamkeit das Thema Kriminalität um 1900 beanspruchte. Sensationsfälle wie dieser können, etwas allgemeiner gefasst, als Knotenpunkte verschiedener Kriminalitätsdiskurse gefasst werden (vgl. zur historischen Diskursanalyse Landwehr 2008). Dabei wären im Anschluss an Siemens (2007: 24f., nach Jürgen Link) verschiedene Ebenen dieses Diskurses zu unterscheiden: Auf der einen Seite stünden Spezialdiskurse mit einer begrenzten Zahl von Teilnehmern, die auf der Basis besonderen Fachwissens kommunizieren; auf der anderen Seite Alltagsdiskurse als die Menge aller möglichen Aussagen, die in öffentlicher und privater Kommunikation gemacht werden. Als eine dritte Kategorie können vermittelnd Interdiskurse auftreten, wie sie typischerweise in den Massenmedien geführt werden. Aus einer etwas anderen Perspektive ließen sich Akteure, Medien und Themen von Kriminalitätsdiskursen unterscheiden. Unter den Akteuren dominierten stets die verschiedenen meinungsbildenden »Experten« für Verbrechen und Verbrecher. An diesem Spezialdiskurs über die zutreffende Deutung von und den richtigen Umgang mit Kriminalitätsphänomenen beteiligten sich Praktiker der Justiz und der Polizei ebenso wie Wissenschaftler verschiedenster Disziplinen. Im Schnittpunkt der zentralen Debatten seit dem Ausgang des 18. Jahrhunderts konstituierte sich überhaupt erst das Phänomen »der« »Kriminalität« im Kollektivsingular, als »Aggregat aller erfassten Gesetzwidrigkeiten« (Ludi 1999: 549). An diesen Begriff lagerten sich dann speziellere Diskurse (z. B. über den »typischen« Kriminellen oder über gesellschaftliche (Un-)Sicherheit) und Praktiken (z. B. der Fahndung und Identifizierung oder der Sanktionierung) an, die die Moderne entscheidend prägten. Man könnte mit Michel Foucault geradezu von einem Kriminalitätsdispositiv (vgl. Landwehr 2008: 76f.) in der Moderne sprechen.

Akteure, Medien, Themen

Die Rekonstruktion der einschlägigen Debatten, die Konstituierung der neuzeitlichen Kriminalpolitik und einer wissenschaftlichen Kriminologie stellte in den letzten Jahren ein zentrales Forschungsfeld dar. Populäre Wahrnehmungen über den

»typischen Verbrecher« können nicht selten als fernes Echo jener Expertenmeinungen verstanden werden. Insgesamt aber sind die Alltagsdiskurse über Kriminalität wesentlich schlechter erforscht als die Spezialdiskurse, nicht zuletzt, weil sie quellenmäßig deutlich schwieriger zu erfassen sind. Natürlich kann man wie Johnson (1995: 53 ff.) versuchen, über die Analyse der Zeitungssparten »Aus dem Gerichtssaal« in konservativen und liberalen Blättern des deutschen Kaiserreiches die veröffentlichte Meinung zu erkunden, aber inwieweit mit dieser Methode verbreitete öffentliche Einstellungen zugänglich werden, ist eine offene Frage. Gleiches gilt natürlich für literarische Quellen bis hin zum modernen Kriminalroman oder -film. Die prekäre Grenze zwischen Realität und Fiktion zeigt die Gattung jener »urban legends«, die Stehr (1998) analysiert und die durchaus häufig mit abweichendem Verhalten oder Kriminalität zu tun haben. Diese Geschichten werden als tatsächliche, raumzeitlich klar lokalisierte Geschehnisse aus dem sozialen Nahumfeld mündlich weitertradiert, mithin als wahr betrachtet, obwohl ihr häufiges Auftauchen in vielfacher Variation sie als Wanderlegenden entlarvt. Diese Geschichten sieht Stehr als eine Ressource des Moralisierens, die es erlaubt, unter Anreicherung mit persönlichen Erzählungen gesellschaftliche Normen und Werte zu verhandeln. Hat Stehr auch hier eher die Einlagerung individueller Erfahrungen in die herrschenden Normen im Blick, so wäre umgekehrt auch zu fragen, inwieweit der Alltagsdiskurs nicht auch als Korrektiv für die Positionen der Experten dienen kann.

Die zentrale Arena, in der über Phänomene der Kriminalität gehandelt und gestritten wurde und wird, bildete eine wachsende Vielzahl von Medien: Bücher, Pamphlete, Zeitungen und Zeitschriften ebenso wie Zeichnungen, Bilder, Photos und schließlich der Film – nicht zu vergessen auch das mündlich weitergetragene Gerücht. Im Schnittfeld von Experten- und Alltagsdiskursen und ihren medialen Repräsentationen konstituieren sich dann typische Themenfelder im Bereich der Kriminalität: Ein sensationeller Kriminalfall wie jener in Berlin 1906 mit all seinen Ingredienzien, mit einer spektakulären Tat, mit intensiver Fahndung und einer abschließenden juristischen Bewältigung, ist bis heute vielleicht das erfolgreichste, aber bei weitem nicht das einzige Format, in dem Kriminalität thematisiert wird. Ebenso kann, etwa im Medium der Statistik, die Kriminalität der Vielen zum Gegenstand der Erörterung gemacht werden, oder Hinrichtungen oder Gefängnishaft können den Anlass zur Reflexion über angemessene Formen der Sanktionierung bilden.

Öffentlichkeit(en)

Kriminalitätsdiskurse beherrschen seit langem in unterschiedlicher Intensität einen Teil der öffentlichen Debatten. Seit wann genau das der Fall ist, hängt nicht zuletzt davon ab, wie man »Öffentlichkeit« definiert (W. Schmale, Art. »Öffentlichkeit«, in: EdN 9, 2009, 358–62). Bekanntlich hat Jürgen Habermas in seiner klassischen Darstellung über den Strukturwandel der Öffentlichkeit die Geburt eines neuen Typus der »bürgerlichen« Öffentlichkeit erst in der zweiten Hälfte des 18. Jahrhunderts verortet. Nach diesem Öffentlichkeitsideal diskutieren die zum Publikum versammelten bürgerlichen Privatleute »vernünftig« und rational alle Angelegenheiten von allgemeinem Interesse und bilden so die vielbeschworene »öffentliche Meinung« als eine Art vierter Gewalt in der demokratischen Gesellschaft. Wenn auch von historischer Seite heftige Kritik an der Vermischung von normativem Ideal und historischer Beschreibung und insbesondere an der unzutreffenden Chronologie geübt worden ist, so scheint doch unbestreitbar, dass sich der Charakter von »Öffentlichkeit« in der Sattelzeit (Koselleck) ab ca. 1750 verdichtete und von den Zeitgenossen als eine neue Potenz wahrgenommen wurde. Diese Aussage bezieht sich allerdings vor allem auf den deutschen Sprachraum; für England wurde bereits deutlich früher eine Herrschaft der öffentlichen Meinung (Dagmar Freist) konstatiert, was sich auch im Bereich der Kriminalitätsberichtserstattung niederschlug.[1] Jedenfalls ist es kein Zufall, dass sich auch im Bereich der Kriminalität die medialen Diskurse und öffentlichen Debatten seit dem Ende der Frühen Neuzeit vervielfältigt haben; folgerichtig ist die Diskursgeschichte der Kriminalität der eindeutige Schwerpunkt der Kriminalitäts-

1 Vgl. nur die seit 1674/8 regelmäßig erscheinenden »Proceedings« des Londoner Gerichtshofes Old Bailey, zugänglich online unter www.oldbaileyonline.org [2010 Mai 15] (»a fully searchable edition […] containing 197745 criminal trials«).

geschichte des 19. und 20. Jahrhunderts (vgl. Kap. 2). Seit langem wirken sie in alle Bereiche des politischen und gesellschaftlichen Lebens hinein und sind so, auch wenn es bisweilen an der Oberfläche so erscheinen mag, weit davon entfernt, eine Randexistenz im Bereich der Öffentlichkeit zu spielen. Wenn über Verbrechen und Strafen gestritten wird, geht es im Gegenteil meist um zentrale Fragen gesellschaftlicher Ordnung und Werte. Kriminalität ist ein eminent politisches Thema, bei dem sich gut Bedrohungsängste der Bevölkerung mobilisieren und instrumentalisieren lassen. Viele Kriminologen sehen kritisch auf die populäre »Straflust« (Cramer), und der Rechtswissenschaftler Jonathan Simon hat vor einiger Zeit den alle soziale Instanzen umgreifenden »war on crime« in der amerikanischen Gesellschaft polemisch als »governing through crime« beschrieben und als eine Gefahr für die Demokratie bewertet (Simon 2007). Das historische Forschungspotential erscheint in Hinblick auf diese Aspekte der Kriminalitätsdebatten noch längst nicht ausgeschöpft.

Die Kritik der Historiker an der Chronologie von Habermas hat aber auch die Debatte über den Charakter von »Öffentlichkeit« in der Vormoderne belebt. Erstens konstituierte sich auch in der spätmittelalterlichen und frühneuzeitlichen Anwesenheitsgesellschaft (Rudolf Schlögl) eine Öffentlichkeit, die eben durch körperliche Präsenz, Mündlichkeit und einen hohen Grad an Ritualisierung geprägt war und sich an bestimmten öffentlichen Orten konzentrierte: im Wirtshaus, in der Kirche, am Rathaus und an anderen öffentlichen Orten der Stadt (Rau/Schwerhoff 2004). Gerichtsverhandlungen (große Ausnahme: der Inquisitionsprozess) und Strafvollzug (Ausnahme: die Einsperrung) vollzogen sich entweder an diesen öffentlichen Orten – etwa die Ehrenstrafen vor dem Rathaus oder die Kirchenbußen im Gotteshaus – oder Richtstätten stellten selbst klassische Orte der Öffentlichkeit dar wie das Schafott oder der Galgenberg vor den Toren der Stadt (vgl. Kap. 4). Komplexe Hinrichtungsrituale vermittelten verschiedene, zum Teil durchaus widerstreitende Botschaften von Rache und Wiederherstellung der öffentlichen Ordnung, von Buße und Vergebung an ihr zahlreiches Publikum, wobei dies nicht immer nur passiver Zuschauer blieb, sondern bisweilen aktiv am Geschehen mitwirkte (Nowosadtko 2005). Bereits vor der Erfindung des Buchdrucks wurden denkwürdige Verbrechen und Strafen in handschriftlichen Chroniken festgehalten und ins Bild gesetzt. Als dann das Zeitalter Gutenbergs begann, wurden auch Kriminalfälle und Strafspektakel massenmedial reproduziert und somit einer überlokalen Öffentlichkeit zugänglich gemacht (vgl. unten). So sind die öffentlichen Repräsentationen von Kriminalität mittlerweile zu einem interepochalen Querschnittthema geworden (Härter u. a. 2010).

Frühneuzeitlicher Sensationalismus

Ein guter Startpunkt zur näheren Betrachtung der epochespezifischen Ausprägung der Kriminalitätsdiskurse ist der Eintritt in die »Gutenberg-Galaxis« (McLuhan); der Buchdruck brachte neue und zukunftsweisende Voraussetzungen für die mediale Konstruktion von Kriminalität. Neben das Buch als Informations- und Wissensspeicher traten mit den illustrierten Einblattdrucken und den Flugschriften Massenmedien, die in ganz neuer Weise zur Meinungsbildung taugten, die aber zugleich auf öffentlichkeitswirksame und markttaugliche Themen angewiesen waren. Neben Kriegen, religiösen Kontroversen und Herrschereinzügen, neben Naturkatastrophen, wunderbaren Vorzeichen und fremden Ländern wurden jetzt auch bemerkenswerte Verbrechen zum Objekt der Berichterstattung. Nahm Kriminalität im Themenspektrum der frühneuzeitlichen Massenmedien auch keinen überragenden Anteil ein, so war sie doch ein »medialer Dauerbrenner«, der Wahrnehmungen und Einstellungen zu Verbrechen und Strafen zugleich repräsentierte und prägte (Härter 2010a).

Die Funktion der so massenhaft verbreiteten Kriminalbilder geht weit darüber hinaus, lediglich mediale Multiplikation des obrigkeitlichen Strafspektakels zu sein (Peil 2002). Viele Druckerzeugnisse kreisten mehr um die Faszination des Verbrechens als um die gerechte Strafe für die Täter. Joy Wiltenburg (2005; vgl. auch Wiltenburg in Habermas/Schwerhoff (Hg.) 2009) hat vorgeschlagen, die Kriminalitätsdarstellungen in frühneuzeitlichen Druckmedien mit dem Schlüsselbegriff des »Sensationalismus« zu analysieren. Dabei bleibt sie aber nicht bei der sprichwörtlichen verkaufsfördernden Wirkung von Verbrechensdarstellung (»crime sells«) stehen, sondern sie versteht Flugblätter als mediale Inszenierung eines tiefe Emotionen mobilisierenden Dramas. Dieses Drama ist nicht fiktiv, sondern tatsächlich geschehen (»wahrhafft«). Es spricht die Gefühle des Publikums direkt an und bedient sich selbst einer hoch affektiv aufgeladenen Sprache, wie die Häufung dramatisierender Attribute (»kläglich«, »schauerlich«, »grausam« etc.) zeigt. Die hier bemühte Rhetorik war jedoch – und hier unterscheidet sich der frühneuzeitliche vom modernen Sensationalismus – stark religiös besetzt. Das gezeigte Leid der Verbrechensopfer konnte als Erinnerung an die Endlichkeit des Lebens und die Plötzlichkeit des Todes genutzt werden, die es ratsam erscheinen ließen, alle Hoffnungen allein auf Gott zu setzen. Schmerz und Tod konnten dabei wahlweise als Strafe und Mahnung des Weltenbewegers selbst verstanden werden. Oder das Märtyrium Jesu Christi konnte gleichsam als Modell für den qualvollen Tod der Ermordeten dienen.

Mordgeschichten

Spätestens im 17. Jahrhundert lässt sich eine größere Schnittmenge von realen und fiktiven Kriminalgeschichten beobachten. Für den deutschen Sprachraum ist hier beispielhaft *Der grosse Schauplatz jämmerlicher Mord-Geschichte* anzuführen, publiziert 1656 vom Nürnberger Patriziersohn und Dichter Georg Philipp Harsdörffer (1607–1658). Diese Erzählsammlung steht nicht nur in der Tradition der romanischen *histoires tragiques*, sondern importiert auch einen wichtigen Teil seines Stoffes von anderen Literaten – vor allem aus *L'Amphithéâtre sanglant* des französischen Bischofs Jean Pierre Camus (1584–1652) –, und das, obwohl Harsdörffer als Nürnberger Stadtrichter selbst genügend Anschauungsmaterial hatte. Die genauen Genealogien der Geschichten liegen ebenso im Dunkeln wie ihr möglicher Realitätsgehalt. Jedenfalls lässt sich auch diese literarische Verarbeitung von Kriminalfällen kaum auf die Funktion als moralisches Exempel verkürzen. Von den Gattungskonventionen her sollten diese Geschichten als Erzählstoff für geselliges Beisammensein dienen, wobei zweckfreie Unterhaltung, Reflexion und moralische Erbauung durch die Unterscheidung zwischen Tugenden und Lastern Hand in Hand gehen. Dabei vermögen die Geschichten an sich, trotz der eingestreuten lehrhaften Anleitungen, den Gesprächs- und Reflexionsbogen kaum die Richtung von Unterhaltung und Reflexion völlig zu determinieren. Ihnen eignet, gerade aufgrund ihrer »überraschenden ideologischen Zurückhaltung«, eine »strukturelle Multifunktionalität« bzw. eine »multiperspektivische Anlage« (Breuer 2009: 293, 298, dort auch weitere Literatur), die sie für verschiedene Lesarten und Rezeptionsweisen offen bleiben ließ – eine Offenheit, die Kriminalgeschichten bis heute kennzeichnet.

Kriminalitätspaniken

Schon in der Epoche der Frühen Neuzeit konnten Massenmedien die Furcht vor bestimmten kriminellen Subkulturen schüren. Zu erinnern ist hier etwa an die variantenreiche Darstellung der Trickbetrüger im Liber Vagatorum zu Beginn des 16. Jahrhunderts (vgl. Kap. 5.2). Bisweilen entstanden so regelrechte Kriminalitätspaniken. So sorgten ebenfalls im 16. Jahrhundert sogenannten Mordbrenner für großes publizistisches Aufsehen. Immer wieder gingen der Justiz Männer ins Netz, vor allem ehemalige Landsknechte, die angaben, im Auftrag aus- und inländischer Dunkelmänner – mit Vorliebe wurden Franzosen und Türken als Geldgeber genannt – das Land mit »Brennen« verwüsten zu wollen. Die Forschung hat derartige Nachrichten lange Zeit für bare Münze genommen und die entsprechenden Handlungen in der Grauzone von heimlicher Kriegführung, (illegaler) Fehde und persönlicher Rachsucht verortet (Spicker-Beck 1995). Aber existierten die Mordbrenner als Ausdruck geheimer Verschwörungen wirklich? Die tatsächlichen Dimensionen und das Profil des Deliktes sind im Einzelnen nur schwer abzuschätzen, weil die – fast durchgängig erfolterten – Informationen nicht sehr zuverlässig sind und auf den Erwartungen der Inquirenten beruhen mögen. Johannes Dillinger (2006) hat deshalb die Mordbrenner weitgehend in das Reich der Phantasie verwiesen. Das würde diese Gruppe mit der extremsten Form einer medial untersetzten Verschwörungstheorie der Frühen Neuzeit verbinden: Zweifellos ist die Furcht vor dem allgegenwärtigen heimlichen Treiben der teuflischen Hexensekte ohne die überregionale Berichterstattung in Flugschriften und Flugblättern über die großen Verfolgungswellen, etwa über das »reichskundige Exempel Trier«, kaum zu erklären (zuletzt Voltmer 2010).

Kriminalexperten

Ebenso wie die öffentliche Kriminalgeschichte sind auch die Kriminalexperten, verstanden als »Fachkundige mit entscheidungsrelevanten Fähigkeiten und Wissen im Bereich der Strafjustiz«, die von der Öffentlichkeit und vom Staat als solche anerkannt werden (Kästner/Kesper-Biermann 2008, 4ff), keine exklusive Erscheinung der Moderne. Schon in der Frühneuzeit gab es in diesem Sinn Experten, allerdings mit einem durchaus epochenspezifischen Profil. Denn weder der später zu beobachtende enge Konnex mit einer medial verfassten Öffentlichkeit noch ihre wissenschaftliche Grundierung war bis zum 18. Jahrhundert konstitutiv. Stattdessen war die Obrigkeit ein exklusiver Legitimationsspender. Da gab es zum einen Berufsgruppen, deren Expertise sich auf ihre praktischen Erfahrungen gründeten und die auf eine unmittelbare Präsenzöffentlichkeit beschränkt blieben, wie etwa der Scharfrichter oder die Hebammen, die Untersuchungen in Kindsmordfällen durchführten. Ähnliches gilt auch für die gehobenen Akteure auf der mittleren Verfahrensebene, für die Amtsschösser als den Schlüsselfiguren lokaler Justizverwaltung und für die Pfarrer als »Experten für ein gutes Leben« (Kästner), die vielfach gemeindliches Wissen und soziale Urteile in Expertenmeinungen umprägten. Die studierten Juristen wiederum, die mit ihren Handbüchern und Gutachten die Rechtsprechung prägten, waren doch meist auf eine (durchaus sehr wirksame!) Fachöffentlichkeit beschränkt.

Entfaltung des Kriminalitätsdiskurses

Die Ausdifferenzierung des Kriminalitätsthemas im 18. Jahrhundert hat viele Wurzeln und Aspekte. Natürlich bilden die Aufklärung und die Ausbildung einer Öffentlichkeit neuen Typs eine wichtige Hintergrundfolie zum Verständnis. In diesen Kontext gehören u. a. die Ausbildung einer literarischen Öffentlichkeit und die Entfaltung eines Medienmarktes, in deren Schnittpunkt dem Komplex Verbrechen und Strafen eine gesteigerte Aufmerksamkeit zuteil wurde. Neu war u. a. das Interesse für die »innere Geschichte« der Verbrecher. (A. Košenica, Art. »Kriminalgeschichten«, EdN 7, 2008: 202–6). Für Frankreich hat Lüsebrink (1983) pionierhaft das enorme Spektrum einschlägiger literarischer Formen analysiert. Vor allem die Lebensgeschichten berühmter Verbrecher wie des Räuberführers Cartouche († 1721) oder Sammlungen berühmter Kriminalfälle wie zuerst die zwanzig Bände umfassenden »Causes Célèbres« von François Gayot de Pitaval († 1743) fanden weite Verbreitung. Neben dem Unterhaltungsbedürfnis boten diese Geschichten auch Potential für kritische, aufklärerische Reflexionen des Strafsystems oder sogar populäre Identifikationsfiguren. In Deutschland war das Thema noch im 18. Jahrhundert zunächst vorwiegend im Kontext der »Schafott-diskurse« angesiedelt (Dainat 2009: 347, i. A. an Foucault), bezog sich also mittelbar oder unmittelbar auf tatsächliche Hinrichtungsgeschehnisse. Dabei vervielfältigten sich allerdings die Textgattungen: Das Interesse verschob sich stärker von der Taterzählung zur Biographie des Täters, bis sich schließlich am Ende des Jahrhunderts eine Ablösung durch das romantische Paradigma des edlen Räubers vollzog. Ein Beispiel für die Adaption eines marktgängigen Themas im Feld der Kriminalität war etwa das 1722 gedruckte »curieuse[s] Gespräch im Vorhofe des Reichs der Todten«, das den 1699 in Celle hingerichtete Dieb Nickel List mit dem 1715 in Dresden zu Tode gebrachten Räuber Lips Tullian in Kommunikation treten lässt. Derartige Gesprächsszenarien im Jenseits waren seinerzeit populär, das Auftreten zweier notorischer Verbrecher aber war neu und zeigt das Potential an Öffentlichkeitswirksamkeit, das dem Kriminalitätsthema eignete. Natürlich verfolgte die Schrift nach eigenen Aussagen das Ziel, die Ursachen verbrecherischer Bosheit ebenso zu ergründen wie das Wirken der Gerechtigkeit, doch drohten unterhaltende und schwankhafte Einschübe diese Absicht zu unterlaufen.

Jedenfalls sind derartige Schriften ein sicheres Indiz, dass sich der »Diskurs über Kriminalität von der obrigkeitlichen Sicherheitspolitik« endgültig emanzipiert hatte (Dainat 2010: 324). Auch wenn es bis zum Kriminalroman noch ein weiter Weg war, hatte die literarische Verarbeitung des Themas eine große Zukunft. Auch außerhalb des literarischen Diskurses emanzipierte sich die öffentliche Debatte über Kriminalität ca. seit der Mitte des 18. Jahrhunderts allmählich von obrigkeitlichen Trägern, Medien und thematischen Anlässen. Aber auch die Vertreter der Obrigkeit selbst suchten verstärkt die Öffentlichkeit. Einen ersten Schritt gingen jene Ermittler gegen notorische Räuber, die – wie der Coburger Rat Paul Nicol Einert in den 1730er Jahren – ihre Fahndungserfolge dadurch dokumentierten, dass sie die Inquisitionsakten in Druck gaben (vgl. Kap. 3.1). Ein bekannter »Proto-Kriminalist« wie der Sulzer Oberamtmann Schäffer, der in den

1780er Jahren in privater Initiative einige Gaunerlisten in Druck gab, wird von der Forschung ausdrücklich als »Frühform des modernen Medienmenschen« charakterisiert (Fritz in Härter u. a. (Hg.) 2010: 249).

Reformdiskussionen vor und nach 1800

1764 erschien mit der Schrift »Dei delitti e delle pene« (»Über Verbrechen und Strafen«) des Mailänder Juristen Cesare Beccaria eine zentrale Programmschrift der Aufklärung. Sie plädierte für eine rationale und verhältnismäßige Strafzumessung im Geist eines aufgeklärten Humanismus und lehnte Folter und Todesstrafe vollständig ab. Schnell übersetzt, wurde sie im Reich kontrovers diskutiert (Evans 2001: 165 ff.). Auf breiter Ebene jedenfalls kam eine Debatte über fast alle Aspekte des Strafrechts in Gang, die sich kaum mehr als wissenschaftlicher Spezialdiskurs verstehen lässt, sondern breit in die Gesellschaft ausstrahlte (vgl. Ludi 1999). Dabei waren die Fragen der angemessenen Ermittlungs- und vor allem Strafmethoden eng mit dem Bild des Verbrechers, dem Diskurs über seine Motive und seine Besserungsfähigkeit verknüpft. Das Problem der richtigen Sanktion verband sich mit der Frage nach dem Verbrechensmotiv auf einzigartige Weise in der Debatte über den Kindsmord. Ausgehend von der Mannheimer Preisfrage von 1780, welches die besten Mittel seien, dem Kindsmord als »Schande des Zeitalters« Einhalt zu tun, setzte sich eine neue aufklärerische Interpretation des Kindsmordes durch: »Sie machte aus schändlichen Huren unglückliche Verführte, aus grausamen Rabenmüttern solche, die ihre Mutterliebe sozialen Normen und staatlichen Vorschriften opferten …« (Ulbricht 1990: 259). Die Reformvorschläge zielten auf eine Abschaffung der öffentlichen Kirchenbußen und Unzuchtstrafen für ledige Mütter, auf die Ablösung der Todes- durch die Zuchthausstrafen für Kindsmörderinnen und auf die Einrichtung wohlfahrtsstaatlicher Einrichtungen wie geheimer Entbindungshäuser und Findelhäuser. Ulbricht konnte aber vor allem die verschiedensten Reaktionen auf die Debatte, angefangen vom Gesetzgeber über die Obergerichte bis hin zu den Zuchthausverwaltungen und Unterbehörden erforschen, wobei er zum bemerkenswerten Schluss kam, dass die aufklärerischen Vorschläge bei den unteren Ebenen, den Kriminalgerichten und Amtmännern, die beste Resonanz fanden (ebd. 403).

Rolle der »Praktiker«

Die Einbindung von »Praktikern« in die wissenschaftliche Debatte sollte auch kennzeichnend werden für den Gefängnisdiskurs, der im langen 19. Jahrhundert zu einem wichtigen Brennpunkt kriminologischer Kontroversen avancierte (Nutz 2001; Henze 2003; Riemer 2005). Nach der Pioniergeneration von Gefängnisreformern des späten 18. Jahrhunderts von John Howard in England bis Heinrich Balthasar Wagnitz in Halle/S. (vgl. Quelle Nr. 14 unter *www.historische-einfuehrungen.de*) waren die 1820er Jahre die »Gründungs- und Konsolidierungsphase« eines »gefängniskundlichen Netzwerkes«, das von Beginn an international ausgerichtet war (Henze in Schauz/Freitag 2007: 55ff.). Den Austausch zwischen Theoretikern und Praktikern kann Riemer (2005) exemplarisch auf der Basis des Briefwechsels des Strafrechtlers Karl Josef Anton Mittermaier mit leitenden Strafvollzugspraktikern in der Zeit um die Mitte des 19. Jahrhunderts nachzeichnen. Dabei beobachtet er zum einen eine Art von Arbeitsteilung: Die Praktiker versorgten den Wissenschaftler mit Datenmaterial, auf dessen Grundlage er – gleichsam als Sprachrohr – öffentlich machen konnte, was den Verwaltungsbeamten zu artikulieren verwehrt war. Auf der anderen Seite setzten sich die Praktiker insofern auf längere Sicht gegen die Theoretiker durch, als sie gegen dogmatisch-generalisierende Positionen im Systemstreit um das richtige Strafvollzugsmodell ihren Standpunkt entgegensetzten, dass der Vollzug je nach Einzelfall zu differenzieren sei. Der gefängniskundliche Diskurs stellte allerdings nur einen Aspekt einer Debatte dar, bei der es um nichts weniger als eine umfassende Strafrechtsreform ging. Deren rechtsphilosophische Grundlagen wurden seit 1780 intensiv diskutiert, bevor seit den 1830er Jahren in den deutschen Einzelstaaten konkrete Rechtskodifikationen vorbereitet und verabschiedet wurden; ab 1850 dann rückte die Vereinheitlichung des Strafrechts in den Mittelpunkt des Interesses, die dann mit dem Reichsstrafgesetzbuch von 1871 erreicht wurde (Kesper-Biermann 2009: 96ff.). Träger der Reformdebatte waren auch hier juristisch gebildete Theoretiker wie Universitätsprofessoren ebenso wie Praktiker an den Gerichten und in der Bürokratie.

Verbrecherbilder

Ebenso wie in der Literatur rückte auch in den Reformdiskussionen des 18. und 19. Jahrhundert der Verbrecher selbst, seine Motive und seine potentielle Behandlung, in den Vordergrund. Diese neue Qualität bei der Thematisierung des Täters ist unverkennbar, selbst angesichts der Korrektur einer älteren Lehrmeinung durch die neuere Forschung, wonach sich das frühneuzeitliche Strafrecht überhaupt nicht für den Täter, sondern ausschließlich für die Tat interessiert habe. Changierten die älteren Verbrecherbilder zwischen dem des »bösen Feindes« und des »armen Sünders«, so rückten nun die Triebhaftigkeit und die Pathologie des Kriminellen in den Mittelpunkt des Interesses (vgl. den Überblick von Galassi 2004: 37 ff.). Vor allem Becker (2002) hat sich mit den Diskursen und narrativen Mustern beschäftigt, die das Bild des Verbrechers im 19. Jahrhundert formten. Dabei konstituierte sich dieses Bild vor allem als Gegen-Bild zur bürgerlichen Gesellschaft. Das Anderssein der Verbrecher wurde im Untersuchungszeitraum nach Beckers These entweder deren Verderbnis zugeschrieben, einer »Veränderung der moralisch-sittlichen Handlungsleitlinie«, oder ihrer Entartung, die auf Vererbung und Umwelteinflüssen beruhte (ebd. 30 f.). Danach dominierte in der ersten Jahrhunderthälfte eine eher moralische Auffassung, nach der die Verbrecher als »gefallene Menschen« sich durch eine falsche Gesinnung auszeichneten und meist für ihre Taten voll verantwortlich seien, wenngleich auch z. B. Alkohol oder die Verlockungen der Prostitution äußere Anreize darstellten, die diese Verantwortung einschränken konnten. In der zweiten Hälfte des 19. Jahrhunderts hätte dagegen das Erzählmuster des »gefallenen« dem des »verhinderten Menschen« Platz gemacht; der Kriminelle wurde nun vornehmlich medizinisch-anthropologisch definiert, als Menschen, die schwächere Willenskräfte, dafür ein um so ausgeprägteres Triebleben besäßen. Kriminalität wurde so tendenziell pathologisiert und »naturalisiert« (ebd. 255 ff.).

Photographie

Auch im 19. Jahrhundert leisteten – wie bereits in der Epoche zuvor – die Agenten und Methoden kriminalistischer Fahndung ihren Beitrag zur Konstruktion des Bildes vom Verbrecher. Im »polizeilichen Blick« formte sich das Bild des Kriminellen (Becker 1992). Wie sehr sich auch neue Medien bestehenden Sichtweisen anpassten, zeigt die Geschichte der Polizeiphotographie (Regener 1999; Jäger 2001). Die ersten Verbrecherphotos entstanden in den

Ateliers der Photographen und unterschieden sich in ihrem bürgerlichen Sujet kaum von Aufnahmen gut situierter Personen. Schon bald gingen die Photographen in die Gefängnisse, nahmen die Delinquenten in Gefängniskleidung auf oder versuchten, mittels komplizierter Apparaturen der Fixierung und Vermessung die Versprechungen der Bertillonage (vgl. Kap. 4.2) ins Bild umzusetzen. Die Vorstellungsbilder, die schon vor der Einführung der Photographie durch Kriminalgeschichten, Steckbriefe, Wachsfiguren und Physiognomie-Studien verbreitet waren, wurden vom neuen Medium schnell aufgegriffen. Auch dieses arbeitete mithin an der »Idee vom kriminellen Außenseiter, der körperlich, geistig, gefühlsmäßig und in seinem sozialen Verhalten eine spezifische, mit sichtbaren Merkmalen ausgestattete Erscheinung« ist (Regner 1999: 297).

Moralstatistik

Ein weiteres neues Element im Kriminaldiskurs des 19. Jahrhunderts war die Kriminalstatistik, die in Deutschland auf der gesamtstaatlichen Ebene in der Erstellung einer Reichskriminalstatistik seit 1882 gipfelte (vgl. Kap. 3.1). Erst durch statistische Operationen wurde »die« Kriminalität als ein Massenphänomen im Kollektivsingular überhaupt erkennbar. Und verbunden mit der scheinbar objektiven Messung von Kriminalität war bereits seit den Tagen Adolphe Quételets der Anspruch, damit zugleich einen Maßstab für die Moralität der Bevölkerung in den Händen zu halten (Galassi 2004: 89 ff.; Fleiter 2007). Die Folgen bewegten sich – durchaus zwiespältig – zwischen szientistischem Kalkül und wachsendem Bedrohungsgefühl. Gerade im Kaiserreich erlagen die Beobachter phasenweise der Suggestion einer lawinenartig anwachsenden Masse von Kriminalität, wobei hier die Jugendkriminalität (vgl. Kap. 5.5) besondere Aufmerksamkeit fand (vgl. Quelle Nr. 15 unter *www.historische-einfuehrungen.de*). In den Mittelpunkt der Aufmerksamkeit der Kriminalpsychologen und Strafrechtler rückte um die Jahrhundertwende vor allem die Rückfallstatistik. Angesichts der vielfältigen Probleme bei der Definition und der statistischen Erfassung der Rückfalltäter« erweisen sich die Moralstatistiken aus der Rückschau lediglich als andere Formen der Reproduktion bekannter Stereotype über den »unverbesserlichen« Gewohnheits- und Berufsverbrecher (Fleiter 2007: 192 f.).

Kriminologie

Die skizzierten Akteure, Debatten und Themenstränge lassen sich allesamt als Beiträge zur Kriminologie *avant la lettre* verstehen. Die Geburt der Disziplin »Kriminologie« im engeren Sinn, verstanden als wissenschaftliche Ergründung der Verbrechensursachen und unterschieden von der Strafrechtswissenschaft, der Kriminalistik (die sich mit Fahndungsmethoden befasst) und der Kriminalpolitik (Wetzell 2000: 16), fällt in die Jahre um 1880. Zu den proto-kriminologischen Diskursen, die auf diesen Kulminationspunkt hinführen, gehören neben der Gefängniskunde und der Strafrechtswissenschaft auch die kriminalistischen Debatten oder die frühe »Criminalpsychologie«, für die 1792 ein erstes Lehrbuch entworfen wurde (Greve 2004). Dabei handelte es sich wiederum um eine »zusammengesetzte«, interdisziplinäre Wissenschaft, zu der Philosophie und Rechtswissenschaft ebenso beitrugen wie die »Erfahrungsseelenlehre«, die Psychiatrie und die »gerichtliche Arzneiwissenschaft«. In der ersten Hälfte des 19. Jahrhunderts erlebte sie einen regelrechten Boom, indem sie beanspruchte, durch genaue Beobachtung die Ursachen von Verbrechen freizulegen, folglich aktive Prävention zu leisten oder aber wenigstens ein Fundament für gerechte Strafen zu legen. Eingang in die Praxis fand sie vor allem durch das gerichtliche Gutachterwesen. Trotz der Karriere psychologischer Deutungen im kriminalwissenschaftlichen Diskurs des späten 19. und frühen 20. Jahrhunderts blieb allerdings der Einfluss der Psychiatrie faktisch eher begrenzt (C. Müller 2004).

Zum Fixpunkt der kriminologischen Debatte, im deutschen Kaiserreich ebenso wie in anderen Ländern, wurde Cesare Lombrosos Werk über den verbrecherischen Menschen (»L'uomo delinquente« 1876/8, dt. 1887) (Gibson in Becker/Wetzell (Hg.) 2006). In seiner ursprünglichen Variante postulierte Lombroso die Existenz eines »homo delinquens«, eines »geborenen Verbrechers«, der sich durch spezifische körperliche und psychische Merkmale auszeichne. Die Rezeption Lombrosos in Deutschland war außerordentlich kritisch (Wetzell 2000: 39ff.; Galassi 2004: 139ff.). Letztlich kann nur eine kleine Minderheit von Kriminologen der reinen Lombroso-Schule zugerechnet werden. Die Mehrheit hing nach Galassi (2004: 418f.) einem Zugang an, der degenerative

Prozesse bei den jeweiligen Individuen ausmachte, die körperliche Defekte, moralische *insanity* und/oder geistige Unzulänglichkeiten zur Folge hatten. Als Leitdisziplin zur Deutung und zur praktischen Behandlung der »abnormalen« kriminellen Persönlichkeit etablierte sich spätestens in den 1920er Jahren eine Kriminalbiologie, wie sie sich 1924 z. B. im von Thomas Viernstein gegründeten »Kriminalbiologischen Dienst« in Bayern institutionalisierte (Wetzell 2000: 126 ff.; Baumann 2006: 43 ff.). Damit rückten eugenische »Lösungen« des Kriminalitätsproblems in den Bereich des Denk- und Planbaren.

»Der Großteil der Rechtsbrecher gehört zu den erblich Entarteten. [...] Es muss eine enorme Minderung der Kriminalität bedeuten, wenn es gelingt, kriminelle Erbstämme einzudämmen oder gar auszurotten. Hierzu ist es notwendig, dass die Lehren der Eugenik, der Wissenschaft von allen Ursachen, die das Erbgefüge einer Familie verbessern und zur größtmöglichen Vollkommenheit entwickeln können, Allgemeingut des Volkes werden. Weiter ist es nötig, kriminell erblich Belastete an der Fortpflanzung zu hindern. Das könnte geschehen durch Dauerasylierung und durch Sterilisierung bestimmter Geisteskranker und ethisch Minderwertiger. [...] Die kriminellen Erbstämme möglichst zum Erlöschen zu bringen ist die erste Aufgabe der Prophylaxe. Die zweite ist die, deren jetzt lebenden Sprossen sowie alle geistisch – ethisch Minderwertigen, vor allem so lange sie noch jung und bildsam sind, heilpädagogisch zu behandeln und vor dem Abgleiten ins Kriminelle möglichst zu bewahren.«

Ueber Verbrechensprophylaxe. Handreichung zu einem Vortrag auf dem Gefängnislehrkurs beim Landesgefängnis Freiburg im Oktober 1930, zit. n. Baumann (2006: 78 f.)

Was sich in diesem Zitat andeutet, vollzieht sich tatsächlich unter dem NS-Regime. Die Kriminologie avanciert in weiten Teilen zu einer Legitimationswissenschaft für die »Ausmerzung« von Straftätern durch Sicherungsverwahrung für gefährliche Gewohnheitsverbrecher, Sterilisation von »Erbkranken« und »Vernichtung« angeblich asozialer Krimineller durch Zwangsarbeit (Wetzell 2000: 179 ff.; Baumann 2006: 80 ff.). Andererseits betont die neuere Forschung, dass die deutsche Kriminologie im internationale Vergleich ein keineswegs außergewöhnliches Profil hatte und dass neben der kriminalbiologischen oder –anthropologischen Perspektive auch die »Umweltfaktoren«, etwa in Gestalt einer sich entwickelnden Kriminalsoziologie, in den Debatten stets eine gewisse Rolle spielten. Das bedeutet aber zugleich, so Baumann (2006) in seiner die Systemumbrüche des 20. Jahrhunderts überbrückenden Arbeit, dass die Zäsur nach 1945 wenig spektakulär ausfiel und dass es erst in den sechziger und siebziger Jahren zu einer »Pluralisierung« der Disziplin kam, indem eine jüngere Generation von Wissenschaftlern psychoanalytischen und soziologischen Ansätzen wie etwa dem *labeling-approach* mehr Gewicht zusprach.

Gerichtsöffentlichkeit

Gleichsam zwischen den Diskursen der Wissenschaftler und Kriminalitäts-Praktiker und neben der medialen und literarischen Bearbeitung des Verbrechens in Wort und Bild (vgl. Kap. 2) verdient als ein weiterer Hauptaspekt bei der Entfaltung des modernen Kriminalitätsdiskurses die Entstehung einer Gerichtsöffentlichkeit zentrale Beachtung (vgl. Kap. 4.1). War im Ancien Régime die Strafe öffentlich, die Verhandlung nach den Regeln des Inquisitionsprozesses dagegen geheim, so verkehrte sich nun die Logik. Nach den Auffassungen der Strafrechtsreformer wirkte die Öffentlichkeit der Strafe kontraproduktiv (Nutz 2001: 53), weshalb die Sanktionen hinter Zuchthausmauern verlegt wurden. Auf der anderen Seite setzte sich Mitte des 19. Jahrhunderts eine öffentliche und mündliche Gerichtsverhandlung durch, die zu einem neuen Medium des Kriminalitätsdiskurses wurde. Auf der einen Seite entstand so eine Arena des Streits, wo Angeklagte, Richter, Anwälte und Experten ihre Deutungen verhandelten (Habermas 2008). Langfristig bedeutsam wurde diese Arena aber vor allem durch die Tatsache, dass die Zeitungsberichterstattung über die Prozesse der situativen Präsenzöffentlichkeit des Gerichts medial eine größere Reichweite und längere Dauer verlieh. Alle Leser wurden so virtuell zum Gerichtspublikum, konnten an den Geschehnissen Anteil nehmen und die vorgebrachten Deutungen diskutieren. Vor allem in den großen Metropolen entwickelte sich eine charakteristische Kultur der Berichterstattung, die an Intensität und Extensität eine neue Qualität erreichte. In Deutschland zog vor allem das schnelllebige Berlin Journalisten und Strafverteidiger an, die hier ihre Bühne suchten und fanden. Staranwälte und berühmte Journalisten erlangten den Status von Prominenten, und spektakuläre Fälle wurden Stadtgespräch. Der aufsehenerregende Sexualmord an der neunjährigen Lucie Berlin im Jahr 1904 (vgl. Peter Fritzsche in Becker/Wetzell 2006) war nach den Worten des Literaten Maximilian Harden tagelang »fast das einzige Gesprächsthema bei Kommerzienraths und im Schusterkeller«. Der später als Täter verurteilte Theodor Berger hatte sich bereits von Anfang an nach der Darstellung des Berliner Tagblatts dadurch verdächtig gemacht, dass er behauptet hatte, erst nach einigen Tagen von dem Mord erfahren zu haben, obwohl direkt nach der Entdeckung der Leiche »tout Berlin« von der Angelegenheit gesprochen habe (Hett in Habermas/Schwerhoff (Hg.) 2009: 284; vgl. Hett 2004)

Die Studie von Siemens (2007) über die Gerichtsreportage in der Zeit von 1919 bis 1933 zeichnet sich vor allem durch ihren international vergleichenden Zugriff aus. Gestützt auf die »bürgerlichen« Presseorgane der Metropolen Berlin, Paris und Chicago untersucht sie die symbolisch-rituelle Inszenierung der Gerichtsberichterstattung, um Aufschluss über die *local moral order* zu erhalten (50). In allen drei Städten kam es unabhängig voneinander während der Untersuchungszeit zu einem Anstieg und einer Ausdifferenzierung der Gerichtsreportagen, wenngleich sich diese Entwicklung in Paris etwas später vollzogen zu haben scheint, während in Berlin die »literarisch ambitionierte, feuilletonistische Gerichtsreportage« blühte (111). An der Spree war eine deutliche Tendenz zur Justizkritik zu spüren, während in der Pariser Publizistik eine eher affirmative Stimmung vorherrschte. In Chicago wiederum hatten unter dem Eindruck von Prohibition und organisierter Kriminalität die früheren Plädoyers für »progressive« Rechtsreformen dem Ruf nach härterem Durchgreifen der Justiz Platz gemacht. Besonders anschaulich fallen die Abschnitte über die publizistische Inszenierung sensationeller Mordprozesse aus. In Berlin wurde der Mordvorwurf gegen den aus einfachen Verhältnisse stammenden Primaner Krantz im Kontext eines jugendlichen Beziehungsdramas 1928 genutzt, um drängende, aber bisher verdrängte »Verständigungsprobleme zwischen den Generationen« (289) zu thematisieren. In Chicago mobilisierte der kaltblütig geplante, sinnlose Mord der beiden jungen Studenten Leopold und Loeb an einem Nachbarskind im Jahr 1924 beispiellose Emotionen. Er gab Anlass zu einem wahren Krieg der Experten und wurde in der Schlussphase zu einem Forum gegen die Todesstrafe, bei dem sich das Meinungsbild stark polarisierte. Trotz aller Unterschiedlichkeit der Gerichtsberichterstattung in den drei Untersuchungsorten: Die Berichte avancierten in allen drei Orten zu Brennspiegeln gemeinsamer Problemlagen moderner Metropolen in der Zwischenkriegszeit. Im Medium der Abweichung wurde über Grundfragen verhandelt, über das Verhältnis zwischen den Generationen und Geschlechtern, über Sexualität und über Gewalt.

Die Konvergenz von Gericht, Öffentlichkeit und Medien in der Moderne ist bemerkenswert und strahlt, etwa in Gestalt des filmischen »courtroom dramas« (Kuzina 2000), in den fiktionalen Bereich aus. Freilich darf dieses Phänomen nicht allein als Kennzeichen demokratischer Systeme missverstanden werden. Totalitäre Systeme, der Nationalsozialismus ebenso wie kommunistische Diktaturen, haben die Potentiale einer »Inszenierung des Rechts« (Marxen/Weinke (Hg.) 2006) in ganz eigener Weise entdeckt, was sich in stalinistischen Schauprozessen ebenso niederschlug wie in der propagandistischen Ausschlachtung von Strafprozessen gegen Fluchthelfer in der DDR.

Auswahlbibliographie

Abgekürzte Titel, Nachschlagewerke und Zeitschriften

Carolina = Die peinliche Gerichtsordnung Kaiser Karls V. und des Heiligen Römischen Reichs von 1532 = (Carolina), hg. und erläutert von Friedrich-Christian Schroeder Stuttgart 2000

CHS = »Crime, Histoire & Sociétés«/Crime, History & Societies, ed. International Association for the History of Crime and Criminal Justice, Genf 1997 ff. (Halbjahreszeitschrift, bisher 13 Bände; ältere Ausgaben online unter *http://chs.revues.org/*)

EdN = Enzyklopädie der Neuzeit, hg. von Friedrich Jäger u. a., Stuttgart 2005 ff.

HRG = Handwörterbuch zur deutschen Rechtsgeschichte, hg. v. Adalbert Erler u. a., 5 Bände, Berlin 1971–1998; 2., völlig überarbeitete und erweiterte Auflage, hg. v. Albrecht Cordes u. a., Berlin 2004 ff.

KKW = Kleines Kriminologisches Wörterbuch, hg. v. Günther Kaiser u. a., 3. völlig neu bearb. und. erweiterte Auflage, Heidelberg 1993

LexMA = Lexikon des Mittelalters, 9 Bände, München 1980–1998

Kriminologisches Journal (KrimJ), Bd. 1 1969 ff.

Rg = Rechtsgeschichte. Zeitschrift des Max-Planck-Instituts für Europäische Rechtsgeschichte, Frankfurt a. M. 2002 ff. (zuvor: Ius Commune; ältere Ausgaben online unter *http://www.rg-rechtsgeschichte.de/*)

ZNR = Zeitschrift für Neuere Rechtsgeschichte, Bd. 1 1979 ff.

ZRG GA = Zeitschrift der Savigny-Stiftung für Rechtsgeschichte, Germanistische Abteilung, Bd. 1 1880 ff.

Althammer, Beate (2010), Der Vagabund. Zur diskursiven Konstruktion eines Gefahrenpotentials im späten 19. und frühen 20. Jahrhundert, in: Härter, *Repräsentationen*, S. 415–453

Ammerer, Gerhard u. a. (Hg.) (2003), *Gefängnis und Gesellschaft. Zur (Vor-)Geschichte der strafenden Einsperrung*, Leipzig

– (2003), *Heimat Straße. Vaganten im Österreich des Ancien Régime*, Wien
– /Alfred Stefan Weiß (Hg.) (2006), *Strafe, Disziplin und Besserung. Österreichische Zucht- und Arbeitshäuser 1750–1850*, Frankfurt a. M.
– u. a. (Hg.) (2010), *Orte der Verwahrung. Die innere Organisation von Gefängnissen, Hospitälern und Klöstern seit dem Spätmittelalter*, Leipzig
Andermann, Kurt (1997), Raubritter – Raubfürsten – Raubbürger? Zur Kritik eines untauglichen Begriffs, in: ders. (Hg.), *»Raubritter« oder »Rechtschaffene vom Adel«? Aspekte von Politik, Friede und Recht im späten Mittelalter*, Sigmaringen, S. 9–29
Anders, Freia (2008), *Strafjustiz im Sudetengau 1938–1945*, München
Arlinghaus, Franz u. a. (Hg.) (2006), *Praxis der Gerichtsbarkeit in europäischen Städten des Spätmittelalters*, Frankfurt a. M.
Avé-Lallemant, Friedrich C. B. (1980), *Das deutsche Gaunerthum in seiner social-politischen, literarischen und linguistischen Ausbildung zu seinem heutigen Bestande*, 4 Bände, Leipzig ursprünglich 1858–1862 (ND Hildesheim)

Baberowski, Jörg (2000), Denunziation und Terror in der stalinistischen Sowjetunion, in: Ross/Landwehr, *Denunziation und Justiz*, S. 165–197
Backmann, Sybille u. a. (Hg.) (1998), *Ehrkonzepte in der Frühen Neuzeit. Identitäten und Abgrenzungen*, Berlin
Bader, Karl S. (1956), Aufgaben, Methoden und Grenzen einer historischen Kriminologie, in: *Schweizerische Zeitschrift für Strafrecht 71*, S. 17–31
Bastien, Pascal (2006), *L'exécution publique à Paris au XVIIIe siècle: Une histoire des rituels judiciaires*, Paris
Bauer, Andreas (1996), *Das Gnadenbitten in der Strafrechtspflege des 15. und 16. Jahrhunderts*, Frankfurt a. M.
Bauman, Richard A. (1996), *Crime and Punishment in Ancient Rome*, London 1996
Baumann, Anette u. a. (Hg.) (2001), *Prozessakten als Quelle. Neue Ansätze zur Erforschung der höchsten Gerichtsbarkeit im Alten Reich*, Köln
Baumann, Imanuel (2006), *Dem Verbrechen auf der Spur. Eine Geschichte der Kriminologie und Kriminalpolitik in Deutschland 1880 bis 1980*, Göttingen
Beck, Rainer (1992), Frauen in Krise. Eheleben und Ehescheidung in der ländlichen Gesellschaft Bayerns während des Ancien Régime, in: Richard van Dülmen (Hg.), *Dynamik der Tradition*, Frankfurt a. M., S. 137–212

Becker, Howard S. (1981), *Außenseiter. Zur Soziologie abweichenden Verhaltens*, Frankfurt a. M.
Becker, Monika (2001), *Kriminalität, Herrschaft und Gesellschaft im Königreich Württemberg. Ein Beitrag zur historischen Kriminologie unter Berücksichtigung von Normen- und Sozialgeschichte in Württemberg von 1830 bis 1848*, Freiburg i. Br.

Becker, Peter (2002), *Verderbnis und Entartung. Eine Geschichte der Kriminologie des 19. Jahrhunderts als Diskurs und Praxis*, Göttingen

– (2005) *Dem Täter auf der Spur. Eine Geschichte der Kriminalistik*, Darmstadt

– /Richard Wetzell (Hg.) (2005), *Criminals and their Scientists. On a Comparative History of Criminology*, Cambridge

Behringer, Wolfgang (1990): Mörder, Diebe, Ehebrecher. Verbrechen und Strafen in Kurbayern vom 16. bis 18. Jahrhundert, in: Dülmen, *Verbrechen*, S. 85–132

– (1996), Gegenreformation als Generationskonflikt, oder: Verhörsprotokolle und andere administrative Quellen zur Mentalitätsgeschichte, in: Schulze, *Ego-Dokumente*, S. 275–293

Behrisch, Lars (2005), *Städtische Obrigkeit und soziale Kontrolle: Görlitz 1450–1600*, Epfendorf am Neckar

Bellabarba, Marco u. a. (Hg.) (2001), *Criminalità e giustizia in Germania e in Italia. Pratiche giudiziarie e linguaggi giuridici tra tardo medioevo ed età moderna. Kriminalität und Justiz in Deutschland und Italien. Rechtspraktiken und gerichtliche Diskurse in Spätmittelalter und Früher Neuzeit*, Bologna

Bendlage, Andrea (2002), *Henkers Hetzbruder. Das Strafverfolgungspersonal der Reichsstadt Nürnberg im 15. und 16. Jahrhundert*, Konstanz

– (2008), Schroderken gegen Korbach. Ein Zivilprozess im Zeichen der Ausweisung der Juden aus Münster 1554, in: dies. u. a. (Hg.), *Recht und Verhalten in vormodernen Gesellschaften. Festschrift für Neithard Bulst*, Bielefeld 2008, S. 185–200

Berding, Helmut u. a. (Hg.) (1999), *Kriminalität und abweichendes Verhalten: Deutschland im 18. und 19. Jahrhundert*, Göttingen

Bethencourt, Francisco (2009), *The Inquisition. A Global History 1484–1834*, Cambridge

Blankenburg, Erhard u. a. (Hg.) (1980), *Alternative Rechtsformen und Alternativen zum Recht*, Opladen

Blasius, Dirk (1976), *Bürgerliche Gesellschaft und Kriminalität. Zur Sozialgeschichte Preussens im Vormärz*, Göttingen 1976

– (1978), *Kriminalität und Alltag. Zur Konfliktgeschichte des Alltagslebens im 19. Jahrhundert*, Göttingen

– (1981), Kriminalität und Geschichtswissenschaft. Perspektiven der neueren Forschung, in: *Historische Zeitschrift 233*, S. 615–626

– (1988), Kriminologie und Geschichtswissenschaft. Bilanz und Perspektiven interdisziplinärer Forschung, in: *Geschichte und Gesellschaft 14*, S. 136-149

– (1997), Reform gegen die Frau: Das preußische Scheidungsrecht im frühen 19. Jahrhundert, in: Gerhard, *Frauen*, S. 659–669

Blauert, Andreas/Gerd Schwerhoff (Hg.) (1993), *Mit den Waffen der Justiz. Zur*

Kriminalitätsgeschichte des späten Mittelalters und der frühen Neuzeit, Frankfurt a. M.

Blauert, Andreas (1993), *Sackgreifer und Beutelschneider. Die Diebesbande der Alten Lisel, ihre Streifzüge um den Bodensee und ihr Prozeß 1732*, Konstanz

– (2000), *Das Urfehdewesen im deutschen Südwesten im Spätmittelalter und in der frühen Neuzeit*, Tübingen

– /Gerd Schwerhoff (Hg.) (2000), *Kriminalitätsgeschichte. Beiträge zur Sozial- und Kulturgeschichte der Vormoderne*, Konstanz

– /Eva Wiebel (Hg.) (2001), *Gauner- und Diebslisten. Registrieren, Identifizieren und Fahnden im 18. Jahrhundert. Mit einem Repertorium gedruckter südwestdeutscher, schweizerischer und österreichischer Listen sowie einem Faksimile der Schäffer'schen oder Sulzer Liste von 1784*, Frankfurt a. M.

Blickle, Renate (1990), Rebellion oder natürliche Defension. Der Aufstand der Bauern in Bayern 1633/34 im Horizont von gemeinem Recht und christlichen Naturrecht, in: Dülmen, *Verbrechen*, S. 56–84

– (2001), Denunziation. Das Wort und sein historisch-semantisches Umfeld: Delation, Rüge, Anzeige, in: Hohkamp/Ulbrich, *Staatsbürger als Spitzel*, S. 25–59

Bohle, Hans H. (1984). Abweichendes Verhalten, in: Hans Eyferth u. a. (Hg.), *Handbuch zur Sozialarbeit/Sozialpädagogik*, Darmstadt, S. 1–11

Bohn, Robert (2003), *Die Piraten*, München

Boehncke, Heiner/Hans Sarkowicz (Hg.) (1991), *Die deutschen Räuberbanden in Originaldokumenten*, 3 Bände, Frankfurt a. M.

Böker, Uwe/Christoph Houswitschka (Hg.) (1996), *Literatur, Kriminalität und Rechtskultur im 17. und 18. Jahrhundert*, Essen

Borck, Heinz-Günther (Hg.) (2002), *Unrecht und Recht. Kriminalität und Gesellschaft im Wandel von 1500–2000. Gemeinsame Landesausstellung der rheinland-pfälzischen und saarländischen Archive. Wissenschaftlicher Begleitband*, Koblenz

Bornhorst, Sarah (2010), *Selbstversorger. Jugendkriminalität während des 1. Weltkriegs im Landgerichtsbezirk Ulm*, Konstanz

Brachtendorf, Ralf (2003), *Konflikte, Devianz, Kriminalität. Justiznutzung und Strafpraxis in Kurtrier im 18. Jahrhundert am Beispiel des Amts Cochem*, Marburg

Bräuer, Helmut (2007), Bettler in frühneuzeitlichen Städten Mitteleuropas, in: Beate Althammer (Hg.), *Bettler in der europäischen Stadt der Moderne. Zwischen Barmherzigkeit, Repression und Sozialreform*, Frankfurt a. M., S. 23–57

Breit, Stefan (1991), *»Leichtfertigkeit« und ländliche Gesellschaft: voreheliche Sexualität in der frühen Neuzeit*, München

– (2000), *Verbrechen und Strafe. Strafgerichtsbarkeit in der Herrschaft Hohenaschau*, Aschau i. Ch.

Brélaz, Cédric/Pierre Ducrey (Hg.) (2008), *Sécurité collective et ordre public dans les sociétés anciennes*, Vandœuvres – Genève

Bretschneider, Falk (2003), Humanismus, Disziplin und Sozialpolitik. Theorien und Geschichten des Gefängnisses in Westeuropa, den USA und Deutschland, in: Ammerer, *Gefängnis und Gesellschaft*, S. 18–49

– (Hg.) (2007), *Der Kriminelle. Deutsch-französische Perspektiven/Le criminel. Perspectives franco-allemandes*, Leipzig

– (2008), *Gefangene Gesellschaft. Eine Geschichte der Einsperrung in Sachsen im 18. und 19. Jahrhundert*, Konstanz

Breuer, Ingo (2009), Barocke Fallgeschichten? Zum Status der Trauer- und Mordgeschichten Georg Philipp Harsdörffers in: *Zeitschrift für Germanistik NF 2*, S. 288–300

Breuer, Stefan (1986), Sozialdisziplinierung. Probleme und Problemverlagerungen eines Konzeptes bei Max Weber, Gerhard Oestreich und Michel Foucault, in: Christoph Sachsse/Florian Tennstedt (Hg.), *Soziale Sicherheit und soziale Disziplinierung*, Frankfurt a. M. , S. 45–69

Briesen, Detlef/Klaus Weinhauer (Hg.) (2007), *Jugend, Delinquenz und gesellschaftlicher Wandel. Bundesrepublik Deutschland und USA nach dem Zweiten Weltkrieg*, Essen

Brück, Ingrid u. a. (2003), *Der deutsche Fernsehkrimi. Eine Programm- und Produktionsgeschichte von den Anfängen bis heute*, Stuttgart

Brückweh, Kerstin (2006), *Mordlust. Serienmorde, Gewalt und Emotionen im 20. Jahrhundert*, Frankfurt a. M.

Brüdermann, Stefan (1990), *Göttinger Studenten und akademische Gerichtsbarkeit im 18. Jahrhundert*, Göttingen

Bubach, Bettina (2005), *Richten, Strafen und Vertragen. Rechtspflege der Universität Freiburg im 16. Jahrhundert*, Berlin

Burckhardt, Leonhard (Hrsg.) (2000), *Große Prozesse im antiken Athen*, München

Burghartz, Susanna (1989); Disziplinierung oder Konfliktregelung? Zur Funktion städtischer Gerichte im Spätmittelalter: Das Züricher Ratsgericht, in: *Zeitschrift für historische Forschung 16*, S. 385-409

– (1990), *Leib, Ehre und Gut. Delinquenz in Zürich Ende des 14. Jahrhunderts*, Zürich

– (1999), *Zeiten der Reinheit, Orte der Unzucht. Ehre und Sexualität in Basel während der Frühen Neuzeit*, Paderborn

Burschel, Peter (1994), *Söldner im Nordwestdeutschland des 16. und 17. Jahrhunderts. Sozialgeschichtliche Studien*, Göttingen

– u. a. (Hg.) (2000), *Das Quälen des Körpers. Eine historische Anthropologie der Folter*, Köln-Weimar-Wien

Caroll, Stuart (Hg.) (2007), *Cultures of Violence. Interpersonal Violence in Historical Perspective*, Houndmills

Cockburn, J. S. (1991), Patterns of Violence in English Society: Homicide in Kent 1560–1985, in: *Past & Present 130*, S. 70–106

Cohen, David (1995), *Law, Violence, and Community in Classical Athens*, Cambridge

Conley, Carolyn A. (1991), *The Unwritten Law. Criminal Justice in Victorian Kent*, Oxford

Coy, Jason P. (2008), *Strangers and Misfits: Banishment, Social Control, and Authority in Early Modern Germany*, Leiden

Curtis, Lewis P. (2001), *Jack the Ripper and the London press*, New Haven and London 2001

Cox, Pamela/Heather Shore (Hg.) (2002), *Becoming Delinquent: British and European Youth, 1650–1950*, Aldershot

Czech, Philip (2010), *Der Kaiser ist ein Lump und Spitzbube. Majestätsbeleidigung unter Kaiser Franz Joseph*, Wien

Danker, Uwe (1988), *Räuberbanden im Alten Reich um 1700. Ein Beitrag zur Geschichte von Herrschaft und Kriminalität in der Frühen Neuzeit*, Frankfurt a. M.

– (2001), *Die Geschichte der Räuber und Gauner*, Düsseldorf

Dainat, Holger (2009), Räuber im Octavformat: Über die printmediale Aufbereitung von Kriminalität im 18. Jahrhundert, in: Habermas/Schwerhoff, *Verbrechen im Blick*, S. 339–366.

– (2010). Gespräche im Reiche der Toten unter den Spitzbuben. Literarische Bilder krimineller Karrieren im frühen 18. Jahrhundert, in: Härter, *Repräsentationen*, S. 309–340

Davis, Nathalie Z. (1988), *Der Kopf in der Schlinge. Gnadengesuche und ihre Erzähler*, Berlin

Dietrich, Elisabeth (1995), *Übeltäter, Bösewichter. Kriminalität und Kriminalisierung in Tirol und Vorarlberg im 19. Jahrhundert*, Innsbruck

Dillinger, Johannes (2006), Organized Arson as a Political Crime. The Construction of a »Terrorist« Menace in the Early Modern Period, in: *CHS 10*, S. 101–121

– (2007), *Hexen und Magie*, Frankfurt a. M.

– (2008), *Terrorismus. Wissen was stimmt*, Freiburg i. Br.

Dinges, Martin (1991), Frühneuzeitliche Armenfürsorge als Sozialdisziplinierung? Probleme mit einem Konzept, in: *Geschichte und Gesellschaft 17*, S. 5–29

– (1994), *Der Maurermeister und der Finanzrichter. Ehre, Geld und soziale Kontrolle im Paris des 18. Jahrhunderts*, Göttingen

– /Fritz Sack (Hg.) (2000), *Unsichere Großstädte? Vom Mittelalter bis zur Postmoderne*, Konstanz

– (2000), Justiznutzung als soziale Kontrolle in der Frühen Neuzeit, in: Blauert/Schwerhoff, *Kriminalitätsgeschichte*, S. 503–544

Dölemeyer, Barbara/Diethelm Klippel (Hg.) (1998), *Gesetz und Gesetzgebung im Europa der Frühen Neuzeit*, Berlin

Dülmen, Richard van (1995), *Theater des Schreckens. Gerichtspraxis und Strafrituale der frühen Neuzeit*, München 4. Auflage

– (Hg.) (1990), *Verbrechen, Strafen und soziale Kontrolle*, Frankfurt a. M.

– (1991): *Frauen vor Gericht. Kindsmord in der frühen Neuzeit*, Frankfurt a. M.

Eibach, Joachim (1996), Kriminalitätsgeschichte zwischen Sozialgeschichte und Historischer Kulturforschung, in: *Historische Zeitschrift 263*, S. 681–715

– (2001) Recht – Kultur – Diskurs. Nullum Crimen sine Scientia, in: *ZNR 23*, S. 102–120

– (2003), *Frankfurter Verhöre. Städtische Lebenswelten und Kriminalität im 18. Jahrhundert*, Paderborn

– /Rudolf Schlögl (Hg.) (2009), *Ungleichheiten vor Gericht* [*Geschichte und Gesellschaft* 35/4], Göttingen

– (2009), Versprochene Gleichheit – verhandelte Ungleichheit. Zum sozialen Aspekt in der Strafjustiz der frühen Neuzeit, in: Eibach/Schlögl, *Ungleichheiten*, S. 488–533

– (2010), Männer vor Gericht – Frauen vor Gericht, in: Christine Roll u. a. (Hg.), *Grenzen und Grenzüberschreitungen. Bilanz und Perspektiven der Frühneuzeitforschung*, Köln, S. 559–572

Eisner, Manuel (2001), Individuelle Gewalt und Modernisierung in Europa, 1200–2000, in: Albrecht, Günther u. a. (Hg.), *Gewaltkriminalität zwischen Mythos und Realität*, Frankfurt a. M. , S. 71–100

Ekirch, A. Roger (1987), *Bound for America: The Transportation of British Convicts to the Colonies, 1718–1775*, Oxford

Emsley, Clive/Louis A. Knafla (Hg.) (1996), *Crime History and Histories of Crime. Studies in the Historiography of Crime and Criminal Justice in Modern History*, Westport, Connecticut

– (2005), *Crime and Society in England, 1750–1900*, London 3. Aufl.

– u a. (Hg.) (2004), *Social Control in Europe Volume 2, 1800–2000*, Columbus/Ohio

Engels, Jens Ivo u. a. (Hg.) (2009), *Geld – Geschenke – Politik. Korruption im neuzeitlichen Europa*, München

Eriksson, Magnus/Barbara Krug-Richter (Hg.) (2003), *Streitkulturen. Gewalt, Konflikt und Kommunikation in der ländlichen Gesellschaft (16.–19. Jahrhundert)*, Köln

Esders, Stefan/Thomas Scharff (Hg.) (1999), *Eid und Wahrheitssuche: Studien zu rechtlichen Befragungstechniken in Mittelalter und früher Neuzeit*, Frankfurt a. M.

Evans, Richard J. (Hg.) (1988), *The German Underworld: Deviants and Outcasts in German History*, London

– (1997), *Szenen aus der deutschen Unterwelt. Verbrechen und Strafe 1800–1914*, Reinbeck

– (2001), *Rituale der Vergeltung. Die Todesstrafe in der deutschen Geschichte 1532–1987*, Hamburg

Foxhall, Lin/Andrew Lewis (Hg.) (1996), *Greek law in its political setting*, Oxford

Feeley, Malcolm (1994), The Decline of Women in the Criminal Process: A Comparative History, in: *CJH 15*, S. 235–274

Fleck, Udo (2003): *»Diebe – Räuber – Mörder«. Studien zur kollektiven Delinquenz rheinischer Räuberbanden an der Wende vom 18. zum 19. Jahrhundert*, Diss. phil. Trier 2003 (*http://ubt.opus.hbz-nrw.de/volltexte/2007/399/pdf/Raeuber_01_Text.pdf* [1.9.2010])

– (Bearb.) (2003a), *Die Mainzer Voruntersuchungsakten gegen die Schinderhannes-Bande (CD Rom Edition)*, Trier

Fleiter, Andreas (2007), Die Kalkulation des Rückfalls. Zur kriminalstatistischen Konstruktion sozialer und individueller Risiken im langen 19. Jahrhundert, in: Schauz/Freitag, *Verbrechen*, S. 173–195

Formella, Eckhard (1985), *Rechtsbruch und Rechtsdurchsetzung im Herzogtum Holstein um die Mitte des 19. Jahrhunderts*, Neumünster

Frank, Michael (1992), Kriminalität, Strafrechtspflege und sozialer Wandel. Das Zuchthaus Detmold 1750–1801, in: *Westfälische Forschungen 42*, S. 273–308

– (1995), *Dörfliche Gesellschaft und Kriminalität. Das Fallbeispiel Lippe 1650–1800*, Paderborn

Frei, Norbert u. a. (Hg.), *Geschichte vor Gericht. Historiker, Richter und die Suche nach Gerechtigkeit*, München 2000

Freitag, Winfried (2000), Das Netzwerk der Wilderei. Wildbretschützen, ihre Helfer und Abnehmer in den Landgerichten um München um 1700, in: Blauert/Schwerhoff, *Kriminalitätsgeschichte*, S .707–757

Frevert, Ute (1991), *Ehrenmänner. Das Duell in der bürgerlichen Gesellschaft*, München

Fritz, Gerhard (2004), *Eine Rotte von allerhandt rauberischem Gesindt. Öffentliche Sicherheit in Südwestdeutschland vom Ende des Dreißigjährigen Krieges bis zum Ende des Alten Reiches*, Ostfildern

Fuchs, Ralf-Peter (1999), *Um die Ehre. Westfälische Beleidigungsprozesse vor dem Reichskammergericht 1525–1805*, Paderborn

– /Winfried Schulze (Hg.) (2002), *Wahrheit, Wissen, Erinnerung. Zeugenverhörprotokolle als Quelle für soziale Wissensbestände der Frühen Neuzeit*, Münster

Fürmetz, Gerhard u. a. (Hg.) (2001), *Nachkriegspolizei. Sicherheit und Ordnung in Ost- und Westdeutschland 1945–1969*, Hamburg

Galassi, Silviana (2004), *Kriminologie im Deutschen Kaiserreich. Geschichte einer gebrochenen Verwissenschaftlichung*, Stuttgart

Gauvard, Claude (1991), *»De Grace Especial«. Crime, état et société en France à la fin du Moyen Âge*, Paris

Garnot, Benoît (Hg.) (1997), *L'infrajudiciaire du Moyen-âge à l'époque contemporaine*, Dijon

– (Hg.) (1998), *La petite délinquance du Moyen Âge à l'époque contemporaine*, Dijon

– (2009), *Histoire de la justice: France XVIe–XXIe siècle*, Paris

Gerhard, Ute (Hg.) (1997), *Frauen in der Geschichte des Rechts*, München

Germann, Urs (2004), *Psychiatrie und Strafjustiz. Entstehung, Praxis und Ausdifferenzierung der forensischen Psychiatrie in der deutschsprachigen Schweiz 1850–1950*, Zürich

Ginzburg, Carlo (1992), Der Inquisitor als Anthropologe, in: Rebekka Habermas/Nils Minkmar (Hg.), *Das Schwein des Häuptlings. Sechs Aufsätze zur historischen Anthropologie*, Berlin, S. 42–55

Gleixner, Ulrike (1994), *»Das Mensch« und »der Kerl«. Die Konstruktion von Geschlecht in Unzuchtsverfahren der Frühen Neuzeit (1700–1760)*, Frankfurt a. M.

Gotzmann, Andreas/Stephan Wendehorst (Hg.) (2007), *Juden im Recht. Neue Zugänge zur Rechtsgeschichte der Juden im Alten Reich*, Berlin

Graf, Klaus (2000), Das leckt die Kuh nicht ab. »Zufällige Gedanken« zu Schriftlichkeit und Erinnerungskultur der Strafgerichtsbarkeit, in: Blauert/Schwerhoff, *Kriminalitätsgeschichte*, S. 245–288

Graff, Helmut (1975), *Die deutsche Kriminalstatistik. Geschichte und Gegenwart*, Stuttgart

Greve, Ylva (2004), *Verbrechen und Krankheit. Die Entdeckung der »Criminalpsychologie« im 19. Jahrhundert*, Köln

Griesebner, Andrea (2000), *Konkurrierende Wahrheiten. Malefizprozesse vor dem Landgericht Perchtoldsdorf im 18. Jahrhundert*, Wien

– /Monika Mommertz (2000), Fragile Liebschaften? Methodologische Anmerkungen zum Verhältnis zwischen historischer Kriminalitätsforschung und Geschlechtergeschichte, in: Blauert/Schwerhoff (Hg.), *Kriminalitätsgeschichte*, S. 205–232

– u. a. (Hg.) (2002), *Justiz und Gerechtigkeit. Historische Beiträge (16.-19. Jahrhundert)*, Innsbruck

Groebner, Valentin (2000), *Gefährliche Geschenke. Ritual, Politik und die Sprache der Korruption in der Eidgenossenschaft im späten Mittelalter und am Beginn der Neuzeit*, Konstanz

– (2004), *Der Schein der Person. Steckbrief, Ausweis und Kontrolle im Mittelalter*, München

Grüne, Niels/Simona Slanicka (Hg.) (2010), *Korruption. Historische Annäherungen an eine Grundfigur politischer Kommunikation,* Göttingen

Gudian, Gunter (1976), Geldstrafrecht und peinliches Strafrecht im späten Mittelalter, in: H. J. Becker u. a. (Hg.), *Rechtsgeschichte als Kulturgeschichte. Festschrift Adalbert Erler*, Aalen, S. 273–288

Haack, Julia (2008), *Der vergällte Alltag. Zur Streitkultur im 18. Jahrhundert*, Köln 2008

Habermas, Rebekka (2003), Von Anselm von Feuerbach zu Jack the Ripper. Recht und Kriminalität im 19. Jahrhundert. Ein Literaturbericht, in: *Rg 3*, S. 128–163

– (2008), *Diebe vor Gericht. Die Entstehung der modernen Rechtsordnung im 19. Jahrhundert,* Frankfurt a. M.

– /Gerd Schwerhoff (Hg.) (2009), *Verbrechen im Blick. Perspektiven der neuzeitlichen Kriminalitätsgeschichte*, Frankfurt a. M.

Häberlein, Mark (1998a), Tod auf der Herrenstube. Ehre und Gewalt in der Augsburger Führungsschicht 1500–1620, in: Backmann, *Ehrkonzepte*, S. 148–169.

– (1998b), Wirtschaftskriminalität und städtische Ordnungspolitik in der frühen Neuzeit. Augsburger Kaufleute als Münzhändler und Falschmünzer, 1520–1620, in: *Zeitschrift für bayerische Landesgeschichte 6*, S. 699–739

– (Hg.) (1999), *Devianz, Widerstand und Herrschaftspraxis in der Vormoderne. Studien zu Konflikten im südwestdeutschen Raum (15.–18. Jahrhundert),* Konstanz

Hacke, Daniela (2002), Zur Wahrnehmung häuslicher Gewalt und ehelicher Unordnung im Venedig der frühen Neuzeit (16. und 17. Jahrhundert), in: Fuchs/Schulze, *Wahrheit*, S. 317–355

Hanak, Gerhard u. a. (1989), *Ärgernisse und Lebenskatastrophen. Über den alltäglichen Umgang mit Kriminalität*, Bielefeld

Harrington, Joel F. (2009), *The Unwanted Child. The Fate of Foundlings, Orphans, and Juvenile Criminals in Early Modern Germany*, Chicago

Harris, Edward M./Lene Rubinstein (Hg.) (2004), *The law and the courts in ancient Greece*, London

Härter, Karl/Michael Stolleis (Hg.) (1996ff.), *Repertorium der Policeyordnungen der Frühen Neuzeit*, Frankfurt, bislang 9 Bände.

– (1999), Sozialdisziplinierung durch Strafe? Intentionen frühneuzeitlicher Policeyordnungen und staatlicher Sanktionspraxis, in: *Zeitschrift für historische Forschung 26*, S. 365–379

– (2000), Strafverfahren im frühneuzeitlichen Territorialstaat: Inquisition, Entscheidungsfindung, Supplikation, in: Blauert/Schwerhoff, *Kriminalitätsgeschichte*, S. 459–480
– (2002), Von der »Entstehung des öffentlichen Strafrechts« zur »Fabrikation des Verbrechens«. Neuere Forschungen zur Entwicklung von Kriminalität und Strafjustiz im frühneuzeitlichen Europa, in: *Rg 1*, S. 159–196
– (2005), *Policey und Strafjustiz in Kurmainz. Gesetzgebung, Normdurchsetzung und Sozialkontrolle im frühneuzeitlichen Territorialstaat*, 2 Teilbände, Frankfurt a. M.
– (2007), Zur Stellung der Juden im frühneuzeitlichen Strafrecht. Gesetzgebung, Rechtswissenschaft und Justizpraxis, in: Gotzmann/Ehrenpreis, *Juden im Recht*, S. 347–379
– (2009), Die Entwicklung des Strafrechts in Mitteleuropa: Defensive Modernisierung, Kontinuitäten und Wandel der Rahmenbedingungen, in: Habermas/Schwerhoff, *Verbrechen im Blick*, S. 71–107
– (2010), Criminalbildergeschichten: Verbrechen, Justiz und Strafe in illustrierten Einblattdrucken der Frühen Neuzeit, in: Härter, *Repräsentationen*, S. 25–88
– u. a. (2010) (Hg.): *Repräsentationen von Kriminalität und öffentlicher Sicherheit. Bilder, Vorstellungen und Diskurse vom 16. bis zum 20. Jahrhundert*, Frankfurt a. M.
Hehenberger, Susanne (2006), *Unkeusch wider die Natur. Sodomieprozesse im frühneuzeitlichen Österreich*, Wien
Heidegger, Maria (1999), *Soziale Dramen und Beziehungen im Dorf. Das Gericht Laudegg in der frühen Neuzeit – eine historische Ethnographie*, Innsbruck
Heidenreich, Ronny (2009), *Aufruhr hinter Gittern. Das »Gelbe Elend« im Herbst 1989*, Leipzig
Hemmie, Dagmar M. H. (2007), *Ungeordnete Unzucht. Prostitution im Hanseraum (12. – 16. Jh.)*, Lübeck – Bergen – Helsingør, Köln
Henselmeyer, Ulrich (2002), *Ratsherrn und andere Delinquenten. Die Rechtssprechungspraxis bei geringfügigen Delikten im spätmittelalterlichen Nürnberg*, Konstanz
Henze, Martina (2003), *Strafvollzugsreformen im 19. Jahrhundert. Gefängniskundlicher Diskurs und staatliche Praxis in Bayern und Hessen-Darmstadt*, Darmstadt
Hergemöller, Bernd-Ulrich (2001), Sodomiter. Erscheinungsformen und Kausalfaktoren des spätmittelalterlichen Kampfes gegen Homosexuelle, in: ders. (Hg.), *Randgruppen der spätmittelalterlichen Gesellschaft*, 3. Auflage, Warendorf, S. 388–431
Hess, Henner/Johannes Stehr (1987), Die ursprüngliche Erfindung des Verbrechens, in: *Kriminologie und Geschichte. Kriminologisches Journal, 2. Beiheft*, Weinheim, S. 18–56

– /Sebastian Scheerer (1997), Was ist Kriminalität? Skizze einer konstruktivistischen Kriminalitätstheorie, in: *KrimJ 29*, S. 83–155

Hett, Benjamin Carter (2004), *Death in the Tiergarten. Murder and Criminal Justice in the Kaiser's Berlin*, Cambridge Mass.

Hobsbawm, Eric (1962), Sozialrebellen. Archaische Bewegungen im 19. und 20. Jahrhundert, Neuwied

Hölkeskamp, Karl- Joachim (1999), *Schiedsrichter, Gesetzgeber und Gesetzgebung im archaischen Griechenland*, Stuttgart

Hölzl, Richard (2010), *Umkämpfte Wälder. Die Geschichte einer ökologischen Reform in Deutschland 1760–1860*, Frankfurt a. M.

Hoffmann, Carl A. (1995), Strukturen und Quellen des Augsburger reichsstädtischen Strafgerichtswesens in der ersten Hälfte des 16. Jahrhunderts, in: *Zeitschrift des Historischen Vereins für Schwaben 88*, S. 57–108

– (2002): Delinquenz und Strafverfolgung städtischer Oberschichten im Augsburg des 16. Jahrhunderts, in: Mark Häberlein/Johannes Burkhardt (Hg.), *Die Welser. Neue Forschungen zur Geschichte und Kultur des oberdeutschen Handelshauses*, Berlin, S. 347–381

Hohkamp, Michaela (1995), Häusliche Gewalt. Beispiele aus einer ländlichen Region des mittleren Schwarzwaldes im 18. Jahrhundert, in: Thomas Lindenberger/Alf Lüdtke (Hg.), *Physische Gewalt. Studien zur Geschichte der Neuzeit*, Frankfurt a. M. , S. 276–302

– /Claudia Ulbrich (Hg.) (2001), *Der Staatsbürger als Spitzel. Denunziation während des 18. und 19. Jahrhunderts aus europäischer Perspektive*, Leipzig

Holenstein, André (2001), Normen und Praktiken der Anzeige in der Markgrafschaft Baden-Durlach in der zweiten Hälfte des 18. Jahrhunderts, in: Hohkamp/Ulbrich, *Staatsbürger als Spitzel*, S. 111–146

– u. a. (Hg.) (2002), *Policey in lokalen Räumen. Ordnungskräfte und Sicherheitspersonal in Gemeinden und Territorien vom Spätmittelalter bis zum frühen 19. Jahrhundert*, Frankfurt a. M.

Holenstein, Andé (2003), *»Gute Policey« und lokale Gesellschaft im Staat des Ancien Régime*, 2 Bände, Tübingen

– (2009), Empowering Interactions. Looking at Statebuilding from Below, in: ders. u. a. (Hg.), *Empowering Interactions. Political Cultures and the Emergence of the State in Europe 1300–1900*, Farnham, S. 1–31

Holzem, Andreas (2000), *Religion und Lebensformen. Katholische Konfessionalisierung im Sendgericht des Fürstbistums Münster 1570–1800*, Paderborn

Holzmann, Gabriela (2001), *Schaulust und Verbrechen. Eine Geschichte des Krimis als Mediengeschichte (1850–1950)*, Stuttgart

Hommen, Tanja (1999), *Sittlichkeitsverbrechen. Sexuelle Gewalt im Kaiserreich*, Frankfurt a. M.

Huntebrinker, Jan Willem (2010): *»Fromme Knechte« und »Garteteufel«. Söldner als soziale Gruppe im 16. und 17. Jahrhundert*, Konstanz

Hunter, Michael/David Wooton (Hg.) (1992), *Atheism from Reformation to the Enlightenment*, Oxford

Ingraham, Barton L. (1979), *Political Crime in Europe. A Comperative Study of France, Germany, and England*, Berkeley

Iseli, Andrea (2009), *Gute Policey. Öffentliche Ordnung in der Frühen Neuzeit*, Stuttgart

Jäger, Jens (2001), Photography: A Means of Surveillance? Juridical Photography, 1850 to 1900, in: *CHS* 5, 27–51

– (2006), *Verfolgung durch Verwaltung. Internationales Verbrechen und internationale Polizeikooperation 1880–1933*, Konstanz

– (2009), *Photographie und Geschichte*, Frankfurt a. M.

Jarzebowski, Claudia (2006), *Inzest. Verwandtschaft und Sexualität im 18. Jahrhundert*, Köln

Jerouschek, Günter u. a. (Hg.) (2000), *Bendedict Carpzov. Neue Perspektiven zu einem umstrittenen sächsischen Juristen*, Tübingen

Jessen, Ralph (1991), *Polizei im Industrierevier. Modernisierung und Herrschaftspraxis im westfälischen Ruhrgebiet 1848–1914*, Göttingen

– (1992), Gewaltkriminalität im Ruhrgebiet zwischen bürgerlicher Panik und proletarischer Subkultur, in: Dagmar Kift (Hg.), *Kirmes – Kneipe – Kino. Arbeiterkultur im Ruhrgebiet zwischen Kommerz und Kontrolle (1850–1914)*, Paderborn, S. 226–255

Johansen, Jens Chr. V./Henrik Stevensborg (1986), Hasard ou myopie. Réflexions autour de deux théories de l'histoire du droit, in: *Annales E.S.C. 41*, S. 601–624

Johnson, Eric (Hg.) (1990), *Quantification and Criminal Justice History in International Perspective (Historical Social Research/ Historische Sozialforschung* Bd. 15), Köln

– (1995), *Urbanisation and Crime: Germany 1871–1914*, New York/Melbourne

– /Eric H. Monkkonen (Hg.) (1996), *The Civilization of Crime. Violence in Town and Country since the Middle Ages*, Urbana and Chicago

Jütte, Robert (1988), *Abbild und soziale Wirklichkeit des Bettler- und Gaunertums zu Beginn der Neuzeit. Sozial-, mentalitäts- und sprachgeschichtliche Studien zum Liber Vagatorum (1510)*, Köln

– (1988a), Die Anfänge des organisierten Verbrechens. Falschspieler und ihre Tricks im späten Mittelalter und in der frühen Neuzeit, in: *Archiv für Kulturgeschichte 70*, S. 1–32

– (1991), »Disziplin zu predigen ist eine Sache, sich ihr zu unterwerfen eine andere« (Cervantes) – Prolegomena zu einer Sozialgeschichte der Armenfürsorge diesseits und jenseits des Fortschritts, in: *Geschichte und Gesellschaft 17*, S. 92–101

– (1991a), Geschlechtsspezifische Kriminalität im Späten Mittelalter und in der Frühen Neuzeit, in: *ZRG GA 108*, S. 86-116

– (2000), *Arme, Bettler, Beutelschneider. Eine Sozialgeschichte der Armut in der Frühen Neuzeit*, Weimar

Kagan, Richard L. (1981), *Lawsuits and litigants in Castile, 1500–1700*, Chapel Hill

Kästner, Alexander/Sylvia Kesper-Biermann (Hg.) (2008), *Experten und Expertenwissen in der Strafjustiz von der Frühen Neuzeit bis zur Moderne*, Leipzig

Kalifa, Dominique (1995), *L'encre et le sang. Récits de crimes et société à la Belle Epoque*, Paris

– (2005), *Crime et culture au XIXe siècle*, Paris

Karsten, Arne/Hillard von Thiessen (Hg.) (2006), *Nützliche Netzwerke und korrupte Seilschaften*, Göttingen

Kebbedies, Frank (2000), *Außer Kontrolle. Jugendkriminalpolitik in der NS-Zeit und der frühen Nachkriegszeit*, Essen

Kerchner, Brigitte (2003), »Sexualdiktatur«. Macht und Gewalt in Gerichtsverfahren der Weimarer Republik, in: Künzel, *Unzucht*, S. 137–163

Kerscher, Ignatz (1988), *Sozialwissenschaftliche Kriminalitätstheorien – eine Einführung*, Weinheim 4. Auflage

Kertelhein, Arne (2003), *Alltag und Kriminalität. Die Brüchteregister des Dithmarscher Mitteldrittels 1560–1581*, Rostock

Kéry, Lotte (2006), *Gottesfurcht und irdische Strafe. Der Beitrag des mittelalterlichen Kirchenrechts zur Entstehung des öffentlichen Strafrechts*, Köln

Kesper-Biermann, Sylvia/Petra Overath (Hg.) (2007), *Die Internationalisierung von Strafrechtswissenschaft und Kriminalpolitik (1870–1930)*, Berlin

– /Diethelm Klippel (Hg.) (2007), *Kriminalität in Mittelalter und Früher Neuzeit. Soziale, rechtliche, philosophische und literarische Aspekte*, Wiesbaden

– (2009), *Einheit und Recht. Strafgesetzgebung und Kriminalrechtsexperten in Deutschland vom Beginn des 19. Jahrhunderts bis zum Reichsstrafgesetzbuch 1891*, Frankfurt a. M.

Kienitz, Sabine (1995), *Sexualität, Macht und Moral. Prostitution und Geschlechterbeziehungen Anfang des 19. Jahrhunderts in Württemberg*, Berlin

Klewin, Silke u. a. (Hg.) (2010), *Hinter Gittern. Zur Geschichte der Inhaftierung zwischen Bestrafung, Besserung und politischem Ausschluss vom 18. Jahrhundert bis zur Gegenwart*, Leipzig

Kohser-Spohn, Christiane (2001), Das Private wird politisch. Denunziationen in Straßburg in der Frühphase der Französischen Revolution, in: Hohkamp/Ulbrich, *Staatsbürger als Spitzel*, 213–269

Kolmer, Lothar (1997), Gewalttätige Öffentlichkeit und öffentliche Gewalt. Zur städtischen Kriminalität im späten Mittelalter, in: *ZRG GA 114*, 261–295

Korzilius, Sven (2005), *»Asoziale« und »Parasiten« im Recht der SBZ/DDR. Randgruppen im Sozialismus zwischen Repression und Ausgrenzung*, Köln

Kos, Franz-Josef (1996), Politische Justiz in der DDR. Der Dessauer Schauprozeß vom April 1950, in: *Vierteljahrshefte für Zeitgeschichte 44*, 395–430

Kottmann, Peter (1998), Gogerichte in der Agrargesellschaft des Hochstifts Osnabrück (1500–1800), in: *Historische Mitteilungen 11*, S. 1–22

Kramer, Karl S. (1974), *Grundriß einer rechtlichen Volkskunde*, Göttingen

Krause, Thomas (1999): *Geschichte des Strafvollzugs. Von den Kerkern des Altertums bis zur Gegenwart*, Darmstadt

Kraushaar, Wolfgang (Hg.) (2008), *Die RAF. Entmythologisierung einer terroristischen Organisation*, Bonn

Krischer, André (2002). Im Dienst der Gemeinde. Zur Funktion des spätmittelalterlichen Landgerichts, in: *Archiv für Hessische Geschichte 60*, S. 333–369

– (2006), Neue Forschungen zur Kriminalitätsgeschichte, in: *Zeitschrift für historische Forschung 32*, S. 387–415

Kroeschell, Karl u. a. (2008), *Deutsche Rechtsgeschichte*, 3 Bände, überarb. Neuauflagen

Krug-Richter, Barbara (1997), Konfliktregulierung zwischen dörflicher Sozialkontrolle und patrimonialer Gerichtsbarkeit. Das Rügegericht in der Westfälischen Gerichtsherrschaft Canstein 1718/19, in: *Historische Anthropologie 5*, S. 212–228

– (1998), »Man müßte keine leute zuhause hangen.« Adlige Gerichtsherrschaft, soziale Kontrolle und dörfliche Kommunikation in der westfälischen Herrschaft Canstein um 1700, in: *Westfälische Forschungen 48*, S. 481–509

– /Herbert Reinke (Hg.) (2004), *Von rechten und unrechten Taten. Zur Kriminalitätsgeschichte Westfalens von der Frühen Neuzeit bis ins 20. Jahrhundert. [Themenschwerpunkt von »Westfälische Forschungen« 54]*, S. 1–277

Krug-Richter, Barbara/Ruth-E. Mohrmann (Hg.) (2004), *Praktiken des Konfliktaustrags in der Frühen Neuzeit*, Münster

Kühn, Christoph (2008), *Jüdische Delinquenten in der Frühen Neuzeit. Lebensumstände delinquenter Juden in Aschkenas und die Reaktionen jüdischer Gemeinden sowie der christlichen Obrigkeit*, Potsdam

Künzel, Claudia (Hg.) (2003), *Unzucht – Notzucht – Vergewaltigung. Definitionen und Deutungen sexueller Gewalt von der Aufklärung bis heute*, Frankfurt a. M.

Küther, Carsten (1976), *Räuber und Gauner in Deutschland. Das organisierte Bandenwesen im 18. und frühen 19. Jahrhundert*, Göttingen

Kunkel, Wolfgang/Martin Schermaier (2005), *Römische Rechtsgeschichte*, 14. Auflage, Köln

Kuschnik, Bernhard (2009), *Der Gesamttatbestand des Verbrechens gegen die Menschlichkeit. Herleitungen, Ausprägungen, Entwicklungen*, Berlin

Kuzina, Matthias (2000), *Der amerikanische Gerichtsfilm. Justiz, Ideologie, Dramatik*, Göttingen

Lacour, Eva (2000), *Schlägereyen und Unglücksfälle. Zur historischen Psychologie und Typologie von Gewalt in der frühneuzeitlichen Eifel*, Egelsbach 2000

Lamnek, Siegfried (1996), *Theorien abweichenden Verhaltens*, München 6. Aufl.

Landwehr, Achim (2008), *Historische Diskursanalyse*, Frankfurt a. M.

Lenman, Bruce/Geoffrey Parker (1980), The State, the Community and the Criminal Law in Early Modern Europe, in: V.A.C. Gatrell (Hg.), *Crime and the Law. The Social History of Crime in Western Europe since 1500*, London, S. 11–48

Leuenberger, Martin (1989), *Mitgegangen – mitgehangen: »Jugendkriminalität« in Basel 1873–1993*, Zürich

Leukel, Sandra (2010), *Strafanstalt und Geschlecht. Geschichte des Frauenstrafvollzugs im 19. Jahrhundert (Baden und Preußen)*, Leipzig

Leutenbauer, Siegfried (1984), *Das Delikt der Gotteslästerung in der bayerischen Gesetzgebung*, Köln

Lévy, René/Amy Gilman Srebnick (Hg.) (2005), *Crime and Culture. An Historical Perspective*, Aldershot

Lidman, Satu (2008), *Zum Spektakel und Abscheu. Schand- und Ehrenstrafen als Mittel öffentlicher Disziplinierung in München um 1600*, Frankfurt a. M.

Lind, Vera (1998), *Selbstmord in der Frühen Neuzeit. Lebenswelt und kultureller Wandel am Beispiel der Herzogtumer Schleswig und Holstein*, Göttingen

Lindner, Joachim/Claus-Michael Ort (Hg.) (1999), *Verbrechen – Justiz – Medien. Konstellationen in Deutschland von 1900 bis zur Gegenwart*, Tübingen

Loetz, Francisca (1998), Zeichen der Männlichkeit? Körperliche Kommunikationsformen streitender Männer im frühneuzeitlichen Stadtstaat Zürich, in: Martin Dinges (Hg.), *Hausväter, Priester, Kastraten. Zur Konstruktion von Männlichkeit in Spätmittelalter und Früher Neuzeit*, Göttingen, S. 264–293

– (2000), L'infrajudiciaire. Facetten und Bedeutungen eines Konzepts, in: Blauert/Schwerhoff, *Kriminalitätsgeschichte*, S. 543–562

– (2002), *Mit Gott handeln. Von den Zürcher Gotteslästerern der Frühen Neuzeit zu einer Kulturgeschichte des Religiösen*, Göttingen 2002

– (2009), Sexualisierte Gewalt in Europa 1520–1850. Zur Historisierung von »Vergewaltigung« und »Missbrauch«, in: Eibach/Schlögl, *Ungleichheiten*, 561–602

Lorenz, Maren (1999), *Kriminelle Körper – gestörte Gemüter. Die Normierung des Individuums in Gerichtsmedizin und Psychiatrie der Aufklärung*, Hamburg

– (2007), *Das Rad der Gewalt. Militär und Zivilbevölkerung in Norddeutschland nach dem Dreißigjährigen Krieg (1650–1700)*, Köln

Ludi, Regula (1999), *Die Fabrikation des Verbrechens. Zur Geschichte der modernen Kriminalpolitik 1750–1850*, Tübingen

Lücke, Martin (2008), *Männlichkeit in Unordnung. Homosexualität und männliche Prostitution in Kaiserreich und Weimarer Republik*, Frankfurt a. M.

Lüdtke, Alf (Hg.) (1992), *»Sicherheit« und »Wohlfahrt«. Polizei, Gesellschaft und Herrschaft im 19. und 20. Jahrhundert*, Frankfurt a. M.

Ludwig, Ulrike (2008), *Das Herz der Justitia. Gestaltungspotentiale territorialer Herrschaft in der Strafrechts- und Gnadenpraxis am Beispiel Kursachsens 1548–1648*, Konstanz

Lüsebrink, Hans-Jürgen (1983), *Kriminalität und Literatur im Frankreich des 18. Jahrhunderts*, München

Lutz, Alexandra (2006), *Ehepaare vor Gericht. Konflikte und Lebenswelten in der Frühen Neuzeit*, Frankfurt a. M.

Manthe, Ulrich/Jürgen von Ungern-Sternberg (Hg.) (1997), *Große Prozesse der römischen Antike*, München

Marchal, Guy P. (1996), »Von der Stadt« und bis ins »Pfefferland«. Städtische Raum- und Grenzvorstellungen in Urfehden und Verbannungsurteilen oberrheinischer und schweizerischer Städte, in: ders. (Hg.), *Grenzen und Raumvorstellungen (11.-20. Jahrhundert)*, Zürich, S. 225–263

Marßolek, Inge/Olaf Stieglitz (Hg.) (2001), *Denunziation im 20. Jahrhundert. Zwischen Komparatistik und Interdisziplinärität (Historical Social Research 26)*, Köln

Martschukat, Jürgen (2000), *Inszeniertes Töten. Eine Geschichte der Todesstrafe vom 17. bis zum 19. Jahrhundert*, Köln

– (Hg.) (2002), *Geschichte schreiben mit Foucault*, Frankfurt a. M.

– (2002a), *Die Geschichte der Todesstrafe in Nordamerika. Von der Kolonialzeit zur Gegenwart*, München

Marxen, Klaus/Annette Weinke (Hg.) (2006), *Inszenierungen des Rechts: Schauprozesse, Medienprozesse und Prozessfilme in der DDR*, Berlin

McGowen, R. (1999), From Pillory to Gallows: The Punishment of Forgery in the Age of the Financial Revolution, in: *Past and Present 165*, S. 106–140.

McMahon, Richard (Hg.) (2008), *Crime, Law and Popular Culture in Europe, 1500–1900*, Abingdon

Meumann, Markus (1995), *Findelkinder, Waisenhäuser, Kindsmord. Unversorgte Kinder in der frühneuzeitlichen Gesellschaft*, München

Michalik, Kerstin (1997), *Kindsmord – Sozial- und Rechtsgeschichte der Kindstötung im 18. und beginnenden 19. Jahrhundert am Beispiel Preußen*, Pfaffenweiler

Micheler, Stefan (2005), *Selbstbilder und Fremdbilder der »Anderen«. Eine Geschichte Männer begehrender Männer in der Weimarer Republik und der NS-Zeit*, Konstanz

Mörchen, Stefan (2006), »Echte Kriminelle« und »zeitbedingte Rechtsbrecher«. Schwarzer Markt und Konstruktionen des Kriminellen in der Nachkriegszeit, in: *Werkstatt Geschichte 42*, S. 57–76

Moses, Annett (2006), *Kriminalität in Baden im 19. Jahrhundert. Die »Übersicht der Strafrechtspflege« als Quelle der historischen Kriminologie*, Stuttgart

Muchembled, Robert (1990), *Die Erfindung des modernen Menschen. Gefühlsdifferenzierung und kollektive Verhaltensweisen im Zeitalter des Absolutismus*, Reinbek bei Hamburg

Müller, Christian (2004), *Verbrechensbekämpfung im Anstaltsstaat. Psychiatrie, Kriminologie und Strafrechtsreform in Deutschland 1871–1933*, Göttingen 2004

Müller, Philipp (2005), *Auf der Suche nach dem Täter. Die öffentliche Dramatisierung von Verbrechen im Berlin des Kaiserreichs*, Frankfurt a. M.

Nash, David (2007), *Blasphemy in the Christian World*, Oxford

Neumann, Friederike (2008), *Öffentliche Sünder in der Kirche des späten Mittelalters. Verfahren, Sanktionen, Rituale*, Köln

Neumann, Ulfried/Ulrich Schroth (1980), *Neuere Theorien von Kriminalität und Strafe*, Darmstadt

Niehaus, Michael (2003), *Das Verhör. Geschichte – Theorie – Fiktion*, München

Nippel, Wilfried (1995), *Public Order in Ancient Rome*, Cambridge

Nolde, Dorothea (2003), *Gattenmord. Macht und Gewalt in der frühneuzeitlichen Ehe*, Köln

Nonn, Christoph (2002), *Eine Stadt sucht einen Mörder. Gerücht, Gewalt und Antisemitismus im Kaiserreich*, Göttingen

Nowosadtko, Jutta (1994), *Scharfrichter und Abdecker. Der Alltag zweier »unehrlicher Berufe« in der Frühen Neuzeit*, Paderborn

– (2002), Militärjustiz in der Frühen Neuzeit. Anmerkungen zu einem vernachlässigten Feld der historischen Kriminalitätsforschung, in: Borck, *Unrecht und Recht*, S. 638–651

– (2005), »Gewalt – Gesellschaft –Kultur«: Ein Ersatz für »Krieg – Staat – Politik«?, in: *Zeithistorische Forschungen, Online-Ausgabe, 2, H. 1*, URL: *http://www.zeithistorische-forschungen.de/16126041-Nowosadtko-1–2005*

– (2005a), Hinrichtungsrituale. Funktion und Logik öffentlicher Exekutionen in der Frühen Neuzeit, in: Schmitt/Matheus, *Kriminalität*, 71–94

Nutz, Thomas (2001), *Strafanstalt als Besserungsmaschine. Reformdiskurs und Gefängniswissenschaft 1775–1848*, München

Oberwittler, Dietrich (2000), *Von der Strafe zur Erziehung? Jugendkriminalpolitik in England und Deutschland (1850–1920)*, Frankfurt a. M.

Oestmann, Peter (2009), *Ein Zivilprozess am Reichskammergericht. Edition einer Gerichtsakte aus dem 18. Jahrhundert*, Köln

Opitz, Claudia u. a. (Hg.) (2006), *Kriminalisieren – Entkriminalisieren – Normalisieren/Criminaliser – décriminaliser – normaliser*, Zürich

Opitz-Belakhal, Claudia (2010), *Geschlechtergeschichte*, Frankfurt a. M.

Ostendorf, Herbert (2010), Politische Strafjustiz in Deutschland, in: *Kriminalität und Strafrecht. Informationen zur politischen Bildung 306*, Bonn, S. 23–31

Overath, Petra (2001), *Tod und Gnade. Die Todesstrafe in Bayern im 19. Jahrhundert*, Köln u.a.

Pauser, Josef (2004), Landesfürstliche Gesetzgebung. Policey-, Malefiz- und Landgerichtsordnungen, in: ders. u. a. (Hg.), *Quellenkunde der Habsburgermonarchie (16.–18. Jahrhundert). Ein exemplarisches Handbuch*, Wien, S. 216–257

Peters, Edward (2003), *Folter. Geschichte der Peinlichen Befragung*, 2. Aufl., Hamburg

Peters, Helge (1995), *Devianz und soziale Kontrolle. Eine Einführung in die Soziologie abweichenden Verhaltens*, Weinheim 2. Aufl.

Peters, Jan (1995), Frauen vor Gericht in einer märkischen Gutsherrschaft (2. Hälfte des 17. Jahrhunderts), in: Ulbricht, *Von Huren und Rabenmüttern*, S. 231–258

Peil, Dietmar (2002), Strafe und Ritual. Zur Darstellung von Straftaten und Bestrafungen im illustrierten Flugblatt, in: Wolfgang Harms/ders. (Hg.): *Wahrnehmungsgeschichte und Wissensdiskurs im illustrierten Flugblatt der Frühen Neuzeit (1450–1700)*, Basel, S. 465–486

Petit, Jacques-Guy (2006), Die Strafkolonien im französischen Strafvollzugssystem, in: Mario da Passano (Hg.), *Europäische Strafkolonien im 19. Jahrhundert*, Berlin, S. 25–40

Platzgummer, Winfried (2009), *Das Verhörsprotokoll des Inquisiten Johann Georg Grasel*, Wien

Plaum, Bernd D. (1990), *Strafrecht, Kriminalpolitik und Kriminalität im Fürstentum Siegen 1750–1810*, St. Katharinen

Pleister, Wolfgang/Wolfgang Schild (Hg.) (1988), *Recht und Gerechtigkeit im Spiegel der europäischen Kunst*, Köln

Pohl, Susanne (1999), »Ehrlicher Totschlag« – »Rache« – »Notwehr«. Zwischen männlichem Ehrcode und dem Primat des Stadtfriedens (Zürich 1376–1600)«, in: Bernhard Jussen/Craig Koslofsky (Hg.), *Kulturelle Reformation. Semantische Umordnung und soziale Transformation 1400–1600*, Göttingen, S. 239–283

Pol, Lotte van de (2006), *Der Bürger und die Hure. Das sündige Gewerbe im Amsterdam der frühen Neuzeit*, Frankfurt a. M.

Porret, Michel (1995), *Le crime et ses circonstances. De l'esprit de l'arbitraire au siècle des Lumières selon les réquisitoires des procureurs généraux de Genève*, Genf

Pospíšil, Leopold (1982), *Anthropologie des Rechts. Recht und Gesellschaft in archaischen und modernen Kulturen*, München

Pröve, Ralf (2000), *Stadtgemeindlicher Republikanismus und die »Macht des Volkes«. Civile Ordnungsformationen und kommunale Leitbilder politischer Partizipation in deutschen Staaten vom Ende des 18. bis zur Mitte des 9. Jahrhunderts*, Göttingen

Puff, Helmut (2003), *Sodomy in Reformation Germany and Switzerland, 1400–1600*, Chicago/London

Raschka, Johannes (2001), *Zwischen Überwachung und Repression. Politische Verfolgung in der DDR 1971 bis 1989*, Opladen

Rath, Brigitte (1996), »...und wolt das Schwert durch in stossen.« Zur physischen Gewalt in Südtirol um 1500, in: *L'Homme 7*, S. 56–69

Rau, Susanne/Gerd Schwerhoff (Hg.) (2004), *Zwischen Gotteshaus und Taverne. Öffentliche Räume in Spätmittelalter und Früher Neuzeit*, Köln

Regener, Susanne (1999): *Fotografische Erfassung: Zur Geschichte medialer Konstruktionen des Kriminellen*, München

Reif, Heinz (Hg.) (1984), *Räuber, Volk und Obrigkeit. Studien zur Geschichte der Kriminalität in Deutschland seit dem 18. Jahrhundert*, Frankfurt a. M.

Reinke, Herbert (1990), Die Liaison des Strafrechts mit der Statistik. Zu den Anfängen kriminalstatistischer Zählungen im 18. und 19. Jahrhundert, in: *ZNR 12*, S. 169–179

– (2009), Crime and criminal justice history in Germany. A report on recent trends, in: *CHS 13*, S. 117–137

Reiter, Ilse (2003), Zur Geschichte des Vergewaltigungsdelikts unter besonderer Entwicklung der österreichischen Rechtsentwicklung, in: Künzel, *Unzucht*, S. 21–61,

Rexroth, Frank (1999), *Das Milieu der Nacht. Obrigkeit und Randgruppen im spätmittelalterlichen London*, Göttingen

Richter, Isabel (2001), *Hochverratsprozesse als Herrschaftspraxis im Nationalsozialismus. Männer und Frauen vor dem Volksgerichtshof, 1934–1939*, Münster

Riemer, Lars Henrik (Hg. u. Bearb.) (2005), *Das Netzwerk der »Gefängnisfreunde« (1830 bis 1872). Karl Josef Anton Mittermaiers Briefwechsel mit europäischen Strafvollzugsexperten*, Frankfurt a. M.

Riess, Werner (2001), *Apuleius und die Räuber. Ein Beitrag zur historischen Kriminalitätsforschung*, Stuttgart 2001

– (2002), Die historische Entwicklung der römischen Folter- und Hinrichtungspraxis in kulturvergleichender Perspektive, in: *Historia 51*, S. 206–226

Riggsby, Andrew M. (1999), *Crime and Community in Ciceronian Rome*, Austin

Roberts, Simon (1981), *Ordnung und Konflikt. Eine Einführung in die Rechtsethnologie*, Stuttgart

– (1983), The Study of Dispute: Anthropological Perspectives, in: John Bossy (Hg.), *Disputes and Settlements. Law and Human Relations in the West*, Cambridge 1983, S. 1–24

Rocke, Michael (1996), *Forbidden Friendships. Homosexuality and Male Culture in Renaissance Florence*, Oxford

Romer, Hermann (1995), *Herrschaft, Reislauf und Verbotspolitik. Beobachtungen zum rechtlichen Alltag der Zürcher Solddienstbekämpfung im 16. Jahrhundert*, Zürich

Roodenburg, Hermann/Pieter Spierenburg (Hg.) (2004), *Social Control in Europe*, Bd. 1: *1500–1800*, Columbus/Ohio

Rosenblum, Warren (2008), *Beyond the Prison Gates. Punishment and Welfare in Germany, 1850–1933*, Chapel Hill

Ross, Friso/Achim Landwehr (Hg.) (2000), *Denunziation und Justiz. Historische Dimensionen eines sozialen Phänomens*, Tübingen

Roth, Randolph u. a. (2008), The Historical Violence Database: A Collaborative Research Project on the History of Violent Crime and Violent Death, in: *Historical Methods 41*, S. 81–97

– (2009), *American Homicide*, Cambridge, Mass.

Rousseaux, Xavier (1992), Existe-t-il une criminalité d'Ancien Régime? Réflexions sur l'histoire de la criminalité en Europe (XIVe-XVIIIe siècle), in: Garnot, Benoît (Hg.), *Histoire et Criminalité de l'Antiquité au XXe siècle. Nouvelles approches*, Dijon, S. 123–166

– (2006): Historiographie du crime et de la justice criminelle dans l'espace français (1990–2005), in: *CHS 10/1*, S. 123–158; *CHS 10/2*, S. 123–161.

Rublack, Ulinka (1998): *Magd, Metz oder Mörderin. Frauen vor frühneuzeitlichen Gerichten*, Frankfurt a. M. (engl. *The Crimes of Women in Early Modern Germany*, Oxford 2000)

Rudolph, Harriet (2001), *Eine gelinde Regierungsart. Peinliche Strafjustiz im geistlichen Territorium. Das Hochstift Osnabrück (1716–1803)*, Konstanz

– /Helga Schnabel-Schüle (Hg.) (2003), *Justiz = Justice = Justicia? Rahmenbedingungen von Strafjustiz im frühneuzeitlichen Europa*, Trier

– (2004), Rechtskultur in der Frühen Neuzeit. Perspektiven und Erkenntnispotentiale eines modischen Begriffs, in: *Historische Zeitschrift 278*, S. 347–374

– (2007), »Warhafftige Abcontrafactur«? Die Evidenz des Verbrechens und die Effizienz der Strafjustiz in illustrierten Einblattdrucken (1550–1650), in: Gabriele Wimböck u. a. (Hg.), *Evidentia. Reichweiten visueller Wahrnehmung in der Frühen Neuzeit*, Münster, S. 163–187

Ruff, Julius (2001), *Violence in Early Modern Europe, 1500–1800*, Cambridge

Rusche, Georg/Otto Kirchheimer (1974), *Sozialstruktur und Strafvollzug*, ND Frankfurt a. M.

Rusinek, Bernd A. (1992), Vernehmungsprotokolle. »Wir haben sehr schöne Methoden (...)«. Zur Interpretation von Vernehmungsprotokollen, in: ders. u. a. (Hg.), *Einführung in die Interpretation historischer Quellen. Schwerpunkt: Neuzeit*, Paderborn, S. 111–132

Rustemeyer, Angela (2006), *Dissens und Ehre. Majestätsverbrechen in Russland, 1600–1800*, Wiesbaden

Sabean, David (1996), Soziale Distanzierungen. Ritualisierte Gestik in deutscher bürokratischer Prosa der Frühen Neuzeit, in: *Historische Anthropologie* 4, 216–233

Sack, Fritz/René König (Hg.) (1968), *Kriminalsoziologie*, Frankfurt a. M.

– (1987), Kriminalität, Gesellschaft und Geschichte. Berührungsängste der deutschen Kriminologie, in: *KrimJ 19 (1987)*, S. 241–268

Sälter, Gerhard (2004), *Polizei und soziale Ordnung in Paris*, Frankfurt a. M.

Schauz, Désirée/Sabine Freitag (Hg.) (2007), *Verbrecher im Visier der Experten. Kriminalpolitik zwischen Wissenschaft und Praxis im 19. und frühen 20. Jahrhundert*, Stuttgart

– (2008), *Strafen als moralische Besserung. Eine Geschichte der Straffälligenfürsorge (1777–1933)*, München

Schedensack, Christine (2007), *Nachbarn im Konflikt. Zur Entstehung und Beilegung von Rechtsstreitigkeiten um Haus und Hof im frühneuzeitlichen Münster*, Münster

Scheutz, Martin (2000), Frühneuzeitliche Gerichtsakten als »Ego-Dokumente«. Eine problematische Zuschreibung am Beispiel der Gaminger Gerichtsakten aus dem 18. Jahrhundert, in: Thomas Winkelbauer (Hg.), *Vom Lebenslauf zur Biographie. Geschichte, Quellen und Probleme der historischen Biographik und Autobiographik*, Waidhofen/Thaya, S. 99–134

– (2001), *Alltag und Kriminalität. Disziplinierungsversuche im steirisch-österreichischen Grenzgebiet im 18. Jahrhundert*, München

– (2003), *Ausgesperrt und gejagt, geduldet und versteckt. Bettlervisitationen im Niederösterreich des 18. Jahrhunderts*, St. Pölten

– (2004), Gerichtsakten, in: Josef Pauser u. a. (Hg.), *Quellenkunde der Habsburgermonarchie (16.-18. Jahrhundert). Ein exemplarisches Handbuch*, Wien, S. 561–571

– /Thomas Winkelbauer (Hg.) (2005), *Diebe, Sodomiten und Wilderer? Waldviertler Gerichtsakten des Landgerichtes Jaidhof aus dem 18. Jahrhundert als Beitrag zur Sozialgeschichte*, Heidenreichstein

Schilling, Heinz (1997), Disziplinierung oder »Selbstregulierung der Untertanen«? Ein Plädoyer für die Doppelperspektive von Makro- und Mikrohistorie bei der Erforschung der frühmodernen Kirchenzucht, in: *Historische Zeitschrift 264*, S. 675–691

– (Hg.) (1999), *Institutionen, Instrumente und Akteure sozialer Kontrolle und Disziplinierung im frühneuzeitlichen Europa*, Frankfurt a. M.

– (2002), »Geschichte der Sünde« oder »Geschichte des Verbrechens«? Überlegungen zur Gesellschaftsgeschichte der frühneuzeitlichen Kirchenzucht, in: ders., *Ausgewählte Abhandlungen zur europäischen Reformations- und Konfessionsgeschichte*, hrsg. von Luise Schorn-Schütte und Olaf Mörke, Berlin, S. 483–503

Schild, Wolfgang (1985), *Alte Gerichtsbarkeit. Vom Gottesurteil bis zum Beginn der modernen Rechtsprechung*, 2. Auflage München

Schindler, Norbert (2001), *Wilderer im Zeitalter der Französischen Revolution. Ein Kapitel alpiner Sozialgeschichte*, München

Schlosser, Hans (2006), Deportation und Strafkolonien als Mittel des Strafvollzugs in Deutschland, in: Mario da Passano (Hg.), *Europäische Strafkolonien im 19. Jahrhundert*, Berlin, S. 41–54

Schmidt, Christoph (1996), *Sozialkontrolle in Moskau. Justiz, Kriminalität und Leibeigenschaft 1649–1785*, Stuttgart

Schmidt, Heinrich R. (1995), *Dorf und Religion. Reformierte Sittenzucht in Berner Landgemeinden der Frühen Neuzeit*, Stuttgart

– (1997), Sozialdisziplinierung? Ein Plädoyer für das Ende des Etatismus in der Konfessionalisierungsforschung, in: *Historische Zeitschrift 265*, S. 639–682

– (1998), Hausväter vor Gericht. Der Patriarchalismus als zweischneidiges Schwert, in: Martin Dinges (Hg.), *Hausväter, Priester, Kastraten. Zur Konstruktion von Männlichkeit in Spätmittelalter und Früher Neuzeit*, Göttingen, S. 213–236

Schmitt, Sigrid/Michael Matheus (Hg.) (2005), *Kriminalität und Gesellschaft in Spätmittelalter und Neuzeit*, Stuttgart

Schmitz, Winfried (2001), »Drakonische Strafen«. Die Revision der Gesetze Drakons durch Solon und die Blutrache in Athen, in: *Klio 83*, S. 7–38

– (2004), *Nachbarschaft und Dorfgemeinschaft im archaischen und klassischen Griechenland*, Berlin

Schnabel-Schüle, Helga (1994), Kirchenzucht als Verbrechensprävention, in: Heinz Schilling (Hg.), *Kirchenzucht und Sozialdisziplinierung im frühneuzeitlichen Europa*, Berlin, S. 49–64

– (1996), Ego-Dokumente im frühneuzeitlichen Strafprozeß, in: Schulze, *Ego-Dokumente*, S. 295–317

– (1997), *Überwachen und Strafen im Territorialstaat. Bedingungen und Auswirkungen strafrechtlicher Sanktionen im frühneuzeitlichen Württemberg*, Köln

Schönert, Jörg (Hg.) (1991), *Erzählte Kriminalität. Zur Typologie und Funk-*

tion von narrativen Darstellungen in Strafrechtspflege, Publizistik und Literatur zwischen 1770 und 1920, Tübingen

Schreiner, Klaus/Gerd Schwerhoff (Hg.) (1995), *Verletzte Ehre. Ehrkonflikte in Gesellschaften des Mittelalters und der Frühen Neuzeit*, Köln

Schubert, Ernst (2007), *Räuber, Henker, arme Sünder. Verbrechen und Strafe im Mittelalter*, Darmstadt

Schuller, Wolfgang (Hg.) (1982), *Korruption im Altertum*, München

Schulte, Regina (1989), *Das Dorf im Verhör. Brandstifter, Kindsmörderinnen und Wilderer vor den Schranken des bürgerlichen Gerichts. Oberbayern 1848–1910*, Reinbeck bei Hamburg

Schultheiss, Werner (Hg.) (1960), *Die Achts,- Verbots- und Fehdebücher Nürnbergs von 1285–1400*, Nürnberg

Schulze, Reiner (Hg.) (2006), *Symbolische Kommunikation vor Gericht in der Frühen Neuzeit*, Berlin

– u. a. (Hg.) (2008), *Strafzweck und Strafform zwischen religiöser und weltlicher Wertevermittlung*, Münster

Schulze, Winfried (Hg.) (1996), *Ego-Dokumente. Annäherungen an den Menschen in der Geschichte*, Berlin 1996

Schumann, Dirk (1997), Gewalt als Grenzüberschreitung. Überlegungen zur Sozialgeschichte der Gewalt im 19. und 20.Jahrhundert, in: *Archiv für Sozialgeschichte* 37, S. 366–386

Schüßler, Martin (1996/1999/2000), Quantifizierung, Impressionismus und Rechtstheorie. Ein Bericht zur Geschichte und zum heutigen Stand der Forschung über Kriminalität im Europa des Spätmittelalters und der frühen Neuzeit, in: *ZRG 113*, S. 247–278; Teil II ebd. 116, S. 482–497; Teil III. ebd. 117, S. 494–517

Schuster, Beate (1995), *Die freien Frauen. Dirnen und Frauenhäuser im 15. und 16. Jahrhundert*, Frankfurt a.M.

Schuster, Peter (1992), *Das Frauenhaus. Städtische Bordelle in Deutschland 1350 bis 1600*, Paderborn

– (2000), *Eine Stadt vor Gericht. Recht und Alltag im spätmittelalterlichen Konstanz*, Paderborn

– (2008), Verbrechen und Strafe in der spätmittelalterlichen Nürnberger und Augsburger Chronistik, in: Andrea Bendlage u. a. (Hg.), *Recht und Verhalten in vormodernen Gesellschaften. Festschrift für Neithard Bulst*, Bielefeld, S. 51–65

Schwerhoff, Gerd (1991), *Köln im Kreuzverhör. Kriminalität, Herrschaft und Gesellschaft in einer frühneuzeitlichen Stadt*, Bonn/Berlin

– (1992), Devianz in der alteuropäischen Gesellschaft. Umrisse einer historischen Kriminalitätsforschung, in: *Zeitschrift für historische Forschung 19*, S. 385–414

– (1993), »Mach, daß wir nicht in eine Schande geraten!« Frauen in Kölner

Kriminalfällen des 16. Jahrhunderts, in: *Geschichte in Wissenschaft und Unterricht 44*, S.451–473
– (1999), *Aktenkundig und gerichtsnotorisch. Einführung in die historische Kriminalitätsforschung*, Tübingen
– (2002), Criminalized violence and the civilizing process – a reappraisal, in: *CHS 6*, S. 103–126
– (2004), Social Control of Violence – Violence As Social Control: The Case of Early Modern Germany, in: Roodenburg/Spierenburg, *Social Control*, S. 220–246
– (2005), *Zungen wie Schwerter. Blasphemie in alteuropäischen Gesellschaften 1250–1650*, Konstanz
– (2005a), Karrieren im Schatten des Galgens. Räuber, Diebe und Betrüger um 1500, in: Schmitt/Matheus, *Kriminalität und Gesellschaft*, S. 11–46
– (2006), Vertreibung als Strafe. Der Stadt- und Landesverweis im Ancien Régime, in: Sylvia Hahn u. a. (Hg.), *Ausweisung – Abschiebung – Vertreibung in Europa. 16.–20. Jahrhundert*, Innsbruck, S. 48–72
– (2007), Justice et honneur. Interpréter la violence à Cologne (XVe – XVIIIe siècle), in: *Annales. Histoire, Sciences, Socialès 62*, S. 1031–1061
– (2009), *Die Inquisition. Ketzerverfolgung in Mittelalter und Neuzeit*, München 4. Auflage
Scribner, Bob (1988), Mobility: Voluntary or enforced? Vagrants in Württemberg in the Sixteenth Century, in: Gerhard Jaritz/Albert Müller (Hg.), *Migration in der Feudalgesellschaft*, Frankfurt a. M., S. 65–88
Seidenspinner, Wolfgang (1998), *Mythos Gegengesellschaft. Erkundungen in der Subkultur der Jauner*, Münster
Sellert, Wolfgang/Hinrich Rüping (1989/94), *Studien- und Quellenbuch zur Geschichte der deutschen Strafrechtspflege in 2 Bänden*, Aalen
Sharpe, James A. (1998), *Crime in Early Modern England 1550–1750*, London 2. Aufl.
Shoemaker, Robert (1991), *Prosecution and Punishment: Petty Crime and the Law in London and Rural Middlesex, c.1660–1725*, Cambridge
Siebenhüner, Kim (1999), *»Zechen, Zücken, Lärmen«. Studenten vor dem Freiburger Universitätsgericht 1561–1577*, Freiburg i. Br.
– (2006), *Bigamie und Inquisition in Italien 1600–1750*, Paderborn
Siebenmorgen, Harald (Hg.) (1995), *Schurke oder Held? Historische Räuber und Räuberbanden. Katalog zur Ausstellung des Badischen Landesmuseums Karlsruhe vom 27. Sept. 1995 bis zum 7. Januar 1996*, Sigmaringen
Siebenpfeiffer, Hania (2005), *»Böse Lust«. Gewaltverbrechen in Diskursen der Weimarer Republik*, Köln
Siemens, Daniel (2007), *Metropole und Verbrechen. Die Gerichtsreportage in Berlin, Paris und Chicago, 1919–1933*, Stuttgart 2007

Sikora, Michael (1996), *Disziplin und Desertion. Strukturprobleme militärischer Organisation im 18. Jahrhundert*, Berlin

Simon, Jonathan (2007), *Governing Through Crime. How the War on Crime Transformed American Democracy and Created a Culture of Fear*, Oxford

Simon, Thomas (2004), *»Gute Policey«. Ordnungsleitbilder und Zielvorstellungen politischen Handelns in der Frühen Neuzeit*, Frankfurt a. M.

Simon-Muscheid, Katharina/Christian Simon (1996), Zur Lektüre von Gerichtsquellen: Fiktionale Realität oder Alltag in Gerichtsquellen, in: Rippmann, Dorothea u. a. (Hg.), *Arbeit, Liebe, Streit. Texte zur Geschichte des Geschlechterverhältnisses und des Alltags, 15. bis 18. Jahrhundert*, Liestal, S. 17–39

– (1991), Gewalt und Ehre im spätmittelalterlichen Handwerk am Beispiel Basels, in: *Zeitschrift für historische Forschung 18*, S. 1–31

Spicker-Beck, Monika (1995), *Räuber, Mordbrenner, umschweifendes Gesind. Zur Kriminalität im 16. Jahrhundert*, Freiburg i. Br.

Spierenburg, Pieter (Hg.) (1984), *The Emergence of Carceral Institutions. Prisons, Galleys and Lunatic Asylums 1550–1900*, Rotterdam

– (2001), Violence and the Civilizing Process: Does it work? In: *CHS 5*, S. 87–105

– (2008), *A History of Murder. Personal Violence in Europe from the Middle Ages to the Present*, Cambridge

Stehr, Johannes (1998), *Sagenhafter Alltag. Über die private Aneignung herrschender Moral*, Frankfurt a. M.

Steinert, Heinz/Hubert Treiber (1978), Versuch, die These von der strafrechtlichen Ausrottungspolitik im Spätmittelalter »auszurotten«, in: *KrimJ 10*, S. 81–106

Steinmetz, Willibald (2002), *Begegnungen vor Gericht. Eine Sozial- und Kulturgeschichte des englischen Arbeitsrechts (1850–1925)*, München 2002

Stolleis, Michael (1999), Rechtsgeschichte, Verfassungsgeschichte, in: Hans-Jürgen Goertz (Hg.): *Geschichte. Ein Grundkurs*, Reinbek bei Hamburg, S. 340–361

Stuart, Kathy (2008), *Unehrliche Berufe. Status und Stigma in der frühen Neuzeit am Beispiel Augsburgs*, Augsburg

Taeger, Angela (1999), *»Intime Machtverhältnisse«. Moralstrafrecht und administrative Kontrolle der Sexualität im ausgehenden Ancien Régime*, München

Talkenberger, Heike (Hg.) (2010), *Die Autobiographie des Betrügers Luer Meyer 1833–1855. Kommentierte Edition*, Hannover

Tatar, Maria (1995), *Lustmord. Sexual Murder in Weimar Germany*, Princeton

Teuscher, Simon (2007), *Erzähltes Recht. Lokale Herrschaft, Verschriftlichung und Traditionsbildung im Spätmittelalter*, Frankfurt a. M.

Thauer, Jenny (2001), *Gerichtspraxis in der ländlichen Gesellschaft. Eine mikrohistorische Untersuchung am Beispiel eines altmärkischen Patrimonialgerichts um 1700*, Berlin

Thoben, Claudia (2006), *Prostitution in Nürnberg. Wahrnehmung und Maßregelung zwischen 1871 und 1945*, Nürnberg

Thome, Helmut (1992), Gesellschaftliche Modernisierung und Kriminalität. Zum Stand der sozialhistorischen Kriminalitätsforschung, in: *Zeitschrift für Soziologie, 21*, S. 212–228

– (2004), Theoretische Ansätze zur Erklärung langfristiger Gewaltkriminalität seit Beginn der Moderne, in: Wilhelm Heitmeyer/Hans-Georg Soeffner (Hg.), *Gewalt. Entwicklungen, Strukturen, Analyseprobleme*, Frankfurt a. M., S. 315–345.

Thomsen, Martina (2005), *Zwischen Hauptwache und Stockhaus. Kriminalität und Strafjustiz in Thorn im 18. Jahrhundert*, Marburg 2005

Thür, Gerhard (1977), *Beweisführung vor den Schwurgerichtshöfen Athens. Die Proklesis zur Basanos*, Wien

Tlusty, B. Ann (2005), *Bacchus und die bürgerliche Ordnung. Die Kultur des Trinkens im frühneuzeitlichen Augsburg*, Augsburg

Töngi, Claudia (2004), *Um Leib und Leben. Gewalt, Konflikt, Geschlecht im Uri des 19. Jahrhunderts*, Zürich

Treue, Wolfgang (1996), *Der Trienter Judenprozeß. Voraussetzungen – Abläufe – Auswirkungen (1475–1588)*, Hannover 1996

Uhl, Karsten (2003), *Das »verbrecherische« Weib. Geschlecht, Verbrechen und Strafen im kriminologischen Diskurs 1800–1945*, Münster

Ulbrich, Claudia u. a. (Hg.) (2005), *Gewalt in der Frühen Neuzeit*, Berlin

Ulbricht, Otto (1990), *Kindsmord und Aufklärung in Deutschland*, München

– (Hg.) (1995), *Von Huren und Rabenmüttern. Weibliche Kriminalität in der Frühen Neuzeit*, Köln

Vec, Miloš (2002), *Die Spur des Täters. Methoden der Identifikation in der Kriminalistik (1879–1933)*, Baden-Baden

Vollnhals, Clemens (2000), *Der Fall Havemann. Ein Lehrstück politischer Justiz*, Berlin

Voltmer, Rita (2010): »Hört an neu schrecklich abentheuer/von den unholden ungeheuer« – Zur multimedialen Vermittlung des Fahndungsbildes »Hexerei« im Kontext konfessioneller Polemik, in: Härter, *Repräsentation*, S. 90–163.

Wachsmann, Nikolaus (2004), *Hitler's Prisons: Legal Terror in Nazi Germany*, New Haven

Wagner, Patrick (1996), *Volksgemeinschaft ohne Verbrecher. Konzeptionen und Praxis der Kriminalpolizei in der Zeit der Weimarer Republik und im Nationalsozialismus*, Hamburg

– (2002), *Hitlers Kriminalisten. Die deutsche Kriminalpolizei und der Nationalsozialismus zwischen 1920 und 1960*, München

Walkowitz, Judith (1992), *City of Dreadful Delight. Narratives of Sexual Danger in Late-victorian London*, London – Chicago

Walser Smith, Helmut (2002), *Die Geschichte des Schlachters. Mord und Antisemitismus in einer deutschen Kleinstadt*, Göttingen

Walz, Rainer (1992), Agonale Kommunikation im Dorf der Frühen Neuzeit, in: *Westfälische Forschungen 42*, S. 215–251

– (1996), Schimpfende Weiber, in: Heide Wunder/Christina Vanja (Hg.): *Weiber, Menscher, Frauenzimmer. Frauen in der ländlichen Gesellschaft 1500–1800*, Göttingen, S. 175–198

Wegert, Karl (1994), *Popular Culture, Crime, and Social Control in 18th-Century Württemberg*, Stuttgart

Weiler, Inge (1998), *Giftmordwissen und Giftmörderinnen. Eine diskursgeschichtliche Studie*, Tübingen 1998

Weinhauer, Klaus (2003), *Schutzpolizei in der Bundesrepublik zwischen Bürgerkrieg und innerer Sicherheit: Die turbulenten sechziger Jahre*, Paderborn

Werkentin, Falco (1997), *Politische Strafjustiz in der Ära Ulbricht. Vom bekennenden Terror zur verdeckten Repression*, Berlin

Werthmann, Sabine (1995), *Vom Ende der Patrimonialgerichtsbarkeit. Ein Beitrag zur deutschen Justizgeschichte*, Frankfurt a. M.

Westphal, Siegrid u. a. (Hg.): *Reichsgerichtsbarkeit.* zeitenblicke 3 (2004), Nr. 3 [URL: *http://www.zeitenblicke.de/2004/03/index.htm]*

Wettmann-Jungblut, Peter (1990), »Stelen in rechter hungersnodtt«. Diebstahl, Eigentumsschutz und strafrechtliche Kontrolle im vorindustriellen Baden 1600–1850, in: Dülmen, *Verbrechen*, S. 133–177

– (1996), Unordnung im Bürgerstaat. Kriminalität und strafrechtliche Repression im Großherzogtum Baden während der ersten Hälfte des 19. Jahrhunderts, in: Edwin Dillmann (Hg.): *Regionales Prisma der Vergangenheit. Perspektiven der modernen Regionalgeschichte (19./20. Jahrhundert)*, St. Ingbert, S. 133–155

– (1997), *Der nächste Weg zum Galgen? Studien zur Eigentumskriminalität in Südwestdeutschland 1550–1850*, masch. Diss. Saarbrücken

– (2008), Modern times, modern crimes? Kriminalität und Strafpraxis im badischen Raum 1700–1850, in: Habermas/Schwerhoff, *Verbrechen*, S. 148–181

Wetzell, Richard F. (2000), *Inventing the criminal. A history of German criminology 1880–1945*, Chapel Hill u. a. 2000

Wienfort, Monika (2001), *Patrimonialgerichte in Preußen. Ländliche Gesellschaft und bürgerliches Recht 1779–1848/49*, Göttingen

Willoweit, Dietmar (Hg.) (1999), *Die Entstehung des öffentlichen Strafrechts. Bestandsaufnahme eines europäischen Forschungsproblems*, Köln

Wiltenburg, Joy (2005), True Crime. The Origins of Modern Sensationalism, in: *American Historical Review 109*, S. 1–56

Windzio, Michael u. a. (2007), *Kriminalitätswahrnehmung und Punitivität in der Bevölkerung – Welche Rolle spielen die Massenmedien? Ergebnisse der Befragungen zu Kriminalitätswahrnehmung und Strafeinstellungen 2004 und 2006* (KfN Forschungsbericht 103), Hannover (online unter *http://www.kfn.de/versions/kfn/assets/fb103.pdf*)

Wirsing, Bernd (1992), »Gleichsam mit Soldatenstrenge«: Neue Polizei in süddeutschen Städten. Zu Polizeiverhalten und Bürger-Widersetzlichkeit im Vormärz, in: Lüdtke (Hg.), *»Sicherheit« und »Wohlfahrt«*, S. 65–94

Wittke, Margarete (2002), *Mord und Totschlag? Gewaltdelikte im Fürstbistum Münster 1580–1620. Täter, Opfer und Justiz*, Münster

Wolff, Friedrich (2005), *Einigkeit und Recht. Die DDR und die deutsche Justiz*, Berlin

Wollschläger, Christian (1990), Civil Litigation and Modernization: The Work of the Municipal Courts of Bremen, Germany, in Five Centuries, 1549–1984, in: *Law & Society Review* 24, S. 261–281

Wrase, Michael (2006), Rechtssoziologie und Law and Society – Die deutsche Rechtssoziologie zwischen Krise und Neuaufbruch, in: *Zeitschrift für Rechtssoziologie* 27, S. 289–312

Würgler, Andreas (1999), Diffamierung und Kriminalisierung von »Devianz« in frühneuzeitlichen Konflikten. Für einen Dialog zwischen Protestforschung und Kriminalitätsgeschichte«, in: Häberlein, *Devianz, Widerstand und Herrschaftspraxis*, S. 317–347

Zagolla, Robert (2007), *Folter und Hexenprozess. Eine vergleichende Untersuchung von Straf- und Hexenprozessen anhand der Spruchpraxis der Rostocker Juristenfakultät im 17. Jahrhundert*, Bielefeld

Zimmermann, Martin (2006), Violence in Late Antiquity Reconsidered, in: H. Drake (Hg.), *Violence in Late Antiquity. Perceptions and Practices*, Aldershot, S. 343–358

Zürn, Martin (2004), Wollust, Macht und Angst. Städtische Diskurse über Sexualität und Körperempfinden in der Frühen Neuzeit, in: Claudia Bruns/Walter Tilmann (Hg.), *Von Lust und Schmerz. Eine Historische Anthropologie der Sexualität*, Köln, S. 87–128

Register

Verzeichnet werden Sachen, Orte und Personen (ohne Autoren). Zentrale, immer wiederkehrende Begriffe wurden nicht (z. B. Kriminalität, Delikt, Recht), andere nur selektiv mit dem Nachweis der wichtigsten Fundstellen (z. B. Normen, Quellen) aufgenommen.